Jüdisches Städtebild

Prag

Herausgegeben und
mit einem Vorwort versehen
von Ingeborg Fiala-Fürst
mit 27 Abbildungen
von Jan Parik

Jüdischer Verlag
Frankfurt am Main

Erste Auflage 1992

Quellennachweise am Schluß des Bandes
Satz: Hümmer, Waldbüttelbrunn
Druck: Wagner GmbH, Nördlingen
Printed in Germany

Prag

Ingeborg Fiala-Fürst

Juden in Prag

Seit dem Ende des Zweiten Weltkriegs erfreut sich das Prager Ghetto als Teil europäischer Kultur dauerhafter Aufmerksamkeit: Jeder neue Prager Stadtführer widmet der jüdischen Stadt mehrere Seiten, in der Nachkriegszeit erschienen – meist nicht in der Tschechoslowakei – Monographien, populäre und wissenschaftliche Abhandlungen über die Geschichte des jüdischen Prag, seines Friedhofs, des Prager hebräischen Buchdrucks oder über die Prager Synagogen.

Das Prager Ghetto ist zumindest mit Namen und Begriffen wie Rabbi Löw, Golem und die Altneu Synagoge präsent.

In der kurzen Zeit nach der Wende in der Tschechoslowakei vom November 1989 ist auch das einheimische Interesse an den Kulturschätzen Prags erwacht – es durfte erwachen. Nach jahrelanger aufgezwungener schweigsamer Unauffälligkeit unter den kommunistischen Machthabern konnte das ehemals verstaatlichte Jüdische Museum in Prag wieder auf seine unschätzbaren und in der neuen Tschechoslowakei so gut wie unbekannten Bestände aufmerksam machen. In rascher Folge erschienen in zwei neugegründeten tschechischen Verlagen zwei reichhaltige Bände aus dem Prager Jüdischen Museum: »Das jüdische Prag« von Ctibor Rybák und »Die Prager Judenstadt« von der ehemaligen Museumsleiterin Milada Vilímková – bezeichnenderweise beide auf deutsch oder zumindest mit einem deutschen Parallelband, als ob es ein verlorenes Unternehmen wäre, den tschechischen Leser mit diesem Thema anzusprechen.

War es den tschechoslowakischen Machthabern tatsächlich gelungen, »ihre Juden« auch ohne den gelben Stern und ohne steinerne Mauern erneut im Ghetto einzuschließen und »ihren Christen« das Schicksal der jüdischen Mitbürger vollkommen gleichgültig werden zu lassen, wie es im Mittelalter die vordringlichste Sorge der katholischen Kirche war, über die strenge Isolation der Juden zu wachen? Trotz aller feierlichen Erklärungen war die kommunistische Regierung den in Böhmen nach dem Zweiten Weltkrieg verbliebenen Juden nicht freundlicher geneigt als die Könige und Kaiser der vorigen Jahrhunderte: Ein Teil der politischen Prozesse der 50er Jahre wurde sogar offen antisemitisch geführt. Das erste Opfer der Schauprozesse war noch lange vor dem kommunistischen Umsturz der mährisch-jüdische Dichter Hugo Sonnenschein, ein Überlebender aus Auschwitz, unbequemer Kritiker und Zeuge der kommunistischen Machenschaften. Einen Monat nach der Befreiung der Tschechoslowakei wurde er in das berüchtigte politische Gefängnis Mírov geworfen, wo er 1953 starb.

In den böhmischen Ländern waren Juden doppelt fremd: Sie waren Juden und – nach der Aufklärungsbewegung – Deutsche. Es nimmt nicht wunder, daß unter den deutschen Vertriebenen 1945 auch Juden waren.

1.

Als Fremde kamen die Juden noch vor dem 10. Jahrhundert ins Land. In einer genaueren Zeitangabe widersprechen sich die Quellen. Am häufigsten wird die Reisebeschreibung des arabisch-jüdischen Kaufmanns Ibrahim ibn Jakob zitiert, in der er die »aus Stein und Kalk erbaute« Stadt Prag (die er um 965 besuchte) und ebenfalls die Prager Juden erwähnt, ohne jedoch genau anzugeben, ob es sich um ansässige oder auf dem beliebten Handelsweg lediglich durchreisende Juden handelte. Auch die im Tschechischen und Jiddischen tradierte Sage von der Fürstin Libuscha, der die Juden im Traum als ein fremdes Volk erschienen, das ihren Urenkel, den Fürsten Hostivít, in einigen Jahrzehnten um Gastfreundschaft bitten wird, läßt keine genaueren Zeitangaben zu. Den ursprünglichen Standort der ersten jüdischen Siedlung in Prag, am linken, dem Hradschiner Moldauufer führt die Sage jedoch zweifellos richtig an. Die Verlagerung der Gemeinde an das rechte, das Altstädter Ufer dürfte wohl mit dem Aufbau des Johanniterspitals auf der Kleinseite und der steinernen Judithbrücke in den 60er Jahren des 12. Jahrhunderts zusammenhängen. Es ist anzunehmen, daß das ursprüngliche Ghetto beiden Bauten weichen mußte. Die ersten genauen Angaben aus dem Prager Ghetto beziehen sich auf das Jahr 1096, als die Prager Juden von den durchziehenden Kreuzfahrerhaufen zur Taufe gezwungen oder erschlagen wurden. Spätestens im 11. Jahrhundert endet das »idyllische« Zusammenleben der Juden und Christen in Prag, das die Libuscha-Sage suggeriert.

Das Schicksal der Prager Juden hing unmittelbar mit dem jeweiligen Herrscher zusammen, dem die Juden als »bedienstete Sklaven der königlichen Kammer« (servi camerae) direkt unterstellt waren. Vom mächtigsten der Přemysliden-Könige, Přemysl Ottokar II., stammt das 1254 erlassene Judenprivileg, das im Einklang mit der toleranten Bulle des Papstes Innozenz IV. den böhmischen Juden eine Reihe bürgerlicher Rechte zuerkennt und sogar den – unter Christen bis in die jüngste Zeit grassierenden – Ritualmord-Aberglauben und die »Blutbeschuldigung« unter Strafe stellt. Auch wenn die Judenprivilegien Přemysl Ottokars II. auch von folgenden böhmischen Königen bestätigt wurden (was die Juden jeweils erhebliche Geldsummen kostete), schützten sie nur unter einem starken Herrscher, der die Zügel der Regierung fest in der Hand hielt, wirklich. Karl IV., auf das wirtschaftliche Wohl der böhmischen Länder bedacht, behandelte seine Juden etwas großzügiger als sein Vater, Johann von Luxemburg, der 1336 das Prager Ghetto plündern ließ, um seine Staatsfinanzen aufzubessern. Trotzdem war es Karl IV., von den Tschechen ehrenvoll »Vater der Nation« genannt, der für die Juden in Prag einen »gelben Stern«, nämlich das Tragen eines breitkrempigen Hutes, befahl. Im Jahre 1389, unter der Regierung seines schwachen Sohnes Wenzel IV., kam es zum blutigsten Pogrom der mittelalterlichen Geschichte des Prager Ghettos. Vermutlich waren es katholische Priester, die in dem damals bereits religiös hoch sensibilisierten Böhmen den Pöbel zum Brandschatzen und Morden aufwiegelten. Zur Erinnerung an die etwa 3000 ermordeten Juden wird bis heute in der Altneu Synagoge am Jom Kippur die »Selicha« des Prager Rabbiners und hebräischen Dichters Avigdor Kara vorgelesen.

Die Lage der Juden war auch in der Zeit der Hussitenkriege äußerst unsicher. Trotzdem blieb ihnen in der kurzen Zeitspanne der tschechischen Reformation wenigstens die Verfolgung erspart: Die katholische Kirche war zu bedrängt, um noch an die Missionierung der Juden denken zu können, die hussitischen Theoretiker (Matthias von Genua, Jakoubek von Mieß) lehnten es in ihrem Verlangen nach der inneren Bereinigung der Kirche ab, in dem außenstehenden Juden den Antichristen und ersten Feind der Kirche zu sehen. Andererseits kam in den Hussitenkriegen zum ersten Mal das tschechische Nationalbewußtsein auf, das die Fremdartigkeit des jüdischen Elements viel empfindlicher wahrnahm, als es in den Vielvölkerstaaten des Mittelalters üblich war.

Auch unter dem tschechischen König Georg von Podiebrad (1458-1471) blieben der Prager Judenstadt Brandschatzungen und Pogrome nicht erspart, unter Wladislaw, dem ersten der beiden Jagiellonen-Könige auf dem böhmischen Thron, erwog der Prager Magistrat das erste Mal, die Juden aus Prag gänzlich auszuweisen. Aus rein ökonomischen Gründen ließen sich weder König Wladislaw, noch sein Sohn Ludwig Jagiello zu diesem Schritt bewegen. Auch Ferdinand, der erste Habsburger unter den böhmischen Königen, schenkte diesem Verlangen des Magistrats und der böhmischen Kammer lange kein Gehör, die ersten Jahre seiner Herrschaft waren für die Bewohner des Ghettos verhältnismäßig ruhig. Erst als in der unsicheren Zeit der Türkenkriege die Beschuldigung aufkam, die Juden hätten für die Türken spioniert, ließ Ferdinand im November 1541 die Juden aus den böhmischen Ländern ausweisen. Die meisten wanderten nach Polen aus, wobei ihnen die Schutzbriefe unterwegs nur wenig nutzten. Einige Prager jüdische Familien wurden jedoch mit einem »Geleitbrief« – der unter Umständen verlängert werden konnte – ausgestattet und durften auch nach dem festgelegten Termin im Ghetto bleiben. Die Beschwerden des Prager Magistrats über die wachsende Zahl der Juden im Ghetto blieben ohne Echo. Bis zum Ausbruch der Schmalkaldischen Kriege im Jahre 1546 blieb die Situation in der Schwebe. Im Kampf des Königs gegen die aufständischen protestantischen Adligen erwiesen sich die Juden allerdings als sehr nützlich, sie lieferten Tuch und Mäntel für die königlichen Truppen, so daß Ferdinand seine weiteren Ausweisungspläne gänzlich aufgab. Erst Ferdinands Nachfolger, Maximilian II. (1564-1576), bestätigte den böhmischen Juden ihre alten Privilegien und erweiterte sie sogar.

Die Regentschaft Rudolf II. (1576-1611) bezeichnen Prager Juden als »das goldene Zeitalter«, was sicher nicht für die ganze Epoche gilt. 1577 bestätigte Rudolf die Judenprivilegien zum Schutz des jüdischen Handels und dem Verbot, Juden aus Prag und aus den böhmischen Ländern auszuweisen. Auf Rudolfs krankhafte Psyche, seine Menschenscheu, seinen Hang zum Kuriosen, Übersinnlichen und Mystischen wird sein Interesse an der »geheimnisvollen«, isolierten Welt des Judentums zurückgeführt. Der Mythos einer besonders engen Verbindung des Herrschers mit dem Prager Ghetto wird noch durch das gleichzeitige Wirken des berühmten Rabbiners Jehuda ben Bezalel, genannt Rabbi Löw, in der Altneu Synagoge gestützt. Immer wieder werden in der Geschichtsschreibung Versuche unternommen, das aus historischer Sicht undenkbare persönliche Zusammentreffen des kabbalistischen Rabbi mit dem melancholischen Kaiser zu beweisen; immer wieder kommt es in den Sagen aus dem Prager Ghetto bis heute zu diesem geheimnisumwobenen Treffen.

Wie in den hussitischen Religionskriegen standen die böhmischen Juden dem protestantischen Aufstand der böhmischen Stände gegen die katholische Habsburgerdynastie zu Beginn des Dreißigjährigen Krieges als unparteiische Beobachter gegenüber. Aus dem Sieg der katholischen kaiserlichen Partei in der Schlacht am Weißen Berge (1620) konnten die Prager Juden zwar einen kurzzeitigen Nutzen ziehen: den Brüdern Bassewi wurde es gestattet, einige, von aufständischen evangelischen Emigranten verlassene Häuser in der Umgebung des Ghettos aufzukaufen, Jakob Bassewi wurde vom Kaiser zum »Hofjuden« ernannt und in den Adelsstand gehoben. Kurz danach sollten die Juden jedoch die militante Hartnäckigkeit der Prager Jesuiten zu spüren bekommen, deren Missionstätigkeit sich nicht nur auf die ketzerischen Protestanten beschränkte. Der seit 1555 in Prag ansässige Jesuitenorden hatte es im 16. Jahrhundert im protestantischen Böhmen ohnehin nicht leicht, so daß er sich auf regelmäßige »Judenpredigten« in der Clemenskirche beschränkte. Die wurden jedoch in einem so schlechten Hebräisch vorgetragen, daß sie die zur Anwesenheit gezwungenen Juden überhaupt nicht verstanden. Nach der Schlacht am Weißen Berge erstarkten die politischen Positionen des Ordens, dem die Hauptrolle in der Rekatholisierung Böhmens zufiel, und auch der ideologische Druck auf das Prager Judentum steigerte sich: die Tradition der »Judenpredigten« wurde in einem besseren Hebräisch erneuert, die Bekehrungsversuche besonders unter der jüdischen Jugend nahmen zu. Die größte Aufmerksamkeit galt jedoch den Gelehrten und den hebräischen Büchern, die als Propagandaschriften konfisziert wurden. Die jesuitische Zensur betraf sogar die Gottesdienste in den Synagogen: die Rabbiner hatten ihre Predigten dem Zensor zur Begutachtung vorzulegen.

Die ersten Jahre nach dem Westfälischen Frieden verliefen verhältnismäßig ruhig, das Ghetto erholte sich von den Verheerungen des Krieges. Um 1680 begann sich der Prager Magistrat erneut über die Zahl der jüdischen Bewohner Gedanken zu machen und schlug eine »Reduktion« vor. Den Reduktionsplänen kam jedoch eine Pestepidemie zuvor, die das übervölkerte Ghetto zweifellos schwerer heimsuchte als die übrigen Bezirke. 1689 fielen beinahe alle der insgesamt 318 Häuser der Judenstadt einer Brandstiftung zum Opfer.

Trotzdem betrug um 1703 die Einwohnerzahl im Ghetto 11 517 Personen, während in der viel größeren Altstadt 11 618 Personen gezählt wurden. Karl VI. (1711 - 1740) begann sich mit den Reduktionsplänen seines Vorgängers intensiver zu beschäftigen, aber erst seine Nachfolgerin, Maria Theresia (1740 - 1780), verwirklichte sie. Am 18. Dezember 1744 ordnete sie die endgültige Vertreibung aller Juden aus Prag an. Der Impuls für diesen radikalen Beschluß mochte die von den Jesuiten – den traditionellen Beichtvätern der Habsburger – genährte religiöse Aversion sein, die schlechte finanzielle Lage der Judenstadt, die sich nach dem 30jährigen Krieg, den Bränden und Pestepidemien des 17. Jahrhunderts nicht mehr richtig erholte, oder die Beschuldigung, die Juden hätten während der preußischen Besatzung Prags den Feind unterstützt. Am 31. Januar 1745 verließen die Juden Prag, bis zum 30. Juni sollten sie auch die böhmischen Länder gänzlich verlassen haben. Da griff jedoch die Böhmische Kammer ein, bestürmte den Wiener Hof mit Klagen über finanzielle Verluste, die mit der Vertreibung der Juden aus Böhmen verbunden wären, und griff sogar zu einer damals einmaligen Methode der öffentlichen Meinungsumfrage, die ergab, daß nur einige wenige Zünfte, die sich im unmittelbaren Konkurrenzkampf mit jüdischen Handwerkern und Kaufleuten befanden, mit der Vertreibung einverstanden wären. Im Herbst 1748 kehrten die Prager jüdischen Familien zurück – in ein vollkommen verwüstetes Ghetto, das kurz nach der Aufnahme der Aufbauarbeiten, 1754, erneut niederbrannte.

Mit den josefinischen Reformen, die den Juden Ende des 18. Jahrhunderts einige bürgerliche Rechte zusprachen, etwa den Zutritt zu öffentlichen Schulen – 1788 wurden die ersten zwei aus dem Ghetto stammenden Doktoranden promoviert –, die freie Wahl des Handwerks, das Recht, auch außerhalb des Ghettos Immobilien zu erwerben, und ihnen einige Erniedrigungen ersparten – sie mußten nicht mehr den »gelben Fleck« tragen, den ihnen noch 1551 Ferdinand von Habsburg vorschrieb –, kam die jüdische Emanzipation, die Haskala nach Prag. Sie kam in der deutschen Sprache der josefinischen Anordnungen und der Schriften Mendelssohns, die die böhmischen und Prager Juden (die zu der Zeit auch ihre deutschen Familiennamen erhielten) von vornherein zu einem Fremdendasein innerhalb des langsam erwachenden tschechischen Böhmens prädestinierte. Obwohl die aufgeklärten Reformen Josef II. lediglich den Beginn des Emanzipationsprozesses markierten (die Patente berührten etwa in keinem Punkt die diskriminierende Steuerpolitik), leiteten sie einen Auflösungsprozeß des Prager Ghettos ein, der mit der vollkommenen Zerstörung – nicht nur der sozialen Gemeinschaft, sondern auch der baulichen Substanz – endete.

Es ist anzunehmen, das die Prager Judenstadt von Anfang an ein Zufluchtsort jüdischer Zuwanderer aus allen Ländern der alten Welt war. Die sefardischen Zuwanderer aus Byzanz und den östlichen Ländern bildeten die ältere Schicht der Ghetto-Bevölkerung. Sie ließen sich etwas abseits des späteren Altstädter Ghettos nieder, im Bereich der ältesten Prager Synagoge, der »Alten Schul« die bis ins 19. Jahrhundert den sefardischen Ritus bewahrte. Die Aschkenasim, die über die Alpen aus Westeuropa nach Böhmen kamen, siedelten sich um die spätere Altneu Synagoge an, die in den Jahren 1270 bis 1280 erbaut wurde. Demnach, und allen Sagen zum Trotz, ist die Altneu Synagoge nicht die älteste der Judenstadt gewesen, wie übrigens ihr Name (der nicht aus dem Hebräischen »alt-nei – unter der Bedingung« kommt) andeutet. Die Ghetto-Mauern mit vier bis sechs Toren wurden spätestens im 12. Jahrhundert errichtet und trennten die Judenstadt von der übrigen Altstadt und auch von dem mittelalterlichen Bordellviertel »Am Hampas«.

Seit dem 12. Jahrhundert galt die Prager Judenstadt als das europäische Zentrum der jüdischen Gelehrsamkeit. Im 12. und 13. Jahrhundert wirkten hier die Tosafisten Jakob ha-Laban, Isaak ben Mordechai, Jekutiel ben Jehuda ha-kohen, Abraham ben Asriel u. a. m. Das bekannteste Prager tosafistische Werk »Or Sarua« stammt von Isaak ben Mosche und ist mit zahlreichen alttschechischen und altslawischen Glossen ausgestattet. Die berühmteste Persönlichkeit des mittelalterlichen Ghettos war zweifellos Rabbi Avigdor Kara, der Zeuge des Pogroms von 1389, bei dem wahrscheinlich auch sein Vater, Rabbi Jizchak Kara, ermordet wurde. Rabbi Avigdor Kara verfaßte neben religiösen Erläuterungen zur Thora und den Psalmen vor allem synagogale Poesie höchsten Ranges, er gilt als der letzte synagogale Poet des Mittelalters. Er betreute die sephardische Gemeinde der Altschul und war zu seiner Zeit auch außerhalb der Ghetto-Mauern so angesehen, daß ihn – nach Angaben der Zeitgenossen – König Wenzel IV. zu theologischen Streitgesprächen in die Burg einzuladen pflegte.

Das Grabmal des Avigdor Kara (gest. 1439) ist eines der ältesten auf dem alten jüdischen Friedhof unweit der Altneu Synagoge, der um 1440 angelegt wurde. Noch weiter reichte der »Judengarten« genannte Friedhof im Bereich der heutigen Prager Neustadt zurück, von dem jedoch nur einige Grabsteine übrig blieben.

Genauere Angaben über die Bausubstanz im Ghetto stammen erst aus dem 14. und 15. Jahrhundert: Um das Jahr 1440 dürften in der Judenstadt an die 140 Häuser gestanden haben, was im Vergleich mit anderen Ghettos (in Frankfurt vermutet man zur gleichen Zeit etwa 20 Häuser) eine ungewöhnlich hohe Zahl war und von der großen Bedeutung des Prager Ghettos, das ehrenvoll »ir we em be-Israel«, »Stadt und Mutter Israels« genannt wurde, für die gesamte Judenheit des mittelalterlichen Europa zeugt.

Den größten wirtschaftlichen und geistigen Aufschwung erlebte die Prager Judenstadt in der Zeit der Renaissance, unter der Herrschaft der Habsburger Maximillian II. und Rudolf II.

Die Prager jüdische Gemeinde war zu dieser Zeit wie die ganze Stadt äußerst kosmopolitisch: Rabbi Elieser Aschkenasi ben Elia Rofe stammte aus Ägypten, sein Nachfolger in der Altneu Synagoge, Rabbi Jitzchak ben Abraham Chajjut aus der Provence und auch der berühmteste Prager Rabbiner, Jehuda Löw ben Bezalel, war kein gebürtiger Prager: Er wurde um 1520 in Posen in einer Gelehrtenfamilie geboren, und obwohl er in Prag im ganzen nur 29 Jahre verbrachte (längere Zeit lebte er in Polen, zwanzig Jahre lang war er Rabbiner im südmährischen Nikolsburg), ist sein Name mit dem Prager Ghetto untrennbar verbunden; seine Gestalt liefert den reichhaltigsten Sagenstoff bis in die Gegenwart. Der Ursprung der meisten Legenden um den »Hohen Rabbi«, in denen er als allmächtiger Zauberer erscheint, der sogar fähig ist, aus lehmiger Masse einen Menschen zu schaffen und in die Schöpfung Gottes einzugreifen, liegt in seiner kabbalistischen Bildung begründet. Die Kabbala, die Lehre der jüdischen Mystik, mußte in der sensiblen Rudolfinischen Zeit der Alchimisten, Goldhersteller, Menschenschöpfer und Sucher nach dem Lebenselixier auf desto größeres Interesse stoßen, je weniger sie von der christlichen Welt verstanden wurde. Rabbi Löw beschäftigte sich in seinem Werk jedoch nicht nur mit der Kabbala. Wie die Grabinschrift auf dem Prager jüdischen Friedhof besagt, verfaßte er 15 Werke zur Religionswissenschaft, zu rabbinischer Weisheit, aber auch zu Fragen der Ethik, der Pädagogik und der Naturwissenschaften. Seine Zusammenkünfte mit dem Hofastronomen Rudolfs II., Tycho Brahe, sind belegt. 1609 starb Rabbi Löw in Prag. Die erste Sammlung der Löwschen Legenden wurde am Anfang des 18. Jahrhunderts vom Rabbiner Mosche Meir Perls zusammengestellt.

Zum Ruhm des Hohen Rabbi trug auch die Tatsache bei, daß fast alle seine Werke kurz nach ihrer Entstehung gedruckt wurden, und zwar in der Gersonidischen Druckerei, in Prag 1512 – als die erste hebräische Druckerei nördlich der Alpen – gegründet. Als erstes erschien 1512 ein hebräisches Gebetbuch, 1514 folgten Lobgesänge und Hymnen sowie ein Kommentar zur Thora von Schelomo ben Isaak, genannt Raschi, der größten rabbinischen Autorität des frühen Mittelalters. Auch die Druckerei erlebte nach einer gewissen Stagnation in der Mitte des Jahrhunderts, als die Drohung der Vertreibung ständig in der Schwebe hing, in den letzten Jahren des 16. Jahrhunderts einen Aufschwung. Nahezu jedes Jahr kamen mehrere Neuerscheinungen heraus.

Um die Berühmtheit des Prager Ghettos zur Zeit Rudolfs II. hat sich neben der Gersonidischen Druckerei und der Talmudschule Rabbi Löws, deren Absolventen in ganz Europa wirkten, auch der jüdische Historiker David Gans verdient gemacht. Seine erste Chronik der Prager Judenstadt »Zemach David« wurde 1592 in Prag gedruckt.

Die kabbalistische Tradition setzten zu Beginn des 17. Jahrhunderts Jissachar Ber ben Moses Petachja, der Autor des Kommentars zum Buche Sohar, und Reuben Hoschke, der eine Sammlung von Auszügen aus der gesamten kabbalistischen Literatur erstellte, fort. Am Anfang des 17. Jahrhunderts begann sich neben dem Hebräischen auch das Jiddische als Schriftsprache durchzusetzen. Auf jiddisch wurden Unterhaltungsbücher, Schilderungen von Pilgerfahrten nach Palästina, Lieder, die an romantische Ritterballaden erinnern, historische Schilderungen und Geschichten geschrieben. Auf jiddisch äußerten sich auch die ersten schreibenden Frauen des Prager Ghettos, Bella Horowitz und Rachel Raudnitz, die gemeinsam »Eine Geschichte bevor die Juden in Prag wohnten« (ersch. 1701) verfaßten.

Nicht nur den Schriftgelehrten verdankt das Ghetto des 16. und 17. Jahrhunderts seinen Ruhm und eine verhältnismäßig ruhige Zeit. Das Kapital, das sich in den Händen der Zeitgenossen Rabbi Löws konzentrierte, war die Zauberformel, mit der die Gunst des Herrschers und der christlichen Nachbarn wenigstens vorübergehend zu gewinnen war. In der ersten Hälfte des 16. Jahrhunderts gehörte die Familie Horowitz zu den einflußreichsten Repräsentanten der Judenstadt, zur Zeit Rudolfs II. war es der Primas Mordechai Maisel, der die Geschäfte mit der kaiserlichen Kammer weiterführte. Sein Reichtum kam jedoch nicht nur der Kaiserkasse zugute; Maisel war auf das Wohl seiner Gemeinde bedacht. Mit seiner finanziellen Hilfe wurden alle bis heute erhaltenen, seither vielfach umgebauten Renaissance-Synagogen, die Hohe Synagoge, die Maisel-Synagoge, die Klausen-Synagoge und das jüdische Rathaus erbaut, ältere Bauten – wie die Pinkas-Synagoge – wurden renoviert, karitative Einrichtungen, das Armenspital und die Beerdigungsbruderschaft »Chewra Kadischa« unterstützt.

In der zweiten Hälfte des 17. Jahrhunderts wurde das Innenleben der Judengemeinde von zwei Ereignissen stark beeinflußt: von dem judenfeindlichen Chmielnickiaufstand von 1648, der viele Juden aus der Ukraine fliehen ließ, und dem »messianistischen Jahr« 1666, in dem ein Teil der Diaspora Sabbatai Zwi zum Messias erklärte. Auch wenn der Sabbatianismus in der Prager Gemeinde von den traditionsbewußten Rabbinern entschieden bekämpft wurde, löste er in dem verarmten, nach dem 30jährigen Krieg dezimierten Ghetto doch eine langandauernde Unruhe aus.

Die letzten großen vorhaskalischen Rabbiner, David Oppenheim und Ezechiel Landau, wirkten im 18. Jahrhundert in Prag. David Oppenheim, 1702 zum Oberrabbiner der Prager Gemeinde gewählt, ist vor allem für seine einzigartige Sammlung hebräischer Handschriften und Drucke bekannt, die er jedoch vor dem Zugriff der Jesuiten nach Hannover retten mußte. 1829 wurde seine Sammlung von der Oxforder Bibliothek aufgekauft. Ezechiel Landau, seit 1755 Oberrabbiner und Vorsteher der Prager Talmudschule, galt zu seiner Zeit als die europäische Autorität in halachischen Fragen. Der aufkommenden Emanzipationswelle stellte er sich in seinem Traditionsbewußtsein strikt entgegen.

Im 18. Jahrhundert fand auch die letzte flächendeckende Bautätigkeit im Ghetto statt. Nachdem die Prager Juden aus der theresianischen Verbannung 1748 zurückkehren durften, wurden die seit vier Jahren leerstehenden Häuser repariert, die repräsentativen Bauten vielfach im Spätbarockstil umgebaut. Die an sich letzte Gestalt des Prager Ghettos aus der zweiten

Hälfte des 18. Jahrhunderts – 1868 wurde noch anstelle der Altschul, die zu diesem Zweck niedergerissen wurde, die architektonisch unbedeutende Spanische Synagoge erbaut – hält das Pappmodell des Miniaturmalers und Lithographen Anton Langweil fest, das im Prager Stadtmuseum zu besichtigen ist.

Das seit dem Ende des 30jährigen Krieges langsam verarmende, durch Naturkatastrophen und die Ungunst der Herrscher geplagte Ghetto hatte nie wieder den Ruhm und den Reichtum des »goldenen Zeitalters« Rudolf II. und Rabbi Löws erreicht. Die Aufklärung, die an den steinernen Mauern zu rütteln begann, löste nicht nur eine große Aufregung innerhalb der jüdischen Gemeinde aus, sondern hatte auch eine Auswanderungswelle aus den überbevölkerten, engen, dunklen, von Epidemien heimgesuchten Gassen des Ghettos zur Folge. Während im Jahre 1783 in der Judenstadt 8532 Juden und neun Christen wohnten und im Jahre 1837 das Ghetto immer noch zu 80% von Juden bevölkert war, betrug der jüdische Anteil nach 1848, nachdem die Juden in Österreich-Ungarn endgültig gleichberechtigt wurden, nur noch 72%, im Jahre 1880 28%, 1900 nur 24%. Das Ghetto verwandelte sich in ein Armen-, Verbrecher- und Gespensterviertel, die Bordelle des Mittelalters kehrten wieder zurück, die Straßenzeilen vermoderten bis zu dem Zustand, den Gustav Meyrink in seinem Roman »Der Golem« eindringlich beschrieb. Das Prager Ghetto, das sich über Jahrhunderte als außerordentlich widerstandsfähig erwies, überlebte die Emanzipation nicht. Die eigentliche Zerstörung der baulichen Substanz fand nach dem Zerfall der sozialen Gemeinschaft keinen Widerstand mehr. 1849 wurde das Prager Ghetto unter dem Namen Josephstadt zum fünften Prager Stadtviertel, das jedoch erst 1861 den anderen Prager Vierteln rechtlich gleichgestellt wurde. Im Zuge der tschechischen nationalen Emanzipation entstanden in der nächsten Umgebung des Ghettos, am Moldaukai, in der zweiten Hälfte des 19. Jahrhunderts Prachtbauten, die von der siegreichen nationalen Wiedergeburt der tschechischen Nation nachdrücklich Zeugnis ablegen sollten. So wie das Kleinseitner Ghetto im 12. Jahrhundert dem Johanniterspital und dem Zufahrtsweg zur steinernen Brücke im Wege stand und deshalb verschwinden mußte, so stand nun die Josephstadt den großzügigen Plänen der ersten tschechischen Gründergeneration im Wege. Bereits 1856 begannen die Verhandlungen über das »Sanierungsgesetz«. Da die Eigentumsverhältnisse im Ghetto außerordentlich kompliziert waren (1801 waren die 274 Häuser in 1191 Anteile geteilt, die jeweils einen realen Hausbesitz bedeuteten), entschloß man sich für eine einfache Lösung des rechtlichen Wirrwarrs: den kompletten Abbruch des Ghettos. 1882 bis 1886 wurde ein Wettbewerb für den »Sanierungsplan« ausgeschrieben, 1897 wurde im Nordteil der Judenstadt mit den Arbeiten begonnen. 1917 war vom alten Ghetto so gut wie keine Spur übriggeblieben. Anstelle der tausendjährigen krummen Gassen ist im raschen Tempo ein modernes Stadtviertel entstanden mit repräsentativen Mietshäusern im Neubarock-, Neurenaissance- und Jugendstil. Die Proteste aller jener, die sich des kunsthistorischen Verlustes bewußt waren, waren viel zu vereinzelt und gingen in der allgemeinen Euphorie des Aufbaus einer tschechischen Hauptstadt unter. Der Sanierung fielen wertvolle historische Objekte zum Opfer, die übriggebliebenen Synagogen duckten sich plötzlich in der Nachbarschaft mehrstöckiger Prachtbauten. Nur noch einige Straßennamen und die Sagen aus dem jüdischen Ghetto erinnern an die einstige »ir we em be – Israel«.

2.

Obwohl der Prager Magistrat noch 1846 versuchte, die Juden zur Rückkehr ins Ghetto zu zwingen, war die emanzipatorische Auflösung der tausendjährigen Gemeinde nicht mehr umkehrbar. Die letzten orthodoxen Rabbiner wurden von einer neuen freidenkerischen Generation abgelöst, der auch einer der Begründer der wissenschaftlichen Judaistik, Samuel Jehuda Rappoport, seit 1844 Oberrabbiner in Prag, angehörte. In Privatbibliotheken jüdischer Familien nahmen neben hebräischen Schriften deutsche Klassiker, Goethe und Schiller den Ehrenplatz ein, die erste jüdische Generation (geb. um 1810-20) hatte bereits das Abitur des österreichischen Gymnasiums hinter sich und bevölkerte in zunehmender Zahl die Prager deutsche Universität. Sehr bald sollte sich jedoch herausstellen, daß der Zeitpunkt, in dem die böhmischen Juden ihr Werben um den Eintritt in die bürgerliche Gesellschaft begonnen haben, äußerst ungünstig, ja unglücklich war. Bereits im Revolutionsjahr 1848, in dem die steinernen Mauern des Ghettos fielen, erlebten die Prager Juden deutlich die Fragwürdigkeit der ihnen durch die parlamentarisch-demokratische Verfassung zugesicherten

Gleichberechtigung. Die Revolutionsbegeisterung schlug in antisemitische Pogrome um, eine fast regelmäßige Begleiterscheinung jeder Revolution. Erst nach dem Zusammenbruch der Revolution, als der junge Kaiser Franz Josef den österreichischen Thron bestieg, wurden die antisemitischen Exzesse durch das k. und k. Militär gezügelt. Seit dieser Zeit datiert die allen politischen Veränderungen standhaltende, geradezu versteinerte Kaiser- und Österreichtreue der böhmischen Juden, die am bündigsten ein alter Kalenderspruch »So lange Franz Josef lebt, ist es uns nicht bang« illustriert.

In der Mitte des 19. Jahrhunderts begann das Vielvölkerland Böhmen in zwei scharf voneinander abgegrenzte, sich feindlich gegenüberstehende nationale Lager der Tschechen und der Österreichdeutschen zu zerfallen. Die Prager Juden, kaum aus den steinernen Mauern des Ghettos befreit, stießen sofort auf neue Mauern des nationalen Hasses und wurden gezwungen, sich zu entscheiden. Der Entscheidungszwang war desto dringlicher, je schneller sich die emanzipierten Juden ihrer jüdischen Identität entledigen wollten. Es nimmt nicht wunder, daß die Prager Juden des 19. Jahrhunderts, nachdem sie seit hundert Jahren die Aufklärungsgedanken auf deutsch vernommen und die Klassiker auf deutsch gelesen hatten, trotzdem versuchten, zur tschechischen Nation zu gelangen. Stellvertretend für diese Bestrebungen sei der abwechselnd tschechisch und deutsch schreibende Prager Dichter Siegfried Kapper (1820 - 1879) genannt, dessen Suche nach der tschechischen Identität eines böhmischen Juden sich in seiner Gedichtsammlung »České listy – Tschechische Blätter« (1846) niederschlug. Kappers Name und Gedanken wurden im 1873 gegründeten tschecho-jüdischen Studentenverein »Kapper« geehrt. Bald erwies sich jedoch das national unreife, um eigene Identität gegen das Deutschtum kämpfende tschechische Volk als unfähig, die Juden aufzunehmen. Während die Alt-Tschechen, die führende tschechische politische Kraft bis in die 70er Jahre des 19. Jahrhunderts, dem jüdischen Werben noch gleichgültig und abwartend gegenüberstanden, ja sogar ernsthaft überlegten, ob die Juden der tschechischen nationalen Wiedergeburt nicht von Nutzen sein könnten, griffen die radikaleren Jungtschechen im Kampf um die politische Macht in Böhmen prompt zur bewährten antisemitischen Demagogie. Aus dem völkischen Antisemitismus, der den Juden »nur« als einen »Deutschen« und einen »Ausbeuter« und »Wucherer« haßte, wurde ein geschickt und gezielt ausgenutztes Politikum. Im Jahre 1883, dem Geburtsjahr Kafkas, taten die Jungtschechen beispielsweise in einem Zeitungsartikel kund: »... daß sie die wahren und wirklichen Träger der tschechischen Gesinnungstüchtigkeit sind und sich daher an dem Kreuzzuge gegen das alle Völker bedrohende moderne Judentum beteiligen wollen«. Ähnliche Parolen waren täglich in tschechischen Blättern zu lesen; fast keiner der führenden tschechischen Geister der Zeit hat sich der antisemitischen Töne, die zum Patriotismus gehörten, enthalten. Trotzdem wurden die böhmischen Juden im Verlauf des 19. Jahrhunderts mehrfach dazu gezwungen, sich zum Tschechentum zu bekennen, um in der alle zehn Jahre wiederkehrenden Volkszählung das Erstarken des slawischen Elements statistisch demonstrieren zu helfen.

Einen scheinbar einfacheren Weg wählten die Juden, die sich an das Deutsch- und Österreichertum assimilierten. Bereits die erste Generation der aus dem Ghetto Befreiten erkämpfte sich in der deutschen Gesellschaft Prags erfolgreich ihre gesellschaftlichen, wirtschaftlichen und kulturellen Positionen. Die Assimilation an das Deutschtum ging reibungsloser und auch schneller vor sich, so daß bereits die um 1850 Geborenen, die um ein Haar dem Ghettojudentum Entkommenen, ihre jüdischen Wurzeln mit Erfolg ablegen und leugnen konnten. Der 1849 geborene Fritz Mauthner, ein bedeutender Sprachphilosoph und Sprachkritiker, ist ein Beispiel des verleugneten Judentums der ersten Generation, das durch ein aggressiv zur Schau getragenes Deutschtum verdeckt wurde. Denn je schneller und problemloser sich die Juden als Deutsche fühlen konnten, desto militanter traten sie dem Tschechentum gegenüber, dessen Erstarken sie als eine Gefahr sahen. »Die böhmische Handschrift«, eine ironische Schmähung der romantisch patriotischen Begeisterung der Tschechen für die Wiedergeburt des eigenen Volkes, und »Der letzte Deutsche aus Blatná«, eine utopische, tragisch in Erfüllung gegangene Voraussage der Vertreibung aller Deutschen aus Böhmen, waren Mauthners haßerfüllte Kampfschriften, die »... den Zustand der althergebrachten Herrschaft der Deutschen und der gottesgewollten Unterwerfung der Tschechen« sakralisierten. Im ähnlichen Sinne äußerte sich der ursprünglich für die tschechische Idee eingenommene Moritz Hartmann (1821-1872), der bedeutendste jüdisch-deutsche Vormärz-Dichter aus Böhmen (sein Großvater leitete die Prager Talmudschule unter dem Oberrabbiner Ezechiel Landau): »Wir werden in Zukunft in Böhmen als Deutsche dazustehen haben. Das wird in Zukunft unser Platz sein.« In der zweiten Hälfte des 19. Jahrhunderts förderten die Juden deutsche Kultur in Prag: Sie beteiligten sich maßgeblich an der Gründung und Erhaltung des Deutschen Theaters, des Deutschen Hauses, des deutschen literarischen Salons Concordia, an der wachsenden deutschen Presse.

Freilich ist das Abstreifen der jüdischen Identität in der ersten ghettofreien Generation nur selten vollkommen gelungen – im Sinne der Äußerung des Prager Privatgelehrten Simon Hock, Herausgeber der Sammlung der Grabinschriften des jüdischen Friedhofs: »Unser ganzes Sinnen und Trachten ist, den Juden in uns zu vernichten, im diametralen Gegensatz zu allen Völkern, jede Eigentümlichkeit abzustreifen, damit beileibe niemand sich an unserem Judentum stoße.« Zeitgenossen Moritz Hartmanns und Fritz Mauthners wie Ludwig August Frankl (1810-1894) und Leopold Kompert (1822-1868) wandten sich jüdischen Stoffen und Themen zu; unter dem Einfluß der wissenschaftlichen Judaistik erwachte das Interesse an der Geschichte des Prager Ghettos, in der Altneu Synagoge wirkten die letzten bedeutenden Schriftgelehrten der Prager Judenstadt, Samuel Rappoport und Heinrich Brody. Ihre Deutung des Judentums lag allerdings bereits in der Linie der mendelssohnschen Emanzipationsgedanken, in denen es nicht mehr als eine Nationalreligion, sondern als Träger einer universalen Lehre verstanden wurde.

Bis in die 80er Jahre des 19. Jahrhunderts wurde an dem Sozialgebäude der jüdischen Assimilation an das liberale Deutsch- und Österreichertum Prags und der Abgrenzung vom Tschechentum gebaut, dessen Grundrisse der 1885 an die Prager Universität berufene Münchner Ordinarius für Philosophie Friedrich Jodl folgendermaßen beschrieb: »Eine absolute Scheidewand trennt Tschechen und Deutsche... Das ganze soziale Leben ist hier völlig durchsetzt von Politik, und wenn man keine Lust hat mitzutun, so gibt es nichts anderes als mögliche Zurückhaltung. Nur zwei Dinge sind obligat: Kein Liebäugeln mit dem Slawentum und keine Feindseligkeit gegen das Judentum.«

Nach 1880 bekam aber auch Prag, bis dahin die Hochburg schwarz-rot-goldenen Liberalismus (am Ende der 60er Jahre stand die einzige große linke Partei Österreichs, die liberale Fortschrittspartei – maßgeblich von jüdischen Wählern unterstützt –, in Prag am Gipfel ihrer Macht), das Erstarken der Radikalismen des imperialistischen Zeitalters zu spüren. Sobald die alteingesessenen, Österreich ergebenen Alttschechen die politische Macht in Böhmen an die radikalen Jungtschechen abtraten, deren Kampflust nicht mehr dem Deutschtum an sich, der deutschen Sprache und Kultur galt, sondern die sich dem Ziel verschrieben hatten, die politische Selbständigkeit Böhmens zu erkämpfen, und die sich gegen die österreichische Monarchie richteten, gelang es ihnen, jede österreichische Regierung mit den Fragen des nationalen Zusammenlebens in Böhmen zu verunsichern oder gar zu stürzen. National motivierte Scharmützel und Zänkereien in den Straßen Prags mündeten oft in antisemitische Ausschreitungen des quasirevolutionären Pöbels und endeten nicht selten mit der Verhängung des Standrechtes über ganz Böhmen.

Infolge der schnellen industriellen Entwicklung der überwiegend deutsch bevölkerten Randgebiete Böhmens, begann sich auch die Arbeiterklasse und das dortige Kleinbürgertum zu radikalisieren. Die Ideen des Deutschnationalismus und des rassischen Antisemitismus fand – dank der Missionsreisen Schönerers und seiner Schüler – in den sogenannten Sudetenländern großen Anklang. Das liberale, für Demokratie alter Prägung eintretende, österreichisch gesonnene deutsche Prag geriet in eine politische Abseitsposition, die besonders prägnant in der »Los-von-Prag-Bewegung« der nationalistischen Kräfte Deutschböhmens in den 90er Jahren bestätigt wurde. Die Prager deutsche liberale Einheitsfront selbst zeigte in den 80er und 90er Jahren Risse: 1892 spaltete sich von der deutschliberalen »Lese- und Redehalle der deutschen Studenten in Prag« die völkisch-antisemitische »Germania« ab. Das Erstarken des Antisemitismus führte andererseits zur Gründung jüdischer Organisationen aller Art. 1885 wurde der »Centralverein zur Pflege jüdischer Angelegenheiten« gegründet, später der »Centralverein deutscher Staatsbürger jüdischen Glaubens«, 1893 entstand als direkte Reaktion auf die Abspaltung der Burschenschaft »Germania« der »Verein jüdischer Hochschüler Bar Kochba«, im gleichen Jahre wurde die erste Loge des jüdischen B'nei B'rith-Ordens »Bohemia« ins Leben gerufen. Auch die aus Wien verbreiteten zionistischen Gedanken faßten in Prag langsam Fuß.

In diesem Prag wurden um 1880 die Mitglieder der letzten jüdisch-deutschen Generation geboren, jener Generation, die in ihren Werken ein Bild Prags zeichnete, das bis heute seine magische Anziehungskraft nicht verloren hat. Die gebürtigen Prager Rainer Maria Rilke, Oskar Wiener, Paul Leppin, Leo Perutz, Franz Kafka, Max Brod, Egon Erwin Kisch, Franz Werfel, Willy Haas, Otto Pick, Johannes Urzidil sowie die für den Zauber Prags genauso empfänglichen Wahlprager Gustav Meyrink, Ludwig Winder, Ernst Weiß, Friedrich Torberg, sie alle fanden ein seltsames Gebilde vor: Eine Stadt, die wie von selbst in Partikel zu zerfallen schien, die durch unüberwindbare Mauern des Hasses zergliedert, zum Schauplatz nationaler Kämpfe wurde, zum sinnfälligen Ausdruck des inneren Zerfalls der alten Monarchie und ihrer Weltordnung. War der Monarchiezerfall (oft dem Weltuntergang gleichgesetzt) in Wien am Ende des Jahrhunderts bloß ein beliebtes Gesprächsthema, war er in Prag Alltag, so daß aus dem Vergleich der beiden Städte, die Johannes Urzidil rückblickend unternahm, Wien als Oase der Biedermeierruhe erscheint: »Die Kaiserstadt Wien galt als gemütlich, aber die Königs- und Kaiserstadt Prag war dies gewiß nicht, weder äußerlich noch innerlich, sondern sie war zackig, schroff und unheimlich.« Die Söhne der letzten Generation fanden in Prag eine immer dramatischer abbröckelnde deutsche Insel vor, die von der rasch wachsenden nüchternen Hauptstadt eines tschechischen Böhmens vollkommen verdrängt zu werden drohte: gaben im Jahre 1860 noch 50% der Prager Bevölkerung die deutsche Nationalität an, waren es 1880 nur noch 15%, 1890 12%, 1900 ganze 7%. Sie wurden in eine anachronistische, im Zeitalter der immer aggressiver um sich schlagenden Radikalismen, an bürgerlichen Idealen alter Prägung festhaltende liberale Enklave hineingeboren. Die Väter dieser Juden glaubten noch fest an die selbsterarbeitete soziale Stellung und die eigene Assimilation und wurden doch von außen immer wieder an ihre jüdische Wurzeln erinnert.

»Die Großväter Kleinbürger, in streng traditioneller Ghettofrömmigkeit aufgezogen, die Väter nach der politischen Mode Kosmopoliten (...). Sie hatten keine Zeit, sich mit sich selbst zu beschäftigen; atemlos, in nüchternbetriebsamer Arbeitsanbetung rangen sie um höchste gesellschaftliche Geltung und materielle Sicherung. Und die Söhne: Am Gipfel des zivilisatorischen Fortschritts beginnend, voll intellektueller Überlegenheit allem, auch der Vergangenheit gegenüber, fühlten sich als Endprodukt...«, charakterisierte die drei aufeinanderfolgenden Generationen der Prager Juden der Dichter Oskar Baum, ein vertrauter Freund Franz Kafkas. Intellektuell abweisend und der ganzen Welt gegenüber gleichgültig, waren die Mitglieder der Kafka-Generation am Anfang ihrer künstlerischen Karrieren auch dem Judentum gegenüber indifferent und schufen so eine höhere Stufe des Kosmopolitismus der Väter. Hans Kohn, der spätere Redakteur der Prager zionistischen »Selbstwehr« beschrieb rückblickend die um die Jahrhundertwende in seiner Generation vorherrschende Auffassung: »Das Judentum war uns fremd, kaum eine ferne Legende. Juden, die nicht böhmische, oder im besten Falle, Wiener Juden waren, uns unbekannt. Wir waren vollkommen assimiliert an die deutsche Kultur jener Tage oder an den Ausschnitt, der unserem jüdischen Temperament nahe lag: an den Logos- und den Diederichs-Verlag, an die Wiener süd-deutsch-jüdische Mischkultur, an Dehmel und Rilke und Hofmannsthal, an die jüngste Lyrik, die damals in einer Reihe von Zeitschriften ihr schnell verblühendes Dasein führte: und diese Zeitschriften lagen alle im Café Arco aus. Die Assimilation war für uns wie für alle eine Wirklichkeit, der Zionismus nur eine Geste oder ein Programm, das Judentum eine traditionell oder freudig bejahte Tatsache, noch nicht einmal ein Problem.«

Doch die assimilierten Juden Prags wurden immer stärker an ihre Fremdheit erinnert. Noch an der Schwelle des modernen 20. Jahrhunderts entzündete sich in Mitteleuropa eine Explosion antisemitischer Hysterie in der Gestalt der französischen Dreyfus-Affäre 1894 und der mittelalterlichen, nach dem Vorbild der Inquisitionsgerichte geführten Ritualmordprozesse, 1883 im ungarischen Tisza-Eszlar, 1899 im böhmischen Dorf Polná. Die letzte Welle des vorfaschistischen Antisemitismus überflutete Böhmen, das bereits seit zwei Jahren im neuen Staatsgebilde, der ersten Tschechoslowakischen Republik zusammengeschlossen war, im Jahre 1920, als es im sogenannten »Kampf um den Charakter der Republik« um die politische Orientierung des neuen Staates ging. In Kafkas Tagebuch sind die Eindrücke eines über drei Generationen assimilierten Prager Juden nachzulesen: »Die ganzen Nachmittage bin ich jetzt auf den Gassen und bade in Judenhaß. ›Prašivé plemeno‹ habe ich jetzt einmal die Juden nennen hören. Ist es nicht das Selbstverständliche, daß man von dort weggeht, wo man so gehaßt wird (Zionismus oder Volksgefühl ist dafür gar nicht nötig)? Das Heldentum, das darin besteht, doch zu bleiben, ist jenes der Schaben, die auch nicht aus dem Badezimmer auszurotten sind. Gerade habe ich aus dem Fenster geschaut: berittene Polizei, zum Bajonettenangriff bereite Gendarmerie, schreiende, auseinanderlaufende Menge, und hier oben im Fenster die widerliche Schande, immerfort unter Schutz zu leben.« Als 1920 der Kampf um den Charakter der Republik zugunsten der bürgerlichen Demokratie entschieden wurde, hörten unter Präsident Masaryk jegliche antisemitische Ausschreitungen auf. Auf die Person des Präsidenten, der 1899 übrigens der einzige im tschechischen Lager war, der sich der Ritualmordhysterie entgegenstellte, verlagerten sich dann teilweise die jüdischen Sympathien, die bis 1916 Kaiser Franz Josef gegolten hatten. Aus Loyalität zur neuen Tschechoslowakischen Republik entschieden sich viele Prager Juden von der deutschen zur tschechischen Nationalität zu wechseln, so daß sich das Nationalitätenverhältnis zugunsten der tschechisch assimilierten Juden umkehrte.

Nicht nur der äußere Zwang des beschämenden Antisemitismus der ersten Jahrzehnte des 20. Jahrhunderts, auch die weltanschaulichen Zweifel an der Gültigkeit der alten liberal-humanistischen Ideale der Vater-Generation, an den »zu Phrasen eingetrockneten Überresten halber Revolutionen«, an der selbst erlösenden Kraft der wirtschaftlichen Tüchtigkeit und am Inhalt des jüdischen Bewußtseins der assimilierten Väter, ließen die assimilierten Söhne ihren Rückweg zum Judentum einschlagen. Bereits um 1910 bildeten sich in Prag alle denkbaren Positionen der Beziehung zu eigenen jüdischen Wurzeln heraus, von einer assimilatorischen Haltung, die sich nur durch das »jüdische Temperament« verriet, über konsequente Ablehnung des eigenen Judentums, den jüdischen Selbsthaß weiningerscher Prägung, zum aktiven Zionismus und zum Interesse an der Welt der Orthodoxie und des Ostjudentums. Alle diese Positionen bildeten in der ersten Tschechoslowakischen Republik das typische Mosaik des jüdischen Prags außerhalb des Ghettos, dem die Prager Literatur ein Denkmal baute.

Als 1933 die ersten jüdischen Emigranten aus Deutschland nach Prag flüchteten, herrschte in Böhmen immer noch die Zuversicht, daß Hitlers Herrschaft eine vorübergehende Erscheinung sei, die sich von selbst erschöpft. Diese Zuversicht, die Weigerung, an das »absolut Böse« zu glauben, herrschte auch noch nach der Unterzeichnung des Münchner Abkommens 1938, erst in letzter Minute verließ ein kleiner Teil der Prager Juden ihre Heimatstadt. Für die deutschen Juden war es ein endgültiger Abschied, denn nach dem Zweiten Weltkrieg gab es kein deutsches Prag mehr. Die Verbliebenen wurden aufs Furchtbarste an ihre jüdischen Wurzeln erinnert. Stellvertretend für alle deutsch assimilierten Juden Prags hat der Dichter Oskar Wiener einige Tage vor seinem Transport nach Theresienstadt ihrer Fassungslosigkeit Ausdruck verliehen: »Es ist unglaublich. Ich habe immer Deutschland aufrichtig geliebt und jetzt muß ich so elend enden.«

In Nordböhmen wurde eines der größten Konzentrationslager der Nazi-Zeit errichtet, das ursprünglich nur böhmische Juden aufnehmen sollte. Bereits zwei Monate vor der Wannsee-Konferenz, im November 1941, fuhr der erste Transport, das sogenannte »Aufbaukommando«, in die 1780 bis 1790 erbaute österreichische Festung Theresienstadt in Nordböhmen. Im Sommer 1942 wurden die Bewohner der Stadt ausgesiedelt, zu den Juden aus Böhmen kamen bald Juden aus ganz Europa hinzu, insgesamt wurden 131 000 Menschen durch das »Ghetto« geschleust. Nur 17 000 Häftlinge erlebten die Befreiung im Mai 1945.

Theresienstadt war kein Vernichtungslager. Abgesehen von Epidemien, Hunger, Kälte, allgemeinem Elend, der Todesangst vor den Transporten und der hohen Sterberate der hier Internierten (33 000 Menschen sind bereits im Ghetto gestorben), bedeutete Theresienstadt für viele doch einen Aufschub mit etwas Hoffnung. Diese Hoffnung fand einen unverwechselbaren Ausdruck in der Ghettokultur. Anfangs unter Verbot und Androhung der Todesstrafe fanden in den Kartoffelschälräumen und auf den Dachböden Konzerte, Theatervorstellungen, Diskussionsabende und Lesungen statt, es entstand eine eigene Ghettoliteratur, neue, in Theresienstadt geschriebene Kompositionen wurden einstudiert. Später nutzten die Nazis bewußt das Kulturleben in Theresienstadt zu Propagandazwecken, um vor allem die seltenen Rot-Kreuz-Besucher von ihrer humanen Haltung den Juden gegenüber zu überzeugen. Ein besonders krasses Beispiel ist der Theresienstädter Dokumentarfilm »Der Führer schenkt den Juden eine Stadt«, der vom Kommentar »während die Juden von Theresienstadt in aller Gemütlichkeit bei Kaffee und Kuchen das Ende des Krieges abwarten, verbluten die deutschen Soldaten an der Front« begleitet, im Herbst 1944 in der deutschen Wochenschau lief.

Eine andere Propagandaabsicht der Nationalsozialisten ermöglichte es, die Überreste des Prager Ghettos, die verbliebenen Synagogen, den alten jüdischen Friedhof und vor allem das wertvolle Inventar der jüdischen Gemeinden aus ganz Böhmen und Mähren zu retten. Das Prager Jüdische Museum begann bereits im Herbst 1941 aus eigener Initiative, das Inventar der aufgelösten jüdischen Gemeinden Böhmens und Mährens zu sammeln; nach langwierigen Verhandlungen stimmte die »Zentralstelle für jüdische Auswanderung« der Errichtung eines zentralen jüdischen Museums in Prag zu, das nach der »Endlösung« zum »Museum einer ausgestorbenen Rasse« werden sollte. An der Katalogisierung beteiligten sich unter Kontrolle der SS, angesichts der ständigen Drohung von Deportationen zeitweilig 40 Fachleute, die im Verlauf von zwei Jahren ein an Umfang und Qualität bewundernswertes Werk schufen.

Den 77 297 böhmischen, tschechischen sowie deutschen Opfern des nazistischen Rassenmordes wurde 1960 die größte Grabinschrift der Welt, die Gedenkstätte in der Pinkassynagoge gewidmet. In alphabetischer Folge wurden die Namen der ermordeten böhmischen Juden in die Wände der Synagoge eingemeißelt; 1968 wurde die Synagoge allerdings geschlossen. Die ungünstige Lage unter dem Moldauspiegel, die Feuchtigkeit, die die Grundmauern zerstörte sowie archäologische Untersuchungen, die tatsächlich die architektonische Geschichte des Gebäudes bis ins 13. Jahrhundert verfolgten, waren die offiziellen Gründe der 23 Jahre währenden Schließung der Synagoge und Beseitigung der Gedenkstätte. Erst in der jüngsten Zeit, nach der Wende von 1989, werden Pläne zur Erneuerung des Denkmals erwogen.

3.

Ein dauerhaftes Produkt des jüdischen Prags nach dem Fall der Ghetto-Mauern ist die Prager deutsche Literatur, die zum großen Teil von jüdischen Autoren geschrieben wurde. Es ist eine Literatur, die allen Gesetzen der Literaturgeschichte spottet; denn was hätte man mehr von einer Literatur erwarten können, die auf einer abbröckelnden deutschen Insel Prags entstand, an immer archaischer wirkenden bürgerlich-humanistischen Idealen festhielt und inmitten der laut erwachenden tschechischen Umwelt, von der deutschen Muttersprache abgetrennt, ein papierenes Deutsch schrieb, als durchschnittliche Provinzialität? Und doch wurde diese Literatur in den letzten 40 Jahren ihrer Existenz, in den Werken Rainer Maria Rilkes, Franz Kafkas, Max Brods, Ernst Weiß', Gustav Meyrinks, zu Weltliteratur.

Die Prager deutsche Literatur existierte neben der tschechischen, die – aus der Taufe der nationalen Wiedergeburt gehoben – in atemberaubendem Tempo die europäische literarische Entwicklung nachzuholen versuchte. Die erste ans Deutschtum assimilierte jüdische Generation kennzeichnet noch eine freundschaftliche, interessierte Haltung der jungen, aufstrebenden tschechischen Literatur gegenüber, die etwa im Programm der Prager literarischen Zeitschrift »Ost und West« ihren Ausdruck fand. Nach der Verhärtung der nationalen Fronten griff auf beiden Seiten eisige Gleichgültigkeit um sich: Die tschechische Literatur, die natürlich in der klassischen deutschen Literatur von Goethe und Schiller ihre Vorbilder fand, kümmerte sich nicht im geringsten um das deutschsprachige literarische Schaffen im eigenen Land; die deutschen Kulturkreise wiederum leugneten teils aus Überheblichkeit, teils aus Unkenntnis, teils aus Furcht vor dem Erstarken des tschechischen Elements die Existenz einer eigenständigen, lebensfähigen tschechischen Kultur. Die nebeneinander und aneinander vorbei wirkenden nationalen Kulturinstitutionen beteiligten sich maßgeblich an der Undurchlässigkeit der kulturellen Schranken. Die um 1870 geborene Generation der Prager deutschen Schriftsteller war die erste, die an der Berechtigung dieser Kulturmauern zu zweifeln begann. Um die Jahrhundertwende holte die tschechische Literatur die europäische Entwicklung ein, das gemeinsame Lebensgefühl der Moderne wirkte sich zwangsläufig in persönlichen Kontakten der Prager deutschen und tschechischen Dichter aus, ohne jedoch die eingeübten Gesetze der hermetisch isolierten Kulturen außer Kraft zu setzen. Erst die letzte Generation der Prager deutschen Dichter, die Generation, die im Hinblick auf ihre jüdische Identität an der Assimilation zweifelte und sich ihrer prekären Mitte zwischen beiden nationalen Lagern Böhmens bewußt wurde, setzte sich zum Ziel, die unüberwindbaren Mauern nationaler Engstirnigkeit programmatisch niederzureißen. Die Übersetzertätigkeit der Prager deutschen Dichter, ihre unermüdlichen Versuche, die tschechische Kultur im deutschsprachigen Raum bekannt zu machen, ließen eine Brücke zwischen beiden Kulturen des mitteleuropäischen Raumes entstehen – die durch die historische Entwicklung zerstört – besonders heute eine schmerzliche Lücke hinterläßt. Die als Programm empfundene Vermittlerrolle zwischen beiden Kulturen beantwortete in gewisser Hinsicht die dringende Existenzfrage nach der Funktion und dem Sinn einer deutsch-jüdischen Kultur in der immer kleiner werdenden deutschen Enklave Prags in der zerfallenden österreichischen Monarchie, die die melancholische, neuromantische Dichtung der zweiten Prager Generation prägte und beschäftigte. Die Werke der Organisatoren und Träger der künstlerischen Revolte der Prager Jugend um 1900, die wild dekadenten Gruselromane Paul Leppins und die liebevollen Streifzüge Oskar Wieners durchs verschwindende alte Prag sind voller farbiger Melancholie des Weltuntergangs, ähnlich wie die lyrischen Gedichte ihrer Zeitgenossen Hugo Salus', Leo Hellers, Camill Hoffmanns, Emil Faktors und Rainer Maria Rilkes. Ein wahres mystisches Paradigma des untergehenden alten deutsch-jüdischen Prags, das bis heute von Touristen in den Straßenzügen gesucht und gefunden wird, stellte der Wahlprager Gustav Meyrink in seinem Roman »Der Golem« auf.

Prag als Thema fand natürlich Eingang auch in die tschechische Literatur der Zeit, die Beziehung der Prager tschechischen Schriftsteller zu ihrer Heimatstadt, der aufblühenden Hauptstadt einer siegreich wiederbelebten Nation war jedoch eine andere, eine unkomplizierte, eine um die Abgründe des Weltuntergangs ärmere, die keine schicksalhaften Tiefen der Darstellung zuließ.

Um 1910, im Zeichen des literarischen Expressionismus, meldet sich die jüngste, fast ausschließlich von jüdischen Autoren gebildete Prager Generation mit neuem Lebensgefühl und neuer Beziehung zur eigenen jüdischen Identität zu Wort und durchbricht endgültig die Schranken der Provinzialität, die Prag von Berlin und teilweise auch von Wien getrennt hatten. Die Wortführer dieser Generation, Max Brod und Franz Werfel, werden bereits nach ihren Erstlingswerken zu den prägendsten Erscheinungen des deutschen literarischen Expressionismus; viele andere, heute längst vergessene Prager Dichter treten oft auf verschiedenen expressionistischen Bühnen auf, in expressionistischen literarischen Zeitschriften, in Verlagen. Das deutsche Prag wird in der letzten Phase seiner Existenz zum literarischen Zentrum, dessen Ruhm sogar das literarische Wien in den Schatten stellt und mit der Bedeutung Berlins erfolgreich Schritt hält, wie es eine Anekdote aus dem Prager Tagblatt belegt: »In den Berliner und Wiener Literaturcafés ist bekanntlich jeder zweite Gast ein Literat aus Prag. In Berlin wurde vor einiger Zeit sogar ein tschechoslowakischer Klub gegründet, der größtenteils aus Prager deutschen Schriftstellern besteht. Wenn ein Berliner die Bekanntschaft eines Pragers macht, einerlei, ob es sich um einen Flanellreisenden oder um einen Attaché handelt, fragt er für alle Fälle:

›Woran schreiben Sie jetzt?‹ Die deutschen Witzblätter profitieren seit Jahren aus der Tatsache, daß Deutschland seine neueste Literatur aus Prag bezieht. In einer Berliner Wochenschrift war jüngst ein bemerkenswerter Aphorismus zu lesen: Es ist kaum glaublich: ich bin nicht aus Prag und werde doch gedruckt!«

Mit dem Abklingen des literarischen Expressionismus endet die heroische Zeit des Café Arco, des berühmten Zufluchtsortes der jüngsten Prager Dichter. Nach dem Ersten Weltkrieg verließen viele Prag mit gespaltenen Gefühlen, die Verbliebenen fanden ihren Broterwerb meist in den Redaktionen Prager deutscher Zeitschriften. Erst nach 1933 kamen die Generationsmitglieder in Prag, das in den 30er Jahren zum bedeutendsten Zentrum der ersten Emigrationswelle wurde, wieder zusammen. Nach der geleisteten Vermittlungsarbeit der 20er und 30er Jahre war es nun möglich, gemeinsam mit der tschechischen Intelligenz gegen den drohenden Faschismus zu kämpfen. Die politische Aktivität der Prager Schriftsteller steigerte sich, auf dem Gebiet der Belletristik entstanden vielfach historische Werke, die auf die jüdische Geschichte zurückgreifend, warnende Parallelen zur Gegenwart aufstellten. Eine Zuwendung zu jüdischen Stoffen ist in dieser Zeit auch bei tschechisch-jüdischen Schriftstellern zu verzeichnen, die in vorherigen Jahrzehnten – loyal zur ersten Tschechoslowakischen Republik, durch keine Identitätskrisen einer abgekapselten Kultur an ihre jüdischen Wurzeln erinnert – ihr Nachdenken über eigenes Judentum kaum literarisch gestalteten. 1939 verließ ein Teil der Prager jüdischen Künstler ihre Heimatstadt in Richtung Palästina, USA, Großbritannien, Mexiko, Indien. Für die meisten war es ein endgültiger Abschied von der Heimat, die nie wieder die Bedeutung eines Schmelztiegels dreier Kulturen, des Tschechentums, Deutschtums und des Judentums erreichte. Für alle endgültig vertriebenen Prager deutschen Juden äußerte Johannes Urzidil die schmerzliche Verbundenheit mit der Heimat in seinem Spätwerk, das in den 50er und 60er Jahren im Exil in den Vereinigten Staaten entstand: »Wer wird, wenn ich nicht da bin, das Lied der Häuser und der Gassen singen, den späten Sonnenblitz in den Turmknäufen, die Nachdenklichkeit der Karyatiden, wer das leise Summen der alten Brezelweiber im Park, die Schicksale der beiden Ufer und die Hoheit ihrer Brücken... Sei ruhig! Irgendjemand wird es tun. Wer bist denn du?«

Nach dem Zweiten Weltkrieg widmeten sich einige tschechische Autoren der jüngsten jüdischen Vergangenheit, die viele aus eigener Erfahrung aus dem Ghetto Theresienstadt und den Lagern Polens und Deutschlands kannten: Jiří Weil, Norbert Frýd, Arnošt Lustig, Egon Hostovský, Ota Pavel, Ladislav Fuks, Ludvík Aškenazy, Josef Škvorecký.

Nach der Wende vom November 1989, als auch die Geschichtsschreibung von ideologischen Verunstaltungen befreit wurde, rückte das Thema der jüdischen und jüdisch-deutschen Geschichte der Tschechoslowakei ins Blickfeld der Öffentlichkeit. Das läßt hoffen. Vielleicht läßt sich Max Brods aphoristischer Ausspruch, der 1918 Präsident Masaryk gegolten hatte, auch auf Václav Havel und die Zukunft der Tschechoslowakei beziehen: »Ein Philosoph auf dem Thron – soll man da nicht Mut schöpfen?«

Hermann Bahr

Ewige Stadt

Prag gehört zu den ganz autochthonen Städten, die nur von ihrem eigenen Geiste bewohnt und stark genug sind, sich allem öffnen zu dürfen, weil alles, was es auch sei, doch beim Eintritt gleich dem Ursinn des Orts unterliegt und, ob es will oder nicht, angepaßt wird, wie Salzburg, Venedig oder Toledo, die vernichtet, aber nicht verwandelt werden können und auch entstellt noch ihr Wesen bewahren: sie gleichen alle Rom, es sind ewige Städte, Erscheinungen des Geistes, denen das wankende Gemüt so wenig anhaben kann als die wechselnde Zeit. Ein Buch wäre zu schreiben, um dies von Jahrhundert zu Jahrhundert an Prag darzutun, und am Ende sagte dieses Buch doch dann auch nicht mehr als jener Satz. Aber es hätte viel vom Prager Juden zu sagen. Auch den Juden hat sich Prag eingeprägt und es hat ihn umgeprägt.

Der Prager Jude ist ein Unicum unter den Juden, wie Prag unter den Städten. Seht den alten jüdischen Friedhof an und lest es seinen verwitterten Steinen ab!

Ein Unicum im Guten wie im Schlimmen. Denn Städte von solcher Kraft haben wie ganz starke Menschen das an sich, daß unter ihren Blicken jeder einbekennen muß, sie fordern ihm sein ganzes Wesen ab und holen aus dem Guten alle seine Güte, aus dem Bösen alle verborgene Niedertracht hervor, jeder wird extrem, der Gute noch besser, der Böse verrucht. Beispiele sind in Eurer Stadt an jeder Ecke zu sehen. – Sie läßt kein Kompromiß zu, sie drängt ihr ungeheures Wesen jedem mit bedrohender Gewalt auf und so hat er nur die Wahl, entweder vor ihr ganz in sein Inneres zu flüchten und sich in seiner ererbten Eigenart einzumauern oder aber aus der Haut zu fahren. Der Jude, der Prag betritt, ist gezwungen, ein ganzer Jude zu sein oder nichts. Gemischte Juden gibt es in Prag nicht: Die einen sind reine Juden wie aus dem Alten Testament, die anderen fahren aus der Haut, singen dazu die Wacht am Rhein und sind »daitsch«.

Ich weiß aus Erfahrung, daß Wahrheiten, so gedrängt und in solcher Verkürzung ausgesprochen, leicht mißverstanden werden, aber – sei's!

Eduard Petiška

Wie die Juden nach Böhmen kamen

In uralten Zeiten, als in Böhmen die Wege rasch zuwuchsen, als da, wo heute Städte stehen, noch Wälder rauschten und Quellen sangen, aus denen sorglose Rehe tranken, in diesen uralten Zeiten herrschte über die Tschechen der weise Krok, und er war seinem Volk ein gerechter Herr und Richter. Er hatte drei Töchter: Kazi, Teta und Libusche. Einen Sohn aber hatte er nicht.

Als Krok gestorben war, galt es einen neuen Herrscher einzusetzen. Und die Wahl fiel auf die jüngste der drei Töchter. Libusche wurde zur Fürstin erkoren. Sie war von edler Schönheit, und ihr Scharfsinn und ihre Klugheit leuchteten still und stetig wie der Glanz eines Edelsteins.

Sie besaß auch die seltene Gabe der Weissagung, und oft sprach die Zukunft aus ihrem Mund. Alle nahmen Libusches Weissagungen mit frommer Ehrfurcht in sich auf.

Nach Jahren erwählte Libusche sich Přemysl zum Gemahl. Sie übertrug ihm die Herrschaft und begründete mit ihm das mächtige Geschlecht der Przemysliden. Es wird berichtet, daß die älteste von Kroks drei Töchtern, Kazi, als erste starb. Sie wußte um die Kraft der Heilkräuter und verstand sich darauf, die schwindende Gesundheit eines Menschen zurückzurufen. Sie machte viele Kranke gesund, und alles Volk trauerte um sie. Da war keine Hand, die nicht Erde herbeigetragen hätte, als über ihrem Leichnam der Grabhügel wuchs.

Dann starb Teta, die ihr Volk gelehrt hatte, sich vor den Göttern des Waldes und des Wassers, den Elfen und Nymphen, zu neigen und ihnen Opfer darzubringen. In der Nacht nach ihrem Tod ging ein gewaltiges Rauschen durch die Wälder, und die Flüsse warfen hohe Wellen.

Als letzte vernahm den Schritt des nahenden Todes die Fürstin Libusche. Sie erhob sich von ihrem Lager und ging langsam hinaus auf die Schanze, um vom Wyschehrad hinüberzuschauen auf die dunklen Strahower Forste. Vergeblich versuchte sie, mit dem getrübten Blick in die Ferne zu sehen. Dort irgendwo standen die gezimmerten Bauten der Burg Prag, die sie hatte errichten lassen und deren Pracht vor ihren Augen gewachsen und erblüht war, bis zu den Sternen hoch. Sie spähte auch hinunter zum Fuß des Wyschehrader Felsens, wo die Fluten der Moldau zwischen den noch frostigen Ufern blinkten. Was da auf dem Wasser blinkte, war der Abglanz der goldenen Wiege von Libusches erstgeborenem Sohn. Sie selbst hatte die Wiege einst unter dem Wyschehrad im Fluß versenken lassen. Wenn die Zeit gekommen ist, wird die Wiege von selbst emportauchen, um das Kind in sich zu betten, das seinem Volk und seinem Land das Heil bringen wird.

Libusche stand auf der Schanze des Wyschehrad, aber ihre Gedanken flogen wie Vögel bis hinter den Horizont, weit in die Zukunft.

Als sie auf ihr Lager zurückgekehrt war, ließ sie ihre Familie herbeirufen, den Fürsten Přemysl, ihren Sohn Nezamysl und die Wladiken, die Edelleute, um von ihnen Abschied zu nehmen, denn der Tod stand schon neben ihr und wies ihr den Weg.

Da ließ die Weisheit der Fürstin Libusche sich noch einmal vernehmen, ein letztes Mal.

Mit erlöschender Stimme sprach sie von Einigkeit und Treue, ohne die es keine Stärke gibt; von Liebe und Tapferkeit, ohne die das Leben nur eine kurze Spanne ist zwischen Geburt und Tod; von der Ewigkeit, die wir auf unseren Schultern tragen, um sie an künftige Geschlechter weiterzugeben.

Nezamysl, ihrem Sohn, machte sie folgende Weissagung zum Vermächtnis: »Wenn die Zeit sich erfüllt, wird dein Enkel den Fürstenthron besteigen. Dann wird am Ufer der Moldau zwischen der Burg Prag und dem Wyschehrad eine Schar von Fremdlingen anlangen. Diese Menschen werden hierher kommen auf der Flucht aus einem Land gen Sonnenaufgang. Sie werden an einen einzigen Gott glauben und an diesem Fluß eine neue Heimat suchen. Dein Enkel möge sie gastfreundlich aufnehmen und ihnen Schutz gewähren. Sie werden keinem Stamm feindlicher Fremdlinge angehören, und ihr Wirken wird dem ganzen Fürstentum zum Wohl gereichen.«

Die Fürstin starb, und ihre Weissagung wurde weitergereicht, ging von einer Generation auf die andere über, bis sie Hostivít erreichte, den Enkel des Fürsten Nezamysl.

Hostivít harrte des Tages, an dem die Weissagung sich erfüllen sollte.

Eines Nachts hatte er einen Traum. Ihm träumte, daß eine leuchtende Frauengestalt im Fürstinnengewand sein Schlafgemach betrat und sprach:

»Ich bin die Mutter deines Großvaters. Die Zeit, die ich vorausgesagt habe, ist gekommen. Morgen werden die Fremdlinge vor dich treten. Sei freundlich zu ihnen und barmherzig.«

Am nächsten Tag kam zum Fürsten Hostivít ein Wachtposten gelaufen und meldete, am Ufer der Moldau habe sich eine Schar von Fremdlingen eingefunden, und zwei ihrer Ältesten erbäten sich beim Fürsten Gehör.

Hostivít empfing sie und hörte sie freundlich an.

»Herr«, erklärten die Neuankömmlinge, »wir sind Juden, Hebräer, wir sind mit Frauen und Kindern nicht mehr als einhundertfünfzig an der Zahl und irren schon zehn Jahre lang durch die Welt. Seit unsere Gemeinde aus ihrer Heimat in litauischen Landen vertrieben wurde, ist unser Bett die kalte Erde, der harte Stein unser Kissen und der luftige Himmel unser Dach. Gewähre uns Ruhe, o Fürst, und gib uns die Erlaubnis, uns in deinem Lande anzusiedeln. Auf dem Weg hierher haben wir erkannt, daß es gut ist, und gut scheint auch sein Volk zu sein. Wenn du erlaubst, werden wir an einem uns zugewiesenen Platz unsere Hütten bauen und dir treue Untertanen sein. Wir werden zu unserem Gott beten, auf daß er dir und deinem Volk Ruhe und Frieden beschere, Wohlergehen und Ruhm.«

Fürst Hostivít sann darüber nach. Er erkannte in den Zugewanderten jene Fremdlinge, die Fürstin Libusche ihm im Traum angekündigt hatte. Er wollte jedoch nicht allein entscheiden. Er beriet sich immer erst mit den Wladiken. Deshalb sagte er:

»Kehrt zurück zu den Euren und geduldet euch. Erst wenn ich euch einen Boten schicke, kommt ihr euch die Antwort holen.«

Hostivít ließ die Wladiken zu sich entbieten, erzählte ihnen seinen Traum und wiederholte Libusches Weissagung.

»Sagt an, ihr Wladiken«, sprach er zu den Versammelten, »sollen wir den Fremdlingen erlauben, sich in unserem Land niederzulassen? Sie haben eine mächtige Fürsprecherin, und eine Weissagung hat sie angekündigt. Ich will die Weissagung befolgen, aber nicht gegen euren Willen.«

»Dein Wille ist auch unser Wille«, entgegneten die Wladiken.

Und so sandte Fürst Hostivít einen Boten aus, und alsbald überschritten die Abgesandten der Hebräer abermals die Schwelle des Fürstenhauses.

»Hört meinen Beschluß«, sagte der Fürst. »Ich vertraue der Weissagung, die euer Kommen angekündigt hat, und ich will auch euch vertrauen. Von nun an bin ich euer Fürst. Als Wohnstätte weise ich euch einen Platz am linken Ufer des Moldauflusses zu.«

»Vieledler und ruhmreicher Fürst«, riefen die Hebräer und fielen vor Hostivít aufs Angesicht. »Möge dein Ruhm ewig währen wie Sonne, Mond und Sterne, möge dein Acker volle Ähren tragen, mögen deine Herden sich reich vermehren, mögen deine Feinde vor deinen Blicken fliehen! Friede dir und deinem Volk!«

Die Abgesandten der Hebräer kehrten mit der frohen Botschaft zu den Ihren zurück. Die Wache des Fürsten führte dann alle zu dem ihnen angewiesenen Ort an der Moldau. Es war der Ort, der heute Kleinseite heißt. Hier bauten die Fremdlinge ihre Hütten, und da sie im Handwerk ebenso geschickt waren wie im Handel, erging es ihnen gut.

Als Fürst Hostivít gegen die Deutschen ins Feld zog, vergaßen die Zugewanderten nicht, welch großen Dienst er ihnen erwiesen hatte. Sie halfen ihm mit allen Kräften. Sie beschafften ihm Gold und Waffen, damit er den Krieg führen konnte, sie sorgten für Verpflegung und standen treu zu ihm, bis er siegte.

Unter dem ersten christlichen Herrscher in Böhmen, dem Fürsten Bořivoj, waren die Hebräer bereits so zahlreich, daß ihnen der Platz in der zugeteilten Wohnstätte nicht mehr ausreichte. Daher wandten sie sich an den Fürsten mit der Bitte, ihnen einen neuen Ort anzuweisen.

Fürst Bořivoj teilte ihnen einen Platz am rechten Ufer der Moldau zu, dort, wo heute die Reste der alten Prager Judenstadt stehen. Und die Juden zogen mit ihren Kindern und Frauen und ihrer gesamten Habe aufs rechte Ufer der Moldau und schufen sich dort eine neue Heimat.

Anfangs standen in der Judenstadt angeblich dreißig Holzhäuser. Auf dem freien Platz zwischen den Häusern erbauten die Juden sich ihren Tempel, die Synagoge. Die erste Synagoge war auch aus Holz.

Die Prager jüdische Gemeinde wurde bald weithin gerühmt, und Prag bekam von den Juden den Namen »Mutter Israels«.

Alles, was die folgenden Jahrhunderte mit sich brachten, Freude und Leid, Angst und Unrecht, Feuersbrünste, gewaltsamen Tod und stilles Glück, das Weisheit beschert, all das fand eine Heimstatt auf dem kleinen engen Stück Boden rings um die Synagoge.

Eduard Petiška

Die älteste Prager Synagoge

Die Jahre vergingen, die jüdische Gemeinde wuchs, und die hölzerne Synagoge wurde ihr zu klein. Die ältesten und angesehensten Juden versammelten sich, um über den Bau einer neuen Synagoge zu beraten. Sie beschlossen, das neue Gotteshaus aus Stein zu errichten. Uneins waren sie sich nur über den Bauplatz. Inmitten der Judenstadt gab es seit Menschengedenken eine Anhöhe, mit Rasen, wucherndem Unkraut und Gestrüpp bewachsen. Hier spielten die Kinder, pflückten Blumen und buddelten in der Erde. Man erzählt sich, daß just zu der Stunde, als die Erwachsenen stritten, wo die Synagoge gebaut werden sollte, einige Kinder zu ihren Vätern gelaufen kamen und etwas Sonderbares berichteten. Beim Graben im Erdreich hatten sie unter dem Rasen Steine entdeckt. Die Steine waren behauen und aufeinandergeschichtet wie der Fuß einer Mauer. Die Erwachsenen ließen sich von den Kindern hinführen und staunten. Während sie gestritten hatten, wo die Synagoge stehen sollte, schien ein Umsichtiger den Platz bereits bestimmt und mit dem Bau begonnen zu haben.

»Fürwahr«, sprachen die Gemeindevorsteher, »vergeblich suchen wir nach einem immer neuen Platz. Gott selbst hat uns gezeigt, wo wir ihm nach seinem Wunsch eine neue Synagoge erbauen sollen.«

Die Kunde von der wundersamen Mauer verbreitete sich flugs in der ganzen Judenstadt, alle Welt eilte zu der Anhöhe und wollte sich mit eigenen Augen überzeugen.

Es fanden sich alte Frauen, die schworen hoch und heilig, sie hätten gestern Abend in der Dämmerung Engel auf die Anhöhe niederschweben sehen. Sie hätten feierlich die Flügel geschwungen und eine geheimnisvolle Last in die Erde gesenkt. Und es fanden sich Greise, die erzählten, niemand geringerer als Engel habe kostbares Gestein aus den Trümmern des ruhmreichen Tempels von Jerusalem hierher ans Moldauufer gebracht.

Herbeigerufene Arbeitsleute gruben an der bezeichneten Stelle und entdeckten noch anderes Gemäuer. Auf diesem wurde mit dem Bau der Synagoge begonnen. Später nannte man sie Altneu-Synagoge, denn sie war aus alten und neuen Steinen errichtet, alt und neu zugleich. So geht die Sage.

Und es geht eine andere Sage, die Engel hätten das Mauerwerk aus den Trümmern des Tempels von Jerusalem nur unter der Bedingung herübergeschafft, daß die Steine an ihren Platz zurückgebracht würden, wenn die Juden den Tempel von Jerusalem dereinst wieder aufbauten. Die Prager Synagoge sei also unter einer Bedingung errichtet worden, sozusagen bedingt, was auf hebräisch »alt-nai« heißt. Das hebräische Wort klingt fast so wie das deutsche »alt-neu«, und so verdankt die Synagoge ihren Namen einem Mißverständnis.

Und es geht wieder eine andere Sage, die ganze Synagoge sei von Engeln aus dem gelobten Land herübergeschafft worden, und noch eine andere, die Synagoge sei ganz in jener Anhöhe verborgen gewesen und habe nur ausgegraben werden müssen.

Zu der Zeit, als der Bau der Synagoge beschlossene Sache war, soll eine Gesandtschaft aus Jerusalem nach Prag gekommen sein. Die jüdischen Gemeindevorsteher sprachen zu sich: Der Himmel schickt uns gelehrte und weitgereiste Männer. Fragen wir sie, wie die neue Synagoge am besten zu bauen ist.

Die Gelehrten erteilten bereitwillig Rat:

»Seid bedacht«, sprachen sie, »daß die Fenster außen breit sind und sich nach innen zu verschmälern. Zwei Pfeiler sollen das Gewölbe tragen, und in den Betsaal soll man über eine Treppe hinabsteigen, denn es steht geschrieben: Aus der Tiefe rufe ich zu Dir, o Herr. Wird die Synagoge nach diesen Weisungen erbaut, dann gleicht ihr Bild dem Bild des Tempels von Jerusalem, und Jahwe wird ihr gnädig sein, und weder Fluten noch Flammen werden ihr schaden, und sie wird die Jahrhunderte überdauern.«

Die Prager Juden beherzigten den Rat der weisen Männer aus Jerusalem und taten, wie ihnen geheißen. Und wie man hört, wurde die Altneu-Synagoge jahrhundertelang von Unwettern gemieden und von Flammen verschont.

Im 16. Jahrhundert brach in der Judenstadt eine große Feuersbrunst aus. Da ließen sich auf dem Giebel der Synagoge zwei schneeweiße Tauben nieder und schlugen mit den Flügeln, als wollten sie mit ihrem zarten Gefieder das Feuer verscheuchen, das ringsum die Häuser verzehrte. Und wirklich, den Taubenflügeln gelang es, die Flammen von der Synagoge wegzutreiben, und das Feuer griff nicht nach ihr. Als von den anderen Gebäuden nur noch schwelende geschwärzte Trümmer übrig waren und keine Gefahr mehr drohte, schwangen die Tauben sich vom Dach der Synagoge empor und entschwebten wolkenwärts wie zwei gute Engel.

In den Schutz der Altneu-Synagoge flüchteten sich die Juden vor grausam wütenden Söldnern und vor dem Pöbel, der die Judenstadt oft plündernd heimsuchte.

Doch selbst die Altneu-Synagoge vermochte nicht immer alle zu schützen, welche darin Zuflucht suchten.

Ende des 14. Jahrhunderts, unter der Herrschaft Wenzels IV., brach über die Prager Juden ein großes Unglück herein. An einem Karsamstag verbreitete sich in Prag ein Gerücht, das die Prager in Aufregung versetzte.

Längs der Mauer der Judenstadt sei angeblich ein christlicher Priester zu einem Sterbenden geeilt. Plötzlich sei er vom Judenviertel aus mit Lehmklumpen und Steinen beworfen worden, welche die Hände trafen, die dem Sterbenden die Letzte Ölung brachten. Die Begleiter des Priesters seien vor Entsetzen erstarrt: Da sei ein Priester entweiht und mit dem Sakrament, das er trug, sei auch ihr Gott gelästert worden.

Sie seien also in die Judenstadt eingedrungen, hätten einige dieser ruchlosen Tat verdächtige Juden ergriffen und in den Kerker geschleppt.

Es hieß, die Steine seien von Kindern geworfen worden, aber vor all den Gerüchten, die sich um den Vorfall rankten, wußte bald niemand mehr, was wirklich geschehen war. Je mehr Hirngespinste und Berichte sich ansammelten, desto fester bildete ein jeder sich ein, nur er allein habe Recht.

Und es erhob sich Zank und Unruhe in ganz Prag und im Volk ein Gären, dem nichts und niemand Einhalt gebieten konnte.

Anderntags am Nachmittag, am Ostersonntag, rotteten sich in den Prager Gassen Banden zusammen und stachelten einander auf, in die Judenstadt zu ziehen und die Juden mit ihrem Blut für die Schandtat büßen zu lassen. Die einen wiegelten die Menge bloß aus dem Glauben heraus auf, der Christengott sei gelästert worden, die anderen hingegen, und deren waren es bei weitem mehr, sprachen nur zum Schein von Gott, heimlich aber lechzten sie nach Raubzügen durch jüdische Häuser und nach dem Rausch der Gewalt.

Am Abend stürmten die Aufgehetzten in die Judenstadt. Sie fielen über die Juden her mit Äxten wie Holzfäller, aber sie hieben keine Bäume um. Sie brachen in die Häuser der Juden ein mit Schwertern und Pfeilen, Spießen und Keulen, aber sie jagten kein Wild. Sie schlugen Funken und entfachten Feuer auf den Dächern, aber nicht, um sich zu wärmen. Sie drängten zu den Toren herein, durchbrachen die Mauer, zwängten sich durch die Fenster, wimmelnd wie ein Heuschreckenschwarm. Sie schleppten Truhen heraus und brachen die Schlösser auf, stopften sich fremdes Eigentum in die Taschen und unters Wams. Das Blut auf den Schwertern vermochte erst gar nicht einzutrocknen. Sie sangen, wie befeuert vom Glauben an Christus, aber in ihrem Herzen brannte die Gier nach Beute. Sie klopften mit den Knüppeln die Kellerwände ab, sie forschten nach Schätzen. Sie zerrten die Juden aus den Häusern, Greisinnen und Greise, Frauen, Männer, Kinder, zwangen sie gewalttätig zur Taufe, und wer dem Glauben seiner Väter nicht entsagen wollte, ward auf der Stelle totgestochen. Den Hingemordeten riß man die Kleider vom Leibe. Die brennenden Häuser der Judenstadt lohten wie Fackeln. Viele jüdische Väter und Mütter bereiteten dem Leben ihrer Kinder mit eigener Hand ein Ende, um ihren schmählichen Tod nicht mitansehen zu müssen. Zum Schluß legten sie Hand an sich selbst und folgten ihren Kindern freiwillig nach. Viele Juden flohen auf den Friedhof. Sie suchten Schutz bei ihren Vorfahren. Aber auch hier traf der rasende Haufe ein und erschlug die Lebenden, öffnete die Gräber der Toten und stürzte die Grabsteine um. Auch in den Gräbern erhoffte man sich reiche Beute.

Eine Schar verzweifelter Juden flüchtete sich in die Synagoge, weil sie glaubten, hier das Brandschatzen und Morden überdauern zu können. Doch just hier wurden sie von Verfolgern ereilt, die in der Synagoge einen prachtvollen Schatz witterten. Keiner der Juden verließ lebend den Tempel. Und an seinen Wänden klebte Blut.

Die Jahre vergingen, die ausgebrannte und ausgeplünderte Judenstadt erstand wieder aus Schutt und Asche. Das Blut der ermordeten Vorfahren durfte aber niemand von den Wänden der Synagoge abwaschen oder abschaben. Es blieb dort zum ewigen Andenken.

Von diesem blutigen Ostergeschehen kündet seit damals ein trauriges Lied. Erdacht hat es der gelehrte Prager Rabbiner Awigdor Kara. Er hatte bei diesem Pogrom den Vater verloren und gehörte zu den wenigen, die das Unglück überlebten. Und alljährlich während des Fastens am jüdischen Feiertag Jom Kippur, dem Versöhnungstag, erklingt sein trauriges Lied in allen Prager Synagogen.

Die Pinchasgasse

Vor mehr als zweihundert Jahren lebte in Prag ein armer Jude, der bei Tag, um sein Leben zu fristen, mit dem Sack über der Schulter durch die Gassen ging und alte Kleider einkaufte, des Nachts aber in seiner ärmlichen Kammer bei einer düsteren Lampe das Gesetz studierte. Sein armseliger Erwerb brachte ihm trotz allem Fleiße nicht so viel ein, daß er den Hausbedarf notdürftig decken konnte, und er wäre mit Weib und Kind Hungers gestorben, hätte nicht ein gutherziger Graf den frommen redlichen Mann liebgewonnen und unterstützt. Jeden Freitag ließ er sich von seinem Schützling Rechenschaft von dem Gewinst der vergangenen Woche geben, und wenn dieser nicht hinreichend war, den Sabbat nach Vorschrift und Gesetz zu heiligen, griff der Graf in die Tasche, um das Fehlende zuzulegen. Auch vor den andern Festtagen mußte Pinchas – so hieß der Jude – dem Grafen vorrechnen, was für das Fest unbedingt nötig war, und erhielt von ihm das Geld dazu. Für den armen Pinchas war der edle Graf ein von Gott gesandter Engel; daher war auch die Art, wie er seinem Wohltäter dankte, mehr ein Gebet zu Gott als eine Anerkennung der empfangenen Wohltat. Jedesmal, wenn ihn der Graf beschenkte, richtete er seinen Blick zum Himmel und sprach: »Gott, du verläßt deine Kinder nicht, du hast mir wieder geholfen!« Und wenn ihn nach den Feiertagen der Graf fragte, wie er diese verbracht habe, so antwortete er stets: »Er, Gott hat geholfen!«

Dieses Betragen verdroß den Grafen; er sagte sich: »Wie doch dieses Volk undankbar ist! Ich überhäufe den Juden mit Wohltaten und verhelfe ihm dazu, daß er seinen Sabbat feiern kann, und doch sagt er stets, Gott habe ihm geholfen; ich will doch sehen, ob ihm Gott helfen wird, wenn ich ihm meine Hand entziehe und vor dem kommenden Peßachfeste die gewöhnliche Gabe verweigere.« Es waren nur noch wenige Tage bis zu diesem Feste, vor dem sich jeder gläubige Jude auf acht Tage mit Lebensmitteln versehen muß. Seit mehreren Jahren hatte Pinchas vor diesen Feiertagen das Geld für das Notwendigste vom Grafen erhalten; doch heuer wollte der Gönner es auf die Hilfe Gottes ankommen lassen und sprach zu dem Hausjuden, der ihn demütig an die kommenden Feiertage erinnerte: »Mein lieber Pinchas, für diesmal mußt du dich selbst mit Mazzoth versorgen; denn ich bin gegenwärtig in der Klemme, die Gelder sind nicht eingegangen und ich habe große Ausgaben; dein Gott wird dir schon auf andere Art helfen.« Ein Schatten der Betrübnis zog über das Antlitz des Pinchas, als er diese Worte aus dem Munde seines Wohltäters vernahm; doch das feste Vertrauen auf den Gott seiner Väter verließ ihn nicht, und er sagte wehmütig, aber gelassen: »Da läßt sich nichts tun. Gott wird helfen!« Damit ging er. Mit betrübtem Herzen kam er abends nach Hause; seine Frau, die ihn ungeduldig erwartete, die Kinder, die sich schon im voraus auf die versprochenen neuen Kleider freuten, kamen ihm mit hastigen Fragen entgegen. »Wieviel hast du heuer bekommen?« – sprach die Frau. »Nichts habe ich bekommen« – entgegnete der Mann traurig, dabei warf er seinen leeren Sack in einen Winkel und schickte sich an, das Abendgebet zu verrichten; aber das enttäuschte Weib zankte, die Kinder weinten und dem armen Pinchas wurde angst und bange. Schweigend zog er sich in sein kleines Kämmerlein zurück und sperrte die Tür hinter sich ab, um ungestört wie immer bei düsterer Lampe bis Mitternacht das Gesetz zu studieren.

Die Mitternacht war nicht mehr fern; die Kinder schliefen bereits auf ihrem armseligen Strohlager, auch die Frau war schon unter Verwünschungen eingeschlafen; nur Pinchas saß noch vor einem großen Folianten, strich sich nachdenklich den langen Bart und starrte vor sich hin, um eine schwierige, widerspruchsvolle Stelle im Talmud zu deuten. Da wurde plötzlich das kleine Fenster aufgerissen, daß die Scheiben klirrten, eine scheußliche Gestalt fiel in die Kammer und stürzte zu Pinchas' Füßen nieder. Entsetzt sprang er auf, faßte das große Buch und hielt es wie einen Schild vor sich, während er mit bebenden Lippen eine Bannformel gegen böse Geister sprach. In diesem Augenblicke ließ sich ein vielstimmiges Gelächter vernehmen, das den erschreckten Juden in dem Wahne bestärkte, Masikim (böse Geister) seien gekommen, um ihn zu quälen. Eine Weile noch blieb Pinchas in dieser Stellung, das Buch vor sich haltend, bis seine Frau, durch den Lärm geweckt, an die verschlossene Kammertür klopfte und dadurch ihrem geängstigten Gatten etwas Mut gab. Er wagte einen Blick über seinen Talmud zu tun, und siehe da, eine menschenähnliche Fratze lag mit gestreckten Gliedern vor ihm da. Dieses abscheuliche Gespenst war ein verreckter Affe. Dieser Umstand steigerte nur seine Angst; denn Pinchas hatte von Affen eine eigene höchst sonderbare Meinung. Er hielt diese Tiere für

halbe Menschen, welche die vornehmen Herren in der Absicht halten und mit Liebe pflegen, um sie sittlich und selig zu machen; und solch ein zahmer gebildeter Affe hatte in seinen Augen den Wert eines christlichen Proselyten. Jetzt fielen dem furchtsamen Juden alle traurigen Begebenheiten der vergangenen Jahre ein.

»Jetzt werden sie kommen« – sprach er –, »mich und meine Brüder vom Erdboden zu vertilgen; denn sie werden sagen, ich hätte diesen da erschlagen. Herr im Himmel, erbarme dich über mich armen Mann!« Indessen hatte die ängstliche, erschreckte Frau die Tür mit Gewalt aufgerissen und fragte, was vorgefallen sei. Nachdem der Mann ihr alles erzählt hatte, rief sie: »Ja, das ist eine List, um uns zu verderben, wir müssen das verreckte Tier gleich aus dem Hause schaffen.« – »Aber wie und wohin?« – fragte Pinchas. – »Soll ich es einpacken und ins Wasser werfen? Wie leicht könnte ich in die Hand eines Häschers fallen, auch habe ich nicht Kraft genug, den Kadaver fortzutragen.« Nachdem beide lange Zeit beratschlagt hatten, rief auf einmal Pinchas mit freudiger Stimme: »Weißt du, was wir tun werden? Wir verbrennen diesen Halbmenschen; geschwind, mach Feuer an, ich will indes Holz holen.« Im Ofen wurde ein starkes Feuer angezündet und Pinchas mit seiner Frau faßten den Affen bei den Füßen, um ihn in die Küche zu schleppen. Aber während sie ihn durch das Zimmer zogen, ertönte der Klang einer auf dem Boden hinrollenden Münze. Beide ließen den Kadaver los, um mit forschenden Blicken dem Klange nachzugehen. Pinchas nahm die Lampe, sein Weib einen brennenden Kienspan und beide suchten emsig auf dem Boden. Wie groß war ihre Freude, als ein glänzender Dukaten ihnen aus einem Winkel entgegenfunkelte. Sie faßten mit gestärktem Mute den toten Affen, um ihn weiter fortzuschleppen. Doch eine neue Überraschung! Ein ganzer Haufe Goldmünzen fiel aus dem Rachen des Tieres; Pinchas richtete seine Augen nach oben und rief in andächtigem Tone: »Ich bin jung gewesen und bin alt geworden und sah nicht einen Frommen verlassen, noch seine Kinder Brot suchen.« Er griff nach einem großen Messer und begann das Tier zu zerstückeln. Gierig suchte er die Quelle, der das Geld entsprang und entdeckte sie bald. Der Magen des Affen war voll Dukaten; Pinchas nahm sie heraus, und als nichts mehr zu finden war, zerschnitt er das Tier und verbrannte die Teile des von Gott gesandten Affen in der Flamme der Ofens. Die Goldmünzen wurden reingewaschen und in einen Beutel gebunden, der Boden gescheuert und vom Blute gereinigt, und ehe noch der Morgen graute, war vom Affen keine

Spur mehr bis auf die Münzen, die in dem Säckel des glücklichen Pinchas lagen.

»Was ihr den Feiertagen zu Ehren ausgebet, wird der Herr euch reichlich vergelten!« – sagt der Talmud, und der fromme Pinchas gab alles, was sein Weib verlangte. Kleider für die Kinder wurden angeschafft, blanke Wäsche, goldgestickte Hauben und andere Kostbarkeiten: an den besten Weinen, dem fettesten Fleische fehlte es nicht und in dem Hause, wo am Tage vorher noch die drückendste Not gewohnt, herrschte Wohlhabenheit und Freude. Noch nie seit dem Auszuge der Kinder Israel aus Ägypten war ein Peßachabend mit so freudigem Gemüte und frommer Andacht gefeiert worden wie diesmal bei Pinchas. Die achtzackige Lampe über dem Tische, die Leuchter mit den polierten runden Blenden an den Wänden verbreiteten hellen Schein in dem reinlichen und warmen Zimmer. Neben dem Tisch war ein Lager aus Polstern, mit großen Blumen verziert, für den Hausherrn errichtet, welcher sich darauf, in das Sterbegewand gehüllt, hinstreckte. Die Hausfrau saß ihrem Gemahl gegenüber, in einen langen, faltenreichen weißen Spencer gekleidet, eine goldene, mit steifen Spitzen und breiten Seidenbändern versehene Haube auf dem Kopfe, und füllte die Gläser mit Wein. Die Kinder saßen mit freudiger Miene, ungeduldig das Kommende erwartend, um den Tisch herum. Auf dem Tische stand eine runde zinnerne Schüssel, auf welcher drei Mazzoth, in ein großes Tuch gewickelt, lagen, und auf diesem befanden sich Kren, Kresse, gebratene Eier, ein Stück gebratenes Fleisch und ein Gefäß mit Salzwasser. Eben wurde die Schüssel von der ganzen Tischgesellschaft emporgehoben und alle sprachen die Verse: »Dieses ist das Brot des Elends, das unsere Väter im Lande Mizrajim gegessen haben; wer hungrig ist, der komme herein und esse mit.« Da ertönte auf der Gasse das Rollen eines Wagens, und ehe Pinchas den Spruch geendet hatte, wurde an das Fenster geklopft.

Bleich vor Schrecken erhob sich Pinchas von seinem Lager, um sich nach dem Störer zu erkundigen. Mit zitternder Stimme fragte er zum Fenster hinaus, wer da wäre. »Mach nur auf, Pinchas! Ich bin gekommen, heute mit dir den Peßach zu feiern!« – ließ sich draußen eine Stimme vernehmen. Im ersten Augenblicke glaubten alle, der späte Gast wäre kein anderer als der Prophet Eliahu, der um diese Zeit jeden Frommen besucht, weshalb auch ein besonderes Glas für ihn eingeschenkt auf dem Tische stehen muß; schnell wurde der Riegel weggeschoben, die Tür öffnete sich und herein trat – der Graf, Pinchas' Gönner. »Lasse dich nicht in deiner Andacht stören. Aber was sehe ich« – rief der Graf erstaunt, während er sich in dem Zimmer verwundert umschaute – »du bist wohl plötzlich ein reicher Mann geworden?« »Ja« – sprach freudig lächelnd der Jude – »Gott der Allmächtige hat mir geholfen. Vor wenigen Tagen war ich noch ein blutarmer Mann und wußte nicht, daß ich diesen Peßach so recht, wie es einem Juden ziemt, werde feiern können; doch Gottes Hilfe geschieht im Augenblick und ich bin jetzt ein reicher Mann.« – »Willst du mir nicht erzählen« – sagte der Graf – »wie sich deine Verhältnisse so schnell geändert haben?« – »Ja« – entgegnete Pinchas und begann dem Grafen die Geschichte treu zu erzählen. Der Graf hörte aufmerksam zu; als der Jude des Affen Erwähnung tat, da konnte er seine Verwunderung nicht mehr zurückhalten und rief: »Was, ein toter Affe? Am Ende ist's der meine. Wahrhaftig, es wäre sonderbar. Mein Affe ist mir vor drei Tagen plötzlich eingegangen und ich ließ ihn, um das Tier nicht mehr zu sehen, sogleich aus dem Hause schaffen; doch wie hängt das mit deinem Glück zusammen?« Wie Pinchas diese Worte vernahm, ging er zum Kasten, schloß ihn auf, zog einen Beutel heraus und überreichte ihn dem Grafen mit den Worten: »Hier ist alles bis auf einige Stücke, die ich, um den Feiertag zu heiligen, ausgegeben habe.« – »Was willst du mit dem Beutel?« – fragte der Graf erstaunt. – »Nun, dieses Gold hatte der Affe in sich und ist der Affe Euer Eigentum, so ist es auch das Gold« – erwiderte der Jude. Der Graf wendete sich hierauf zu dem ihn begleitenden Diener, welcher in einiger Entfernung stand, und fragte: »Weißt du vielleicht etwas Genaueres von der Geschichte?« – »Vergebung, Herr« – erwiderte der erschrockene Diener – »der Hausknecht wollte dem armen Pinchas einen Streich spielen und warf das Tier in seine Kammer, mehrere Diener wußten davon.« – »Wie, der Hausknecht? Der Spaß ist sonderbar ausgefallen« – sagte der Graf lächelnd – »am Ende habe ich den armen Jungen unschuldig einsperren lassen – doch es mag eine Sühne sein für das Verbrechen, das er gegen den armen Pinchas begangen hat. Wahrscheinlich hat das närrische Tier in seinem Nachahmungstrieb das Gold gefressen, welches mir aus dem Schreibtische fehlte. Es sah, daß ich die ungewichtigen Goldmünzen, um sie zu zeichnen, zwischen den Zähnen bog, und glaubte, man fresse das Gold!« – »Hier ist das Gold« – fiel Pinchas ein, indem er den Beutel dem Grafen reichte. – »Nicht doch, ehrlicher Pinchas, der Gott deiner Väter hat dir diesen Schatz geschenkt und er bleibe dein. Ich habe dir heuer die gewöhnliche Gabe verweigert, um zu sehen, ob dir Gott ohne mich helfen wird, weil du immer sagtest: Gott hat mir geholfen. Nun erkenne ich, daß dein Vertrauen auf Gott gerechtfertigt ist. Ich will diesen Abend« – sagte er – »bei euch verbringen; darum störe dich nicht und tue so, als wenn ich nicht da wäre. Auch meine Gattin soll bald kommen und den wunderbaren Zufall vernehmen.« Wirklich wurde der Wagen weggeschickt, nach kurzer Zeit kam die Gräfin und beide fuhren erst nach Hause, als Pinchas den Seder mit der Strophe: »Einst wird Gott den Todesengel schlachten!« beschlossen hatte.

Pinchas erwarb sich durch Fleiß und Klugheit mit dem Gelde des Grafen nach einigen Jahren ein großes Vermögen, und seine Redlichkeit und sein Wissen gab ihm Ansehen bei seinem Volke; er wurde bald zum Primator der jüdischen Gemeinde gewählt. Er blieb aber dennoch redlich und demütig wie in der Armut. Sein Haus war ein Sammelplatz der weisesten Rabbinnen, seine Hand stand jedem Bedrängten offen und an seinem Tische speisten täglich hungrige Arme. Er ließ auch mehrere Wohnungen für Arme in der Gasse, wo er wohnte, aufbauen und dort auf eigene Kosten eine prachtvolle Synagoge errichten, welche heute noch den Namen ihres Erbauers führt. Die Gasse wird Pinchasgasse genannt.

Leo Perutz

Die Pest in der Judenstadt

Im Herbst des Jahres 1589, als in der Prager Judenstadt das große Kindersterben wütete, gingen zwei armselige Spaßmacher, ergraute Männer, die davon ihr Leben fristeten, daß sie bei den Hochzeiten die Gäste belustigten, durch die Belelesgasse, die vom Nicolasplatz zum Judenfriedhof führte.

Es dunkelte. Sie waren schwach vor Hunger, beide, denn seit zwei Tagen hatten sie nicht viel mehr als ein paar Bissen Brot gegessen. Die Zeiten waren schlimm für Spaßmacher. Denn in diesen Tagen, da der Zorn Gottes über die unschuldigen Kinder gekommen war, gab es keine Hochzeiten und keine Freudenfeste in der Judenstadt.

Der eine von den beiden, Koppel-Bär, hatte schon eine Woche vorher seinen zottigen Pelz, in dem er, als wildes Tier verkleidet, seine drolligen Sprünge machte, zum Geldverleiher Markus Kopřivy getragen. Der andere, Jäckele-Narr, hatte seine silbernen Schellen verpfändet. Jetzt besaßen sie nichts als ihre Kleider und ihre Schuhe, und Jäckele-Narr hatte auch noch seine Geige, für die wollte der Pfandleiher nichts geben.

Sie gingen langsam, denn noch war es nicht völlig dunkel geworden, und sie wollten nicht gesehen werden, wenn sie den Friedhof betraten. So viele Jahre hindurch hatten sie sich mit ehrlicher Arbeit das Brot für alle Tage und den Bedarf des Sabbats verdient, und nun stand es so mit ihnen, daß sie des Nachts auf den Grabsteinen nach Kupferpfennigen suchen mußten, die die frommen Besucher des Friedhofes bisweilen für die Armen zurückließen.

Als sie an das Ende der Belelesgasse gekommen waren und die Friedhofsmauer zu ihrer Linken sahen, blieb Jäckele-Narr stehen und deutete auf die Tür des Flickschusters Gerson Chalel.

»Sicherlich«, sagte er, »ist des Schusters Blümchen noch wach. Ich will ihr aufspielen das Lied: ›Sechs Jahre erst zähl' ich, das Herz ist mir fröhlich‹, so wird sie zur Tür herauskommen und auf der Gasse tanzen.«

Koppel-Bär wachte auf aus einem Traum von einer warmen Rettichsuppe mit kleinen Fleischbrocken darin.

»Du bist ein Narr«, brummte er. »Wenn der Messias kommt und die Kranken heilt, – du wirst ein Narr bleiben. Was schert mich des Schusters Blümchen? Was soll mir ihr Tanzen? Ich bin krank vor Hunger in allen meinen Gliedern.«

»Wenn du bist krank vor Hunger, so nimm ein Messer, schleif es und häng dich auf«, sagte Jäckele-Narr, und dann nahm er seine Geige vom Rücken und begann zu spielen.

Aber soviel er auch spielte, des Schusters Töchterchen wollte nicht kommen. Jäckele-Narr ließ die Geige sinken und dachte nach. Dann ging er über die Gasse und blickte durch das offene Fenster in des Schusters Stube.

Sie war dunkel und leer, die Stube, aber aus der Kammer kam ein Lichtschein, und Jäckele-Narr sah den Schuster und sein Weib, die saßen auf niederen Schemeln einander gegenüber und sangen die Sterbegebete für ihr Kind Blümchen, das sie am Tag zuvor begraben hatten.

»Sie ist tot«, sagte Jäckele-Narr. »So ist denn der Schuster auch vom Himmel herab auf die harte Erd' gefallen. Ich habe nichts und möchte doch alles dafür geben, nur daß sie noch am Leben wär'. So klein war sie und doch war es mir, wenn ich sie sah, als wär' die Welt in ihrem Aug'. Fünf Jahre war sie alt und muß nun auch die kalte Erde kauen.«

»Wenn der Tod zu Markt geht, kauft er alles«, murmelte Koppel-Bär. »Nichts ist ihm zu klein, nichts zu gering.«

Und mit leiser Stimme sagten sie, indes sie weitergingen, die Worte aus dem Psalm des Königs David vor sich hin:

»Nun, da du ruhest im Schatten der Allmacht, kann dir kein Unheil widerfahren. Denn Er gebietet den himmlischen Geistern, und sie werden dich auf deinem Weg geleiten, und sie werden dich auf ihren Händen tragen, daß dir kein Stein an deine Füße stoße.«

Jetzt war es völlig Nacht geworden. Am Himmel stand zwischen dunkeln Regenwolken ein bleicher Mond. So still war es in den Gassen, daß man vom Flusse her das Rauschen des Wassers hörte. Ängstlich und voll Scheu, als ob das, was sie zu tun im Sinne hatten, wider Gottes Gebot wär', traten sie durch das enge Tor in den Garten der Toten.

Er lag im Mondlicht, schweigend und regungslos wie der geheimnisdunkle Strom Sam-Bathjon, dessen Wellen stillestehen am Tage des Herrn. Die weißen und die grauen Steine standen aneinander gelehnt, als ob sie allein die Last ihrer Jahre nicht zu tragen vermöchten. Die Bäume streckten ihre entlaubten Äste wie in verstörter Klage zu den Wolken des Himmels empor.

Jäckele-Narr ging voran, und Koppel-Bär folgte ihm wie ein Schatten. Sie gingen den schmalen Pfad zwischen den Jasminbüschen und den Holunderbäumen, bis sie zu dem verwitterten Stein des Rabbi Abigdor gelangten. Hier, auf dem Grabe des großen Heiligen, dessen Name ein Licht war in der Finsternis der Verbannung, fand Jäckele-Narr einen platten Mainzer Pfennig und einen Kupferdreier und zwei welsche Heller. Nun ging er weiter, dorthin, wo unter einem Ahornbaum der Grabstein des Rabbi Gedalja stand, des hochberühmten Arztes.

Plötzlich aber blieb Jäckele-Narr stehen und haschte nach dem Arm seines Gefährten.

»Horch!« flüsterte er. »Wir sind nicht allein. Hörst du nicht ein Huschen und Raunen?«

»Narr!« sagte Koppel-Bär, der gerade einen krummen böhmischen Groschen gefunden und zu sich gesteckt hatte. »Narr! Der Wind treibt die verwelkten Blätter über die Erd'.«

»Koppel-Bär!« flüsterte Jäckele-Narr. »Siehst du nicht dort an der Mauer ein Flimmern und ein Leuchten?«

»Wenn du ein Narr bist«, brummte Koppel-Bär, »so sauf Essig und reit auf Stecken und melk die Ziegenböck', aber mich laß zufrieden. Was du siehst, das sind die weißen Steine, die glänzen im Mondlicht.«

Da aber verschwand mit einemmal der Mond am Himmel hinter dunkeln Wolken, und nun sah Koppel-Bär, daß es nicht die weißen Steine waren, nein, dort hart an der Friedhofsmauer schwebten leuchtende Gestalten in den Lüften, Kinder in langen weißen Hemdchen, die hielten einander an den Händen und wiegten sich im Tanz über den frischen Gräbern. Und über ihnen stand, unsichtbar dem menschlichen Aug', der Engel Gottes, der als Hüter über sie bestellt war.

»Möge Gott sich meiner erbarmen!« stöhnte Koppel-Bär. »Jäckele-Narr! Siehst du auch, was ich seh'?«

»Gepriesen sei der Schöpfer der Welt, er allein tut Wunder«, flüsterte Jäckele-Narr. »Ich sehe Blümele, das Täubchen, die Unschuld, und die beiden Kinder meines Nachbars, die vor sieben Tagen gestorben sind, seh' ich auch.«

Und nun, da sie erkannten, daß es die andere Welt war, die sich ihren

Augen offenbarte, kam das Entsetzen über sie, und sie wandten sich und liefen, sie sprangen über die Steine und stießen an die Äste, sie fielen nieder und rafften sich auf, sie liefen um ihr Leben und blieben nicht stehen, eh' sie nicht wieder draußen auf der Gasse waren.

Dort erst blickte sich Jäckele-Narr nach seinem Gefährten um. »Koppel-Bär«, fragte er und die Zähne schlugen ihm aneinander, »lebst du noch und bist du da?«

»Ich lebe und lobpreise meinen Schöpfer«, kam Koppel-Bärs Stimme aus der Dunkelheit. »Wahrlich, die Hand des Todes ist über mir gewesen.«

Und daran, daß sie beide am Leben geblieben waren, erkannten sie den Willen Gottes, daß sie Zeugnis ablegen sollten von dem, was sie gesehen hatten.

Eine Weile noch standen sie flüsternd im Dunkeln, und dann gingen sie und suchten den verborgenen König in seinem Haus, den hohen Rabbi, der kundig war der Sprache der Toten, der die Stimmen der Tiefe hörte und die furchtbaren Zeichen Gottes zu deuten vermochte.

Er saß in seiner Kammer über das Buch der Geheimnisse gebeugt, das genannt wird Indraraba oder die große Versammlung. Verloren in die Unermeßlichkeit der Zahlen, der Zeichen und der wirkenden Mächte, hörte er die Schritte der Eintretenden nicht, und erst als sie ihn grüßten: »Friede dem heiligen Licht!«, kehrte seine Seele aus der Geisterferne zurück in die irdische Welt.

Und nun, da die Augen des hohen Rabbi auf sie gerichtet waren, begannen die beiden zu sprechen, sie riefen Gott an und priesen seine Macht, und Jäckele-Narr berichtete, atemlos und mit fliegenden Worten, wie ihn das Lispeln und Flüstern, das Flimmern und Leuchten zwischen den Holunderbäumen des Friedhofs erschreckt hatte, was er zu Koppel-Bär gesagt und welche Antwort er bekommen hatte, und daß sie dann, als der Mond sich verbarg, der Gestalten der toten Kinder gewahr geworden waren, die im Geisterreigen über den Gräbern schwebten.

Der hohe Rabbi, der in den dunkeln Nächten die zweiunddreißig verborgenen Wege der Weisheit gegangen war und in magischer Verwandlung die sieben Tore des Erkennens durchschritten hatte, – der hohe Rabbi verstand das Zeichen Gottes. Er wußte nun, daß in den Gassen der Judenstadt ein Sünder lebte, der in seiner Verborgenheit immer wieder von neuem frevelte, Tag um Tag. Und um dieses Sünders willen war das große Sterben über die Stadt gekommen, und um dieses Sünders willen fanden die Seelen der Kinder keinen Frieden in ihrem Grab.

Schweigend blickte der hohe Rabbi vor sich hin. Dann erhob er sich und verließ die Kammer, und als er wiederkam, hatte er in der Rechten eine Schüssel mit Grütze und zwei Fladen und in der Linken eine kleine Schale aus getriebenem Silber, in der war gewürztes Apfelmus, die süße Speise des Osterfestes.

»Greift zu und eßt«, sagte er und wies auf die Grütze und die Fladen. »Und wenn ihr euch gesättigt habt, so nehmt diese Schale mit süßer Speise und geht zurück zu den Gräbern der Kinder.«

Sie erschraken, als sie hörten, daß sie ein zweites Mal auf den Friedhof sollten. Doch der hohe Rabbi fuhr fort:

»Fürchtet euch nicht. Der, durch dessen Wort die Welt entstanden ist, hat die Macht über die Lebenden und die Toten, und sein Ratschluß allein besteht. Ihr werdet bei den Gräbern sitzen und warten, bis eines von den Kindern sich euch nähert und von der süßen Speise zu kosten begehrt, denn die Geister der Verstorbenen haben die irdische Nahrung noch nicht vergessen. Ihr aber erfaßt mit beiden Händen den Saum seines Kleides und fragt im Namen dessen, der der Ursprung ist und das Ende, um welcher Sünden willen das große Sterben über diese Stadt gekommen ist.«

Und er sprach über sie die Worte des Priestersegens. Da wich die Angst von ihnen, und sie erhoben sich und gingen, entschlossen, dem Gebot des hohen Rabbi zu gehorchen.

Sie saßen zwischen den Gräbern, an die Friedhofsmauer gelehnt, und vor ihnen stand auf der feuchten Erde die Schale mit dem gewürzten Apfelmus. Rings um sie her war Stille und tiefe Dunkelheit, kein Grashalm regte sich, kein Lichtschein kam vom wolkenbedeckten Himmel. Und während sie saßen und warteten, kam wiederum die Angst über sie, und Koppel-Bär begann mit sich selbst zu reden, denn er konnte die Stille nicht länger ertragen.

»Ich wollt', ich hätt' ein Groschenlicht«, sagte er. »Ich mag nicht hier im Dunkeln sitzen. Es sollt' heut Vollmond sein, aber ich seh' ihn nicht, da hat sicherlich ein Hahn gekräht, und der Mond ist davon. Jetzt wär' es besser, zu sitzen daheim hinter dem Ofen. Aus der Erd' kommt ein Frost, der kriecht in meinen Rock, der Frost, der ist mein Feind. Jäckele-Narr, friert dich auch, ich mein', du zitterst. Hier unter der Erd' sind viele hundert Stuben, alle wohlgebaut, die haben kein Fenster und keine Tür. Der Frost kann nicht hinein und der Hunger auch nicht, müssen beide draußen bleiben, sollen einander die Zeit vertreiben. Jung und alt, arm und reich, unter der Erd' sind alle gleich ...«

Er verstummte, das letzte Wort blieb ihm in der Kehle stecken, denn vor ihnen stand, von weißem Licht umflossen, des Flickschusters Kind, Blümchen, und hielt die silberne Schale in den Händen.

»Blümchen!« sagte Jäckele-Narr mit gepreßter Simme. »Ach, daß du gehen mußtest! Erkennst du mich? Ich bin Jäckele-Narr, und neben mir sitzt Koppel-Bär. Denkst du daran, wie du hüpftest und tanztest, wenn ich in den Gassen auf meiner Geige spielte? Und wie du lachtest, wenn Koppel-Bär auf allen vieren lief und seine Späße trieb?«

»Das alles«, sagte das Kind mit einer fremden Stimme, »das alles ist vorüber und war nur für die Zeit. Jetzt aber bin ich in der Wahrheit und in der Ewigkeit, die hat nicht Maß noch Ziel.«

Die silberne Schale glitt zur Erde nieder, und das Kind wandte sich und wollte zurück zu seinen Gefährten. Da entsann sich Jäckele-Narr des Auftrags, der ihn hierhergeführt hatte. Er hielt das Kind am Saum seines Hemdchens fest und ließ nicht los und rief:

»Im Namen dessen, der der Ursprung ist und das Ende, beschwöre ich dich: Sag und bekenne, um welcher Sünde willen das große Sterben über diese Stadt gekommen ist.«

Eine Weile hindurch war Stille, das Kind regte sich nicht und blickte in die Dunkelheit, dorthin, wo über den Gräbern, unsichtbar dem Aug' der Lebendigen, der Engel Gottes stand, der Hüter der Seelen. Dann sagte es:

»Der Engel Gottes hat gesprochen, der Diener des Herrn hat gesagt: ›Es ist geschehen um der Sünde Moabs willen, die eine unter euch begangen hat. Und Er, der Ewige, hat es gesehen, und Er, der Ewige, wird euch vertilgen, wie Er vertilgt hat Moab‹.«

Da ließ Jäckele-Narr den Saum des Hemdchens los. Und das Kind entschwebte, als wäre es vom Wind dahingetrieben, und sein Glanz und sein Leuchten verlor sich hinter den dunkeln Schatten der Holunderbäume.

Die beiden aber, Jäckele-Narr und Koppel-Bär, verließen den Friedhof und gingen in das Haus des hohen Rabbi und hinterbrachten ihm die Worte, die sie vernommen hatten.

Als der Morgen graute, schickte der hohe Rabbi seine Boten von Tür zu Tür. Er rief die Gemeinde in das Haus Gottes, und sie kamen in Scharen, Männer und Frauen, und niemand blieb zurück. Und als sie alle versammelt waren, stieg er die drei steinernen Stufen empor, und unter seinem Mantel trug er die weißen Sterbekleider, und über seinem Haupte rauschte die Fahne, auf der geschrieben stand:

»Der Herr Zebaoth erfüllt mit seiner Herrlichkeit
die ganze Welt.«

Da nun ringsum alles still geworden war, begann der hohe Rabbi zu sprechen. Er sagte, daß unter ihnen eine sei, die dahinlebe in der Sünde des Ehebruchs, den Kindern des verfluchten Stammes gleich, den Gott vertilgt hat. Und er rief die Sünderin an, daß sie vortrete und bekenne und die Strafe auf sich nehme, die Gott, der Herr, über sie verhängen wollt'.

Unter den Frauen erhob sich ein Flüstern und Raunen, sie blickten einander voll Schrecken an, aber keine von ihnen trat vor, keine wollte die Sünde Moabs begangen haben.

Zum zweitenmal erhob der hohe Rabbi seine Stimme. Er sagte und verkündete, daß um dieser verborgenen Sünde willen das große Kindersterben über die Stadt gekommen sei. Und er beschwor die Sünderin bei den heiligen Buchstaben und den zehn furchtbaren Namen Gottes, sie möge hervortreten und bekennen, damit die Not ein Ende hätte.

Aber wiederum hatte der hohe Rabbi vergeblich gesprochen. Die die Sünde begangen hatte, schwieg und wollt' sich nicht abkehren von ihrem Weg.

Da kam die finstere Wolke des Zornes über den hohen Rabbi. Er nahm die heiligen Rollen aus ihrem Schrein und sprach die Worte des großen Bannes über die Sünderin, daß sie verdorren möge wie die Felsen von Gilboa, die David verflucht hat. Daß die Erde ihr tun möge, wie sie getan hat dem Datam und dem Abirom. Daß ihr Name ausgelöscht und ihr Geschlecht verflucht sei im Namen der Funkelnden und im Namen der Flammenden und im Namen der strahlenden Lichter und des Zadekiel, der das Ohr ist und das Auge. Und daß ihre Seele hinabsteigen möge in den Schrecken und dort verbleiben bis an das Ende der Zeiten.

Dann verließ er das Haus Gottes. Und in den Gassen der Judenstadt war Angst und Jammer und Ratlosigkeit und Verzweiflung.

Als der hohe Rabbi wieder daheim in seiner Kammer saß, kam ihm ein Tag und ein Geschehnis aus den vergangenen Jahren in den Sinn. Da waren zwei Metzger vor ihn hingetreten und hatten Klage geführt, sie hätten in dieser Nacht all das Ihrige verloren. Ein Dieb war in ihre Fleischbank eingedrungen und hatte mit ihrem Gut als ein Übeltäter gehaust. Soviel er konnte, hatte er von dem Fleisch mit sich fortgeschleppt, und was übrig geblieben war, das war besudelt.

Auch damals hatte der hohe Rabbi die Gemeinde zusammengerufen und den Dieb ermahnt, er möge bekennen und den Schaden gutmachen, soweit es in seinen Kräften stehe. Doch da der Dieb schwieg und im Bösen verharrte, hatte der hohe Rabbi den Bann über ihn verhängt, der ihn und sein Geschlecht ausstieß aus der Gemeinschaft der Kinder Gottes.

In der Nacht darauf aber war ein Hund vor des hohen Rabbi Haus gestanden, der hatte laut geheult und nicht aufgehört mit seinem Jammern, und so furchtbar anzuhören war seine Klage gewesen, daß der hohe Rabbi den Dieb in ihm erkannte und den Bann von ihm nahm.

Wenn also die Gewalt des Bannes so groß ist, sagte sich der hohe Rabbi, daß selbst die Kreatur ihn nicht erträgt, in deren dunkle Seele kein Leuchten der Erkenntnis Gottes dringt, wie soll es möglich sein, daß diese Ehebrecherin fortlebt unter der Last des Fluches und nicht vor mich hintritt und ihre Sünde bekennt, eh' noch der Tag vorüber ist.

Aber die Stunden liefen, die Nacht kam und ging dahin, und der hohe Rabbi hatte vergeblich gewartet. Da rief er seinen schweigenden Diener, das Werk seiner Hände, der den Namen Gottes zwischen den Lippen trug, und hieß ihn, den Koppel-Bär und den Jäckele-Narr in den Gassen suchen, denn er bedurfte ihrer.

Und als sie kamen, sagte er zu ihnen: »Wenn der Tag verweht und die Schatten fliehen, werdet ihr wiederum auf den Friedhof gehen, und du, Jäckele-Narr, wirst auf deiner Geige eines von den Liedern spielen, die die Kinder an den Tagen des Laubhüttenfestes singen. Und die Geister der Verstorbenen werden dich hören, denn sie bleiben sieben Tage lang durch die irdischen Melodien mit dieser Welt verbunden. Dann kehrt ihr hierher zurück und du, Jäckele-Narr, hörst nicht auf zu spielen. Sobald ihr aber diese Kammer betreten habt, sollt ihr sie sogleich wieder verlassen, und hütet euch, zurückzublicken. Denn das, was ich zu tun begehre, ist ein Geheimnis, das den Flammenden gehört, die auch genannt sind die Throne, die Räder, die Mächte und die Scharen, und eure Augen sollen es nicht sehen.«

Sie gingen und taten nach seinem Befehl. Jäckele-Narr spielte auf seiner Geige die fröhlichen Weisen des Laubhüttenfestes, und Koppel-Bär machte seine Sprünge, und so gingen sie zwischen den Gräbern des Friedhofs und zurück durch die einsamen Gassen und hinter ihnen schwebte ein Leuchten, das stieg mit ihnen die Treppe hinauf und trat mit ihnen in die Kammer des hohen Rabbi.

Sobald sie aber die Kammer verlassen hatten, sprach der hohe Rabbi das verbotene Wort aus, das geschrieben steht im Buch der Finsternisse, das Wort, das die Erde erbeben macht und die Felsen entwurzelt, das Wort, das die Toten zurück ins Leben ruft.

Da stand das Kind vor ihm in irdischer Gestalt und war von Fleisch und Blut, und sein Leuchten war erloschen. Und es warf sich zur Erde nieder und weinte und bat und klagte und wollte zurück in den Garten der Toten.

»Ich lasse dich nicht zurück in die Wahrheit und in die Ewigkeit«, sagte der hohe Rabbi, »und du mußt von neuem beginnen das irdische Leben, es sei denn, daß du mir Antwort gibst auf meine Frage. Im Namen dessen, der der Einzige ist und der Alleinige, im Namen dessen, der war und der sein wird, beschwöre ich dich: Sprich und bekenne, wer jene Sünde begangen hat, um derentwillen das große Sterben über die Stadt gekommen ist.«

Das Kind senkte den Blick zur Erde und schüttelte den Kopf.

»Wer jene Sünde begangen hat«, sagte es, »um derentwillen uns Gott zu sich rief, das weiß ich nicht und auch der Diener des Herrn weiß es nicht, der über uns gesetzt ist. Das weiß nächst Gott nur einer und der bist du.«

Da kam ein Stöhnen aus der Brust des hohen Rabbi. Und er sprach das Wort, das den Zauber löste, und das Kind floh zurück in die Heimat der Seelen.

Der hohe Rabbi aber verließ sein Haus und ging einsam durch die nächtlichen Gassen des Ghettos hinab zum Fluß und dem Ufer entlang, an den Fischerhütten vorüber, bis er zur steinernen Brücke kam.

Dort unter der steinernen Brücke stand ein Rosenstrauch, der trug eine rote Rose, und an seiner Seite wuchs ein Rosmarin aus der Erde, und sie hielten einander so eng umschlungen, daß die Blätter der Rose die weiße Blüte des Rosmarins berührten.

Der hohe Rabbi bückte sich und grub den Rosmarin aus der Erde. Dann nahm er den Bann von dem Haupte des Weibes, das die Ehe gebrochen hatte.

Schwarze Wolken jagten über den Himmel, das bleiche Licht des Mondes hing an den Pfeilern und Bogen der steinernen Brücke. Der hohe Rabbi trat an das Ufer und warf den Rosmarin hinab in den Fluß, daß er dahintrieb mit den Wellen und in den rauschenden Tiefen versank.

In dieser Nacht erlosch die Pest in den Gassen der Judenstadt.

In dieser Nacht starb in ihrem Haus auf dem Dreibrunnenplatz die schöne Esther, die Frau des Juden Meisl.

In dieser Nacht fuhr auf seiner Burg zu Prag der Kaiser des Römischen Reiches, Rudolf II., mit einem Schrei aus seinem Traum.

Leo Perutz

Der Engel Asael

In den Nächten des Neumonds stieg aus den himmlischen Bereichen ein »Maggid«, ein lehrender Engel, nieder und trat in die Kammer des hohen Rabbi, den man die Krone und das Diadem nannte und den Feuerbrand und den Einzigen seiner Zeit. Er war gesandt, dem hohen Rabbi die verborgenen Dinge der oberen Welt zu offenbaren, die kein Lebender zu ergründen vermag. Und ihrer sind viele.

Der Engel kam nicht in menschlicher Gestalt. Nichts an ihm war so geschaffen, wie es die Augen der Menschen zu sehen gewohnt sind. Doch war er von großer Schönheit.

»In den Zeichen, aus denen Ihr die Worte formt«, belehrte er den hohen Rabbi, »sind die großen Kräfte und die Gewalten beschlossen, die die Welt in ihrem Gang erhalten. Und wisse, daß alles, was auf Erden zu Worten geformt wird, seine Spuren in der oberen Welt hinterläßt. Aleph, das erste der Zeichen, trägt die Wahrheit in sich. Beth, das zweite, die Größe. Ihr folgt die Erhebung. Die Herrlichkeit der Gotteswelt birgt das vierte Zeichen in sich, und das fünfte die Kraft des Opfers. Das sechste ist das Erbarmen. Nach ihm kommt die Reinheit, dann das Licht. Das Eindringen und Erkennen. Die Gerechtigkeit. Die Ordnung in den Dingen. Die ewige Bewegung. Doch das letzte in der Reihe der Zeichen ist das erhabenste. Es ist das Taph, mit dem der Sabbat scheidet. In ihm ist das Gleichgewicht der Welt beschlossen, zu dessen Hütern die fünf Engel der höchsten Heiligkeit bestellt sind: Michael, der Herr des Gesteins und der Metalle, Gabriel, der über Mensch und Tier gesetzt ist, Rafael, dem die Gewässer gehorchen, Feliel, dem das Gras und alle Gewächse überantwortet sind, und Uriel, der über das Feuer gebietet. Sie wachen über das Gleichgewicht der Welt, und du, Leichtfertiger, ein Sandkorn, ein Sohn des Staubes, hast es dereinst gestört.«

»Ich weiß es, Asael«, sagte der hohe Rabbi zu dem lehrenden Engel, und seine Gedanken flogen zu dem Tag zurück, an dem der Römische Kaiser auf seinem weißen Zelter in die Judenstadt geritten war. Er, der hohe Rabbi, hatte ihn mit der Thora in den Händen erwartet und die Worte des Priestersegens über ihn gesprochen. Und just diesen Ort und diese Stunde hatte ein Vertrauter des Kaisers, der Wuk von Rosenberg, der dem höchsten böhmischen Adel angehörte, ausersehen, um einen Anschlag auf das Leben des Kaisers zu verüben, denn er mißgönnte ihm die böhmische Krone. Einer seiner Diener hielt sich auf dem Dach eines Judenhauses verborgen. Er hatte aus dem Gemäuer einen schweren Stein gelöst, den ließ er, als die Trompeten erklangen und ringsum Jubel ausbrach, auf solche Art aus der Höhe fallen, daß er das Haupt des Kaisers treffen mußte. Und ohne sich zu vergewissern, welchen Ausgang die Sache nahm, eilte er sogleich hinab, um sich in Sicherheit zu bringen und um in den Gassen der Altstadt auszusprengen, die Juden hätten einen verräterischen und meuchlerischen Anschlag auf die Majestät verübt.

Doch der hohe Rabbi hatte den Stein, der aus der Höhe fiel, gewahrt. Und mit der Gewalt, die ihm verliehen war, hatte er ihn in ein Schwalbenpaar verwandelt, das über dem Haupt des Kaisers dahinglitt, sich in die Höhe schwang und in den Lüften sich verlor.

Der Engel war den Gedanken des hohen Rabbi vorausgeeilt. Er sprach:

»Als du aus einem toten Stein die Schwalben schufst, hast du in den Plan der Schöpfung eingegriffen und das Gleichgewicht der Welt gestört. Das Lebende in der Welt überwog das Tote. Du hast Michaels Herrschaftsbereich gemindert und den des Engels Gabriel gemehrt. So ist unter den fünf Engeln der höchsten Heiligkeit Zwietracht entstanden, denn auch die Engel Rafael, Uriel und Feliel ergriffen Partei und mengten sich in den Streit. Und hätte dieser Streit um ein weniges länger gewährt, dann hätten sich auf Erden die Flüsse und Ströme wider ihren Lauf erhoben, die Wälder hätten von ihren Stätten und Gründen sich bewegt und die Berge wären in Trümmer gefallen. Die Welt wäre untergegangen wie Sodom, das der Finger Gottes berührt hat.«

Er nannte Gott bei dem neunten seiner Namen, der da lautet: Shadai.

»Doch der Streit nahm ein Ende«, fuhr der Engel fort. »Denn die Erzväter, Abraham, Isak und Jakob, erhoben sich und traten zusammen und vereinigten sich in einem Gebet. Und dieses Gebet, zu dritt verrichtet, hat solche Urkraft, daß es das Ungeschehene geschehen und das Geschehene ungeschehen zu machen vermag. So war das Gleichgewicht der Welt wieder hergestellt und die Eintracht kehrte in den Chor der Engel zurück.«

»Ich weiß es, Asael. Ich trage das Joch meiner zwiefachen Schuld«, sagte der hohe Rabbi und er gedachte des Tages, an dem er, um des Kaisers willen, ein zweites Mal in Schuld gefallen war.

Auf seinem Ritt in das Judenquartier hatte der Kaiser in der Menschenmenge, die sich rechts und links von ihm in den Gassen drängte, ein Gesicht gesehen, das nahm ihn gefangen und ließ ihn nicht frei, und er wußte, daß es immer in seinem Herzen bleiben werde. Es war, so schien es ihm, eines jungen Kindes, eines Judenmädchens Antlitz. Sie stand an die Säule eines Portals geschmiegt, ihre großen Augen waren auf ihn gerichtet, ihr Mund war halb geöffnet, die braunen Locken fielen ihr in die Stirne. Und wie seine Augen sich von den ihren lösten, wie er weiterritt und sie zurückblieb, kam eine Traurigkeit über ihn und er wußte, daß er in Liebe gefallen war.

Er wandte sich und gab seinem Diener, der hinter ihm im Zuge ritt, den Auftrag, zurückzubleiben, sich in der Nähe dieses Mädchens zu halten und ihr zu folgen, wohin immer sie ginge, denn er war entschlossen, zu erfahren, wer diese Schöne war und wo sie wiederzufinden sei.

Der Diener tat, wie ihm geheißen war. Er blieb zurück, versorgte sein Pferd und ging dann, als die Menge sich zu verlaufen begann, hinter dem Mädchen her in das Judenquartier. Sie ging, als hätte sie es eilig, nach Hause zu kommen, sie blickte nicht nach rechts und links, sie sah sich auch nicht um, und da es zu dunkeln begann, hielt sich der Diener dicht hinter ihr. Doch in einer der Gassen, die zum Dreibrunnenplatz führten, wollte es sein Mißgeschick, daß sich etliche Straßenhändler, die jetzt mit ihren Lichtern und Lämpchen durch die Judenstadt zogen, ihm in den Weg stellten, um ihm ihre Waren anzupreisen, und als er sich von ihnen losgemacht hatte, sah er das Mädchen nicht mehr vor sich, sie war verschwunden und sein Suchen nach ihr blieb vergeblich. Und so vermochte er dem Kaiser nichts Besseres zu berichten, als daß er sie in der Judenstadt aus den Augen verloren habe.

Anfangs meinte der Kaiser, es könne nicht schwer sein, das Mädchen wiederzufinden, gelänge es nicht heute, so werde es morgen gelingen, und so ging der Diener auf sein Geheiß alle Tage in die Judenstadt, strich durch die Gassen und spähte umher, doch das schöne Mädchen ließ sich nicht mehr sehen.

Und wie die Zeit dahinlief, schwand die Hoffnung des Kaisers, daß er die Geliebte wiederfinden werde. Es schien ihm, als wäre sie ihm für immer verloren. Doch konnte er ihr Antlitz nicht vergessen und nicht die Augen, die die seinen gesucht hatten. Schwermut kam über ihn, und nicht tagsüber und nicht des Nachts fand er Ruhe und Trost. Und da er keinen Rat wußte, wie ihm geholfen werden könnte, ließ er den hohen Rabbi zu sich rufen.

Ihm berichtete er von dem Judenmädchen, das er auf seinem Weg ins Judenquartier gesehen habe. Er wisse nicht, klagte er, wie ihm geschehen sei, er könne sie nicht vergessen, Tag und Nacht sei sie in seinem Sinn. Er malte mit Worten das Antlitz, das ihn bedrängte, und der hohe Rabbi erkannte, daß der Kaiser die junge Esther gesehen hatte, die Frau des Mordechai Meisl, die über alle Maßen schön war.

Er riet dem Kaiser, nicht länger an sie zu denken, denn es gäbe in dieser Sache keine Hoffnung für ihn. Sie sei eines Juden Eheweib und werde niemals eines anderen Mannes schuldig werden.

Doch der Kaiser achtete auf diese Worte nicht.

»Du wirst sie«, befahl er dem hohen Rabbi, »zu mir auf die Burg bringen. Sie wird meine Liebste sein. Und laß mich nicht lange warten, das könnt' ich nicht ertragen. Allzu lange schon hat sie mich warten lassen. Und ich will keine andere, ich will nur sie.«

»Es kann nicht sein«, sagte der hohe Rabbi. »Sie wird sich nicht gegen Gottes Gebot vergehen. Sie ist eines Juden Weib und wird keines anderen Mannes Liebste werden.«

Als der Kaiser sah, daß der hohe Rabbi ihm wiederum widersprach und ihm nicht helfen wollt', kam wie ein Gewittersturm der Zorn über ihn, und er schwur einen Eid:

»Wenn ich bei dir keinen Gehorsam finde und keine Liebe bei der, an die ich immer denke, dann will ich die Juden allesamt als ein ungetreues Volk aus meinen Königreichen und Ländern vertreiben, das ist mein Wille und mein Beschluß, und das werde ich tun, so wahr mir Gott helfe!«

Da ging der hohe Rabbi und er pflanzte am Ufer der Moldau unter der steinernen Brücke, vor den Blicken der Menschen verborgen, einen Rosenstrauch und einen Rosmarin. Und über beide sprach er die Worte des Zaubers. Da öffnete sich eine rote Rose an dem Rosenstrauch, und die Blüte des Rosmarins strebte zu ihr hin und schmiegte sich an sie. Und jede Nacht flog die Seele des Kaisers in die rote Rose und die Seele der Jüdin in die Blüte des Rosmarins.

Und Nacht für Nacht träumte der Kaiser, er halte seine Geliebte, die schöne Jüdin, umschlungen, und Nacht für Nacht träumte die Esther, die Frau des Mordechai Meisl, sie läge in den Armen des Kaisers.

Die Stimme des Engels rief den hohen Rabbi aus seinem Sinnen. In ihr klang Unwille und Vorwurf.

»Du hast«, sprach der Engel, »die Blüte des Rosmarins gebrochen. Doch die rote Rose brachst du nicht!«

Der hohe Rabbi erhob sein Angesicht.

»Nicht an mir ist es«, sagte er, »das Herz der Könige zu wägen, nicht an mir, zu prüfen, welche Schuld in ihm ist. Nicht ich habe in die Hände der Könige die Macht gelegt. Wäre David ein Mörder und Ehebrecher geworden, wenn Er, der Heilige, ihm verstattet hätte, ein Hirte zu bleiben?«

»Ihr Menschenkinder«, sprach der Engel weiter, »gar arm und voll von Kümmernissen ist Euer Leben. Warum beschwert Ihr es mit der Liebe, die Euch den Sinn verstört und Eure Herzen elend macht?«

Der hohe Rabbi blickte mit einem Lächeln zu dem Engel auf, der die geheimen Wege und Pfade der oberen Welt kannte, aber die Wege des Menschenherzens waren ihm fremd geworden.

»Sind nicht«, sprach er zu ihm, »die Kinder Gottes, als die Zeiten begannen, mit den Töchtern der Menschen in Liebe gewesen? Haben sie sie nicht an den Brunnen und Quellen erwartet und sie im Schatten der Ölbäume und Eichen mit dem Kuß ihres Munds geküßt? War nicht Naema schön, die Schwester des Tubalkain, sahst du je wieder ihresgleichen?«

Der Engel Asael senkte sein Haupt und seine Gedanken flogen zurück durch die Jahrtausende zum Urbeginn der Zeiten.

»Ja, sie war schön, Naema, die Schwester des Tubalkain, der die Spangen schmiedete und die goldenen Ketten«, sagte er leise. »Schön war sie und lieblich. Schön war sie wie ein Garten in der Frühlingszeit um die Stunde, da der Morgen anbricht. Ja, sie war schön, die Tochter des Lameth und der Silla.«

Und wie er der Geliebten seiner fernen Jugend gedachte, fielen zwei Tränen aus den Augen des Engels, die waren den Menschentränen gleich.

Max Brod

Tycho Brahes Weg zu Gott

Tychos Aufmerksamkeit wurde in diesem Augenblick höchsten Zornes von drei sonderbaren Gestalten ergriffen, die aus den inneren Empfangsräumen des Kaisers kamen. Es waren Juden, wie man an ihren schlichten langen Kleidern und den gelben breitkrempigen Hüten erkannte: der Rabbi Löwe ben Bezalel nebst zwei Begleitern, dem soeben die unerhörte Auszeichnung widerfahren war, vor den Kaiser berufen zu werden. Tycho, der schon bei seinem ersten Aufenthalt in Prag unbefangen genug gewesen war, den gelehrten Rabbiner der Prager Gemeinde in seiner Wohnung aufzusuchen, besann sich auch hier keinen Augenblick, dem schnell dahinschreitenden Greis, der sich offenbar der plötzlichen Stille und der deutlichen Verachtung aller Anwesenden möglichst rasch zu entziehen suchte, freundlich entgegenzugehen, ihm die Hand zu reichen und ihn zu allgemeinem Erstaunen in die Vorhalle zu begleiten, indem er sprach:

»Ich hoffe, daß Ihr bei der Majestät des Kaisers Gnade gefunden habt, und beglückwünsche Euch dazu.«

Der Rabbi schaute um sich und atmete auf, da er die Höflinge nicht mehr sah. Die fleckige Röte seiner Wangen verriet, daß er eben eine bedeutungsvolle Stunde hinter sich hatte, und wie es großen Männern ziemt, bemühte er sich auch gar nicht, seine Aufregung zu verbergen, so daß sein langer weißer Bart und die braunen Augen mit ihrer stillen Würde zu seiner hastigen Stimme gar nicht passen wollten. Er erzählte, daß ihn Fürst Bertier, der Vertraute des Kaisers, sehr freundlich empfangen und in einen Saal geführt habe, wo er ihn mit auffallend lauter Stimme nach gewissen kabbalistischen Methoden fragte. Die laute Stimme habe auch einen guten Grund gehabt, denn der Kaiser sei hinter einem Vorhang verborgen gewesen und habe die ganze Unterredung angehört. Zum Schlusse habe sich dann der Vorhang überraschend geteilt, der Kaiser sei hervorgetreten, habe von Angesicht zu Angesicht einige Fragen an ihn gerichtet und sich dann wieder hinter den Vorhang zurückgezogen.

»Und das war alles?« sagte Tycho und konnte sich eines Lächelns nicht enthalten.

Der Rabbi erwiderte das Lächeln mit einem traurigen Kopfnicken: »Ich verstehe Euch wohl, Herr de Brahe, wir brauchen darüber nicht viele Worte zu wechseln. Euch scheint es eine kleine Gunst. Ich aber danke dem Ewigen, gepriesen sei er, daß zum erstenmal seit Jahrhunderten ein Mächtiger der Erde sich herbeiläßt, unsere Lehre zu erforschen. Möge hierdurch mein bedrücktes Volk erhöht werden, um aller Menschen willen, wie geschrieben steht: das Wort des Herrn wird wieder von Zion ausgehen und die Lehre von Jerusalem.«

Tycho betrachtete erstaunt den Mann, dem das Volk den ehrenden Beinamen des »Bescheidenen« aber auch des »hohen Rabbi Löw« gegeben hatte. Er verstand nun diese Verbindung und, da er in seiner aufgerüttelten Seele alles mit sich in Bezug zu setzen neigte, sah er plötzlich in diesem Juden ein edles Beispiel der Festigkeit und des Stolzes bei äußerer Erniedrigung. Mit welcher Natürlichkeit nahm der Rabbi für seine geringgeschätzte Nation gar ein Lehramt vor der ganzen Menschheit in Anspruch! Dies nun fand Tycho freilich etwas übertrieben, doch hätte er gern mehr davon erfahren. Er bedauerte in diesem Augenblick wieder einmal, daß er so wenig von jüdischen Sitten und Denkwürdigkeiten wußte, obwohl er schon mehrmals mit Juden in Verkehr getreten war und sich stets für dieses seltsame Volk interessiert hatte. So nahm er die letzten Worte des Greises auf und fragte: »Bedrückt? Wer bedrückt denn Euer Volk so sehr?«

»Da mögt Ihr Euch freilich nicht leicht hineindenken können«, erwiderte Rabbi Löw. »Die Geschichte der Völker ritzt in ihre Tafeln unsere Prüfungen nicht besonders tief ein, so werden sie denn leicht ausgelöscht. Wir aber können nicht vergessen, was unsere alte Gemeinde Prag, die man eine ›Mutter in Israel‹ nennt, erduldet hat. Wir lesen ja Jahr für Jahr am Versöhnungstag das Klagelied des gelehrten Abigdor Kara, eines Vorgängers in meinem Amte, – seine Verdienste mögen uns beistehen in dieser Welt und in der künftigen Welt! Und worüber klagt er? Darüber, daß der Pöbel in die Judenstadt eindrang, ›mit Axt und Beil bewaffnet, als gelte es einen Wald zu fällen‹, wie es in dem Liede heißt. Und weiter heißt es: ›Die Bewohner fanden sich mit Familie und Gesinde im Gotteshause ein und an heiliger Stätte fielen sie durch Schwert und Flamme.‹ Es heißt auch noch: ›Wir bejammern den Tod des frommen Rabbi, seines Bruders und einzigen Sohnes, kein Weiser, kein Gelehrter ersteht wie er, mit ihm ging Würde und

Glanz zu Grabe! Um der sicheren Schändung zu entgehen, gab er, der geistige Lehrer, der Hochgeachtete seines Volkes, seiner Familie und sich mutvoll den Tod.‹

Gierig hörte Tycho zu. Und nun erschien ihm wirklich das Volk der Juden, heimatlos und flüchtig wie er, stets angefeindet wie er, in seiner Lehre mißverstanden wie er und dennoch an ihr festhaltend, ausgeraubt und verwundet wie er, dieses Volk der Mißerfolge, förmlich als ein Symbol seines eigenen Lebenswandels. Es fiel ihm ein, daß er sich schon früher einmal mit Ahasverus, dem ewigen Juden verglichen hatte. Heute aber mußte sich das Rätsel lösen, das fühlte er, von diesem Rabbi hatte er Auskunft über die Wurzel seines Schicksals zu erbitten, über den Grund all seiner verfehlten Unternehmungen, über alle Kränkungen, Beleidigungen, Gefahren innen und außen, die er seiner Lehre wegen erlitt, und heftig rief er aus: »Nun sagt mir aber, wie ist es möglich, soviel Leid zu erdulden? Wie ist es möglich, dies alles auszuhalten? Und all dies um ein Nichts, um ein paar Buchstaben?«

»Es ist gar nicht die Frage, wie wir es aushalten«, sprach der Alte mit weicher Stimme, die sich während des Gespräches mehr und mehr besänftigt hatte, »wir haben eine Lehre: Gott ist nicht um des Gerechten willen da, um ihm zu dienen und ihn zu stützen, sondern der Gerechte ist da, um Gott zu dienen und um ihn zu stützen.«

»Steht das wirklich in Euren Büchern?« rief Tycho, in seinen geheimsten Ahnungen angerührt.

»An vielen Stellen. So ist uns im Traktat Berachoth überliefert, daß der Hohepriester einmal in das Innerste des Innern eintrat, um Räucherwerk darzubringen, da sah er den Ewigen, gepriesen sei er, auf einem hohen Stuhle sitzend, geschmückt mit seinem Namen ›Akatriel‹, das ist ›Der in Unendlichkeit Gekrönte‹, und der Ewige sprach: Jischmael, mein Sohn, segne mich! Und als der Priester ihn zu Ende gesegnet hatte, da neigte Gott, der Herr der Heerscharen, das Haupt gegen ihn. Hieraus lernen wir zweierlei: daß der Herr den Tempel gewürdigt hat, sich in ihm niederzulassen, und daß er den gerechten Menschen sogar würdigt, ihm, dem Heiligen, die Wohltat eines Segens anzutun.« Rabbi Löwe war eifrig geworden und dabei in jene seltsam singende Betonung der Sätze gekommen, mit welcher der Talmud vorgetragen wird. Er hatte, wie in Verzückung, die Augen halb geschlossen, und wiegte den Oberkörper in langsamen Rhythmen hin und her. Sein Antlitz drückte zugleich Inbrunst des Gefühls wie Scharfsinn der

Unterscheidung aus, welch letztere aber keine leere Spitzfindigkeit, sondern freudige Sorgfalt war, der Erhabenheit des Gegenstandes angemessen. So war hier im Dienste Gottes aus dumpfer Innigkeit und Bewußtheit, aus ebendenselben beiden widerstrebenden Richtungen, die Tychos Seele zerrissen, eine lebendige Einheit geworden, die sich unmittelbar auf Tycho übertrug und ihn als etwas Naheverwandtes schon durch den bloßen Tonfall der Worte überzeugte. »Ist denn Gott nicht allmächtig?« zitterte Tycho. »Bedarf er unserer Hilfe, unseres Segensspruches?«

Rabbi Löwe fuhr fort: »Auf eben dieses weist Rabbi Tarfon hin, indem er die Worte der Schrift anführt: Bauet mir ein Heiligtum und sodann will ich da wohnen. – Und sodann! Das heißt also: nicht ehe das Heiligtum für meinen Dienst entstanden ist. Wenn Ihr aber wollt, so sage ich: das, was Rabbi Tarfon sagt, ist mehr als das vorige. Denn vom Hohepriester wurde nur ein einmaliger Segen verlangt, vom ganzen Volk aber die große Arbeit des Baues. – Woraus aber kann man ersehen, daß der Ewige, gepriesen sei er, unsere Hilfe nicht nur befiehlt, sondern auch klagt, wenn sie nicht geleistet wird? Wir haben die Lehre: Als Rabbi Josi einmal auf Reisen war und in den Ruinen Jerusalems betete, da hörte er ein Bath Kol, eine göttliche Stimme, girrend wie eine Taube, und sie sprach: Bei deinem Leben und bei dem Leben deines Hauptes! Nicht in dieser Stunde allein spricht es so, sondern Tag für Tag dreimal spricht es so: Wohl dem Könige, den man preist in seinem Hause. Was aber bleibt dem Vater, den seine Kinder verlassen haben?« – Des Rabbi Augen weiteten sich und leuchteten bei diesen Worten in heiligem Weh auf, von Tränen erfüllt. – Beide Männer standen einander stumm gegenüber, sie fühlten miteinander. Endlich setzte der Rabbi noch hinzu, indem er unmerklich lächelte? »Verzeiht, es war nicht nötig, vor Euch, einem Weisen, so viele Worte zu machen. Ich bin ein alter Mann und vergesse, was ich selbst einmal geschrieben habe: Die Weisheit aller Völker ist vom Ewigen, der sie ihnen von seiner Allweisheit mitteilt.«

Tycho drückte ihm die Hand. Ein Kammerdiener war an der Türe der Galerie erschienen, das Zeichen, daß er sich für die Audienz fertig machen solle.

Gustav Meyrink

Der Golem

Wir hatten das Fenster geöffnet, um den Tabakrauch aus meinem kleinen Zimmer strömen zu lassen.

Der kalte Nachtwind blies herein und wehte an die zottigen Mäntel, die an der Türe hingen, daß sie leise hin- und herschwankten.

»Prokops würdige Haupteszierde möchte am liebsten davonfliegen«, sagte Zwakh und deutete auf des Musikers großen Schlapphut, der die breite Krempe bewegte wie schwarze Flügel.

Josua Prokop zwinkerte lustig mit den Augenlidern.

»Er will«, sagte er, »er will wahrscheinlich – – –«

»Er will zum ›Loisitschek‹ zur Tanzmusik«, nahm ihm Vrieslander das Wort vorweg.

Prokop lachte und schlug mit der Hand den Takt zu den Klängen, die die dünne Winterluft über die Dächer hertrug.

Dann nahm er meine alte, zerbrochene Gitarre von der Wand, tat, als zupfe er die zerbrochenen Saiten, und sang mit kreischendem Falsett und gespreizter Betonung in Rotwelsch ein wunderliches Lied.

»An Bein-del von Ei-sen
  recht alt,
An Stran-zen net gar
  a so kalt,
Messinung, a' Räucherl
  und Rohn
und immerrr nurr putz-en – – –«

»Wie großartig er mit einem Male die Gaunersprache beherrscht!« und Vrieslander lachte laut auf und brummte mit:

»Und stok-en sich Aufzug
und Pfiff
Und schmallern an eisernes
G'süff.
Juch, –
Und Handschuhkren, Harom net san – – «

»Dieses kuriose Lied schnarrt jeden Abend beim ›Loisitschek‹ der meschuggene Nephtali Schaffranek mit dem grünen Augenschirm, und ein geschminktes Weibsbild spielt Harmonika und grölt den Text dazu«, erklärte mir Zwakh. »Sie sollten auch einmal mit uns in die Schenke gehen, Meister Pernath. Später vielleicht, wenn wir mit dem Punsch zu Ende sind – was meinen Sie? Zur Feier Ihres heutigen Geburtstages?«

»Ja, ja, kommen Sie nachher mit uns«, sagte Prokop und klinkte das Fenster zu, »man muß so etwas gesehen haben.«

Dann tranken wir den heißen Punsch und hingen unsern Gedanken nach.

Vrieslander schnitzte an einer Marionette.

»Sie haben uns förmlich von der Außenwelt abgeschnitten, Josua«, unterbrach Zwakh die Stille, »seit Sie das Fenster geschlossen haben, hat niemand mehr ein Wort gesprochen.«

»Ich dachte nur darüber nach, als vorhin die Mäntel so flogen, wie seltsam es ist, wenn der Wind leblose Dinge bewegt«, antwortete Prokop schnell, wie um sich wegen seines Schweigens zu entschuldigen: »Es sieht gar so wunderlich aus, wenn Gegenstände plötzlich zu flattern anheben, die sonst immer tot daliegen. Nicht? – Ich sah einmal auf einem menschenleeren Platz zu, wie große Papierfetzen – ohne daß ich vom Winde etwas spürte, denn ich stand durch ein Haus gedeckt – in toller Wut im Kreise herumjagten und einander verfolgten, als hätten sie sich den Tod geschworen. Einen Augenblick später schienen sie sich beruhigt zu haben, aber plötzlich kam wieder eine wahnwitzige Erbitterung über sie, und in sinnlosem Grimm rasten sie umher, drängten sich in einen Winkel zusammen, um von neuem besessen auseinanderzustieben und schließlich hinter einer Ecke zu verschwinden.

Nur eine dicke Zeitung konnte nicht mitkommen; sie blieb auf dem Pflaster liegen und klappte haßerfüllt auf und zu, als sei ihr der Atem ausgegangen und als schnappe sie nach Luft.

Ein dunkler Verdacht stieg damals in mir auf: was, wenn am Ende wir Lebewesen auch so etwas Ähnliches wären wie solche Papierfetzen? – Ob nicht vielleicht ein unsichtbarer, unbegreiflicher ›Wind‹ auch uns hin- und hertreibt und unsre Handlungen bestimmt, während wir in unserer Einfalt glauben, unter eigenem, freiem Willen zu stehen?

Wie, wenn das Leben in uns nichts anderes wäre als ein rätselhafter Wirbelwind? Jener Wind, von dem die Bibel sagt: Weißt du, von wannen er kommt und wohin er geht? – – – Träumen wir nicht auch zuweilen, wir griffen in tiefes Wasser und fingen silberne Fische, und nichts anderes ist geschehen, als daß ein kalter Luftzug unsere Hände traf?«

»Prokop, Sie sprechen in Worten wie Pernath, was ist's mit Ihnen?« sagte Zwakh und sah den Musiker mißtrauisch an.

»Die Geschichte vom Buch Ibbur, die vorhin erzählt wurde – schade, daß Sie so spät kamen und sie nicht mit anhörten –, hat ihn so nachdenklich gestimmt«, meinte Vrieslander.

»Eine Geschichte von einem Buche?«

»Eigentlich von einem Menschen, der ein Buch brachte und seltsam aussah. – Pernath weiß nicht, wie er heißt, wo er wohnt, was er wollte, und obwohl sein Aussehen sehr auffallend gewesen sein soll, lasse es sich doch nicht recht schildern.« Zwakh horchte auf.

»Das ist sehr merkwürdig«, sagte er nach einer Pause, »war der Fremde vielleicht bartlos, und hatte er schrägstehende Augen?«

»Ich glaube«, antwortete ich, »das heißt, – ich – ich – weiß es ganz bestimmt. Kennen Sie ihn denn?«

Der Marionettenspieler schüttelte den Kopf. »Er erinnerte mich nur an den ›Golem‹.«

Der Maler Vrieslander ließ sein Schnitzmesser sinken:

»Golem? – Ich habe schon so viel davon reden hören. Wissen Sie etwas über den Golem, Zwakh?«

»Wer kann sagen, daß er über den Golem etwas *wisse*?« antwortete Zwakh und zuckte die Achseln. »Man verweist ihn ins Reich der Sage, bis sich eines Tages in den Gassen ein Ereignis vollzieht, das ihn plötzlich wieder aufleben läßt. Und eine Zeitlang spricht dann jeder von ihm, und die Gerüchte wachsen ins Ungeheuerliche. Werden so übertrieben und aufgebauscht, daß sie schließlich an der eigenen Unglaubwürdigkeit zugrunde gehen. Der Ursprung der Geschichte reicht wohl ins siebzehnte Jahrhundert zurück, sagt man. Nach verlorengegangenen Vorschriften der Kabbala soll ein Rabbiner da einen künstlichen Menschen – den sogenannten Golem – verfertigt haben, damit er ihm als Diener helfe, die Glocken in der Synagoge zu läuten und allerhand grobe Arbeit tue.

Es sei aber doch kein richtiger Mensch daraus geworden, und nur ein dumpfes, halbbewußtes Vegetieren habe ihn belebt. Wie es heißt, auch das nur tagsüber und kraft des Einflusses eines magischen Zettels, der ihm hinter den Zähnen stak und die freien siderischen Kräfte des Weltalls herabzog.

Und als eines Abends vor dem Nachtgebet der Rabbiner das Siegel aus dem Munde des Golem zu nehmen versäumt, da wäre dieser in Tobsucht verfallen, in der Dunkelheit durch die Gassen gerast und hätte zerschlagen, was ihm in den Weg gekommen.

Bis der Rabbi sich ihm entgegengeworfen und den Zettel vernichtet habe. Und da sei das Geschöpf leblos niedergestürzt. Nichts blieb von ihm übrig als die zwerghafte Lehmfigur, die heute noch drüben in der Altneusynagoge gezeigt wird.«

»Derselbe Rabbiner soll einmal auch zum Kaiser auf die Burg berufen worden sein und die Schemen der Toten beschworen und sichtbar gemacht haben«, warf Prokop ein, »moderne Forscher behaupten, er habe sich dazu einer Laterna magica bedient.«

»Jawohl, keine Erklärung ist abgeschmackt genug, daß sie bei den Heutigen nicht Beifall fände«, fuhr Zwakh unbeirrt fort. »Eine Laterna magica!! Als ob Kaiser Rudolf, der sein ganzes Leben solchen Dingen nachging, einen so plumpen Schwindel nicht auf den ersten Blick hätte durchschauen müssen!

Ich kann freilich nicht wissen, worauf sich die Golemsage zurückführen läßt, daß aber irgend etwas, was nicht sterben kann, in diesem Stadtviertel sein Wesen treibt und damit zusammenhängt, dessen bin ich sicher. Von Geschlecht zu Geschlecht haben meine Vorfahren hier gewohnt, und niemand kann wohl auf mehr erlebte und ererbte Erinnerungen an das periodische Auftauchen des Golem zurückblicken als gerade ich!«

Wie er, den Kopf aufgestützt, dort am Tische saß und beim Scheine der Lampe seine roten, jugendlichen Bäckchen fremdartig von dem weißen Haar abstachen, verglich ich unwillkürlich im Geiste seine Züge mit den maskenhaften Gesichtern seiner Marionetten, die er mir so oft gezeigt.

Seltsam, wie ähnlich ihnen der alte Mann doch sah!

Derselbe Ausdruck und derselbe Gesichtsschnitt!

Manche Dinge der Erde können nicht loskommen voneinander, fühlte ich, und wie ich Zwakhs einfaches Schicksal an mir vorüberziehen ließ, da schien es mir mit einemmal gespenstisch und ungeheuerlich, daß ein Mensch wie er, obschon er eine bessere Erziehung als seine Vorfahren genossen hatte und Schauspieler hätte werden sollen, plötzlich wieder zu dem schäbigen Marionettenkasten zurückkehren konnte, um nun abermals auf die Jahrmärkte zu ziehen und dieselben Puppen, die schon seiner Vorväter kümmerliches Erwerbsmittel gewesen, von neuem ihre ungelenken Verbeugungen machen und schläfrigen Erlebnisse vorführen zu lassen.

Er vermag es nicht, sich von ihnen zu trennen, begriff ich; sie leben mit von seinem Leben, und als er fern von ihnen war, da haben sie sich in Gedanken verwandelt, haben in seinem Hirn gewohnt und ihn rast- und ruhelos gemacht, bis er wieder heimkehrte. Darum hält er sie jetzt so liebevoll und kleidet sie stolz in Flitter.

»Zwakh, wollen Sie uns nicht weitererzählen?« forderte Prokop den Alten auf und sah fragend nach Vrieslander und mir hin, ob auch wir gleichen Wunsches seien.

»Ich weiß nicht, wo ich anfangen soll«, meinte der Alte zögernd, »die Geschichte mit dem Golem läßt sich schwer fassen. So wie Pernath vorhin sagte, er wisse genau, wie jener Unbekannte ausgesehen habe, und doch könne er ihn nicht schildern. Ungefähr alle dreiunddreißig Jahre wiederholt sich ein Ereignis in unsern Gassen, das gar nichts besonders Aufregendes an sich trägt und dennoch ein Entsetzen verbreitet, für das weder eine Erklärung noch eine Rechtfertigung ausreicht:

Immer wieder begibt es sich nämlich, daß ein vollkommen fremder Mensch, bartlos, von gelber Gesichtsfarbe und mongolischem Typus, aus der Richtung der Altschulgasse her, in altmodische, verschossene Kleider gehüllt, gleichmäßigen und eigentümlich stolpernden Ganges, so, als wolle er jeden Augenblick vornüber fallen, durch die Judenstadt schreitet und plötzlich – unsichtbar wird.

Gewöhnlich biegt er in eine Gasse und ist dann verschwunden.

Ein andermal heißt es, er habe auf seinem Wege einen Kreis beschrieben und sei zu dem Punkte zurückgekehrt, von dem er ausgegangen: einem uralten Hause in der Nähe der Synagoge.

Einige Aufgeregte wiederum behaupten, sie hätten ihn um eine Ecke auf sich zukommen sehen. Wiewohl er ihnen aber ganz deutlich entgegengeschritten, sei er dennoch, genau wie jemand, dessen Gestalt sich in weiter

Ferne verliert, immer kleiner und kleiner geworden und – schließlich ganz verschwunden.

Vor sechsundsechzig Jahren nun muß der Eindruck, den er hervorgebracht, besonders tief gegangen sein, denn ich erinnere mich – ich war noch ein ganz kleiner Junge –, daß man das Gebäude in der Altschulgasse damals von oben bis unten durchsuchte.

Es wurde auch festgestellt, daß wirklich in diesem Hause ein Zimmer mit Gitterfenster vorhanden ist, zu dem es keinen Zugang gibt. Aus allen Fenstern hatte man Wäsche gehängt, um von der Gasse aus einen Augenschein zu gewinnen, und war auf diese Weise der Tatsache auf die Spur gekommen.

Da es anders nicht zu erreichen gewesen, hatte sich ein Mann an einem Strick vom Dache herabgelassen, um hineinzusehen. Kaum aber war er in die Nähe des Fensters gelangt, daß riß das Seil, und der Unglückliche zerschmetterte sich auf dem Pflaster den Schädel. Und als später der Versuch nochmals wiederholt werden sollte, gingen die Ansichten über die Lage des Fensters derart auseinander, daß man davon abstand. Ich selber begegnete dem ›Golem‹ das erste Mal in meinem Leben vor ungefähr dreiunddreißig Jahren.

Er kam in einem sogenannten Durchhause auf mich zu, und wir rannten fast aneinander.

Es ist mir heute noch unbegreiflich, was damals in mir vorgegangen sein muß. Man trägt doch um Gottes willen nicht immerwährend, tagaus, tagein die Erwartung mit sich herum, man werde dem Golem begegnen!

In jenem Augenblick aber, bestimmt – ganz bestimmt, noch ehe ich seiner ansichtig werden konnte, schrie etwas in mir gellend auf: der Golem! Und im selben Moment stolperte jemand aus dem Dunkel des Torflures hervor, und jener Unbekannte ging an mir vorüber. Eine Sekunde später drang eine Flut bleicher, aufgeregter Gesichter mir entgegen, die mich mit Fragen bestürmten, ob ich ihn gesehen hätte.

Und als ich antwortete, da fühlte ich, daß sich meine Zunge wie aus einem Krampfe löste, von dem ich vorher nichts gespürt hatte.

Ich war förmlich überrascht, daß ich mich bewegen konnte, und deutlich kam mir zum Bewußtsein, daß ich mich – wenn auch nur den Bruchteil eines Herzschlags lang – in einer Art Starrkrampf befunden haben mußte.

Über all das habe ich oft und lange nachgedacht, und mich dünkt, ich komme der Wahrheit am nächsten, wenn ich sage: Immer einmal in der Zeit eines Menschenalters geht blitzschnell eine geistige Epidemie durch die Judenstadt, befällt die Seelen der Lebenden zu irgendeinem Zweck, der uns verhüllt bleibt, und läßt wie eine Luftspiegelung die Umrisse eines charakteristischen Wesens erstehen, das vielleicht vor Jahrhunderten hier gelebt hat und nach Form und Gestaltung dürstet.

Vielleicht ist es mitten unter uns, Stunde für Stunde, und wir nehmen es nicht wahr. Hören wir doch auch den Ton einer schwirrenden Stimmgabel nicht, bevor sie das Holz berührt und es mitschwingen macht.

Vielleicht ist es nur so etwas wie ein seelisches Kunstwerk, ohne innewohnendes Bewußtsein – ein Kunstwerk, das entsteht, wie ein Kristall nach stets sich gleichbleibendem Gesetz aus dem Gestaltlosen herauswächst.

Wer weiß das?

Wie in schwülen Tagen die elektrische Spannung sich bis zur Unerträglichkeit steigert und endlich den Blitz gebiert, könnte es da nicht sein, daß auch auf die stetige Anhäufung jener niemals wechselnden Gedanken, die hier im Getto die Luft vergiften, eine plötzliche, ruckweise Entladung folgen muß? – eine seelische Explosion, die unser Traumbewußtsein ans Tageslicht peitscht, um – dort den Blitz der Natur – hier ein Gespenst zu schaffen, das in Mienen, Gang und Gehaben, in allem und jedem das Symbol der Massenseele unfehlbar offenbaren müßte, wenn man die geheime Sprache der Formen nur richtig zu deuten verstünde?

Und wie mancherlei Erscheinungen das Einschlagen des Blitzes ankünden, so verraten auch hier gewisse grauenhafte Vorzeichen das drohende Hereinbrechen jenes Phantoms ins Reich der Tat. Der abblätternde Bewurf einer alten Mauer nimmt eine Gestalt an, die einem schreitenden Menschen gleicht; und in Eisblumen am Fenster bilden sich Züge starrer Gesichter. Der Sand vom Dache scheint anders zu fallen als sonst und drängt dem argwöhnischen Beobachter den Verdacht auf, eine unsichtbare Intelligenz, die sich lichtscheu verborgen hält, werfe ihn herab und übe sich in heimlichen Versuchen, allerlei seltsame Umrisse hervorzubringen. – Ruht das Auge auf eintönigem Geflecht oder den Unebenheiten der Haut, bemächtigt sich unser die unerfreuliche Gabe, überall mahnende, bedeutsame Formen zu sehen, die in unsern Träumen ins Riesengroße auswachsen. Und immer zieht sich durch solche schemenhaften Versuche der angesammelten Gedankenherden, die Wälle der Alltäglichkeit zu durchnagen, für uns wie ein roter Faden die qualvolle Gewißheit, daß unser eigenstes Inneres mit Vorbedacht und gegen unsern Willen ausgesogen wird, nur damit die Gestalt des Phantoms plastisch werden könne.

Wie ich nun vorhin Pernath bestätigen hörte, daß ihm ein Mensch begegnet sei, bartlos, mit schiefgestellten Augen, da stand der ›Golem‹ vor mir, wie ich ihn damals gesehen. Wie aus dem Boden gewachsen stand er vor mir. Und eine gewisse dumpfe Furcht, es stehe wieder etwas Unerklärliches nahe bevor, befiel mich einen Augenblick lang dieselbe Angst, die ich schon einmal in meinen Kinderjahren verspürt, als die ersten spukhaften Äußerungen des Golem ihre Schatten vorauswarfen.

Sechsundsechzig Jahre ist das wohl jetzt her und knüpft sich an einen Abend, an dem der Bräutigam meiner Schwester zu Besuch gekommen war und in der Familie der Tag der Hochzeit festgesetzt werden sollte.

Es wurde damals Blei gegossen – zum Scherz –, und ich stand mit offenem Munde dabei und begriff nicht, was das zu bedeuten habe – in meiner wirren, kindlichen Vorstellung brachte ich es in Zusammenhang mit dem Golem, von dem ich meinen Großvater oft hatte erzählen hören, und bildete mir ein, jeden Augenblick müsse die Tür aufgehen und der Unbekannte eintreten.

Meine Schwester leerte dann den Löffel mit dem flüssigen Metall in das Wasserschaff und lachte mich, der ich aufgeregt zusah, lustig an.

Mit welken, zitternden Händen holte mein Großvater den blitzenden Bleiklumpen heraus und hielt ihn ans Licht. Gleich darauf entstand eine allgemeine Erregung. Man redete laut durcheinander; ich wollte mich hinzudrängen, aber man wehrte mich ab.

Später, als ich älter geworden, erzählte mir mein Vater, es wäre damals das geschmolzene Metall zu einem kleinen, ganz deutlichen Kopf erstarrt gewesen – glatt und rund, wie nach einer Form gegossen, und von unheimlicher Ähnlichkeit mit den Zügen des ›Golem‹, daß sich alle entsetzt hätten.

Oft sprach ich mit dem Archivar Schemajah Hillel, der die Requisiten der Altneusynagoge in Verwahrung hat und auch die gewisse Lehmfigur aus Kaiser Rudolfs Zeiten, darüber. Er hat sich mit Kabbala befaßt und meint, jener Erdklumpen mit den menschlichen Gliedmaßen sei vielleicht nichts anderes als ein ehemaliges Vorzeichen, ganz so wie in meinem Fall der bleierne Kopf. Und der Unbekannte, der da umgehe, müsse das Phantasie- oder Gedankenbild sein, das jener mittelalterliche Rabbiner zuerst *lebendig gedacht* habe, ehe er es mit Materie bekleiden konnte, und das nun in regelmäßigen Zeitabschnitten – bei den gleichen astrologischen Sternstellungen, unter denen es erschaffen worden – wiederkehre, vom Triebe nach stofflichem Leben gequält.

Auch Hillels verstorbene Frau hatte den ›Golem‹ von Angesicht zu Angesicht erblickt und ebenso wie ich gefühlt, daß man sich im Starrkrampf befindet, solange das rätselhafte Wesen in der Nähe weilt.

Sie sagte, sie sei felsenfest überzeugt gewesen, daß es damals nur ihre eigene Seele habe sein können, die – aus dem Körper getreten – ihr einen Augenblick gegenübergestanden und mit den Zügen eines fremden Geschöpfes ins Gesicht gestarrt hätte.

Trotz eines furchtbaren Grauens, das sich ihrer damals bemächtigt, habe sie doch keine Sekunde die Gewißheit verlassen, daß jener andere nur ein Stück ihres eignen Innern sein konnte.«

(...)

»Jetzt kommt der Kopf«, hörte ich plötzlich den Maler Vrieslander mit heller Stimme sagen.

Und er nahm einen runden Holzklotz aus der Tasche und begann ihn zu schnitzen.

Eine schwere Müdigkeit legte sich mir über die Augen, und ich rückte meinen Lehnstuhl aus dem Lichtschein in den Hintergrund. Das Wasser für den Punsch brodelte im Kessel, und Josua Prokop füllte wiederum die Gläser. Leise, ganz leise klangen die Klänge der Tanzmusik durch das geschlossene Fenster; manchmal verstummten sie vollends, dann wiederum wachten sie ein wenig auf, wie sie der Wind unterwegs verlor oder zu uns von der Gasse emportrug.

Ob ich denn nicht anstoßen wolle, fragte mich nach einer Weile der Musiker.

Ich aber gab keine Antwort – so vollkommen war mir der Wille, mich zu bewegen, abhanden gekommen, daß ich gar nicht auf den Gedanken, den Mund zu öffnen, verfiel.

Ich dachte, ich schliefe, so steinern war die innere Ruhe, die sich meiner bemächtigt hatte. Und ich mußte darüber auf Vrieslanders funkelndes Messer blinzeln, das ruhelos aus dem Holz kleine Späne biß – um die Gewißheit zu erlangen, daß ich wach sei.

In weiter Ferne brummte Zwakhs Stimme und erzählte wieder allerlei wunderliche Geschichten über Marionetten und krause Märchen, die er für seine Puppenspiele erdacht.

Auch von Dr. Savioli war die Rede und von der vornehmen Dame, der Gattin eines Adeligen, die in das versteckte Atelier heimlich zu Savioli zu Besuch komme.

Und wiederum sah ich im Geiste Aaron Wassertrums höhnische, triumphierende Miene.

Ob ich Zwakh nicht mitteilen sollte, was sich damals ereignet hatte, überlegte ich – dann hielt ich es nicht der Mühe für wert und für belanglos. Auch wußte ich, daß mein Wille versagen würde, wollte ich jetzt den Versuch machen zu sprechen.

Plötzlich sahen die drei am Tisch aufmerksam zu mir herüber, und Prokop sagte ganz laut: »Er ist eingeschlafen« – so laut, daß es fast klang, als ob es eine Frage sein sollte. Sie redeten mit gedämpfter Stimme weiter, und ich erkannte, daß sie von mir sprachen. Vrieslanders Schnitzmesser tanzte hin und her und fing das Licht auf, das von der Lampe niederfloß, und der spiegelnde Schein brannte mir in den Augen.

Es fiel ein Wort wie: »irr sein«, und ich horchte auf die Rede, die in der Runde ging.

»Gebiete wie das vom ›Golem‹ sollte man vor Pernath nie berühren«, sagte Josua Prokop vorwurfsvoll. »Als er vorhin von dem Buche Ibbur erzählte, schwiegen wir still und fragten nicht weiter. Ich möchte wetten, er hat alles nur geträumt.«

Zwakh nickte: »Sie haben ganz recht. Es ist, wie wenn man mit offenem Lichte eine verstaubte Kammer betreten wollte, in der morsche Tücher Decke und Wände bespannen und der dürre Zunder der Vergangenheit fußhoch den Boden bedeckt; ein flüchtiges Berühren nur, und schon schlägt das Feuer aus allen Ecken.«

»War Pernath lange im Irrenhaus? Schade um ihn, er kann doch erst vierzig sein«, sagte Vrieslander.

»Ich weiß es nicht, ich habe auch keine Vorstellung, woher er stammen mag und was früher sein Beruf gewesen ist. Aussehen tut er ja wie ein altfranzösischer Edelmann mit seiner schlanken Gestalt und dem Spitzbart. Vor vielen, vielen Jahren hat mich ein befreundeter alter Arzt gebeten, ich möchte mich seiner ein wenig annehmen und ihm eine kleine Wohnung hier in diesen Gassen, wo sich niemand um ihn kümmern und mit Fragen nach früheren Zeiten beunruhigen würde, aussuchen.« – Wieder sah Zwakh bewegt zu mir herüber. – »Seit jener Zeit lebt er hier, bessert Antiquitäten aus und schneidet Gemmen und hat sich damit einen kleinen Wohlstand gegründet. Es ist ein Glück für ihn, daß er alles, was mit seinem Wahnsinn zusammenhängt, vergessen zu haben scheint. Fragen Sie ihn beileibe nur niemals nach Dingen, die die Vergangenheit in seiner Erinnerung wachrufen könnten – wie oft hat mir das der alte Arzt ans Herz gelegt! Wissen Sie, Zwakh, sagte er immer, wir haben so eine gewisse Methode; wir haben seine Krankheit mit vieler Mühe eingemauert, möchte ich's nennen – so wie man eine Unglücksstätte einfriedet, weil sich an sie eine traurige Erinnerung knüpft.« Die Rede des Marionettenspielers war auf mich zugekommen wie ein Schlächter auf ein wehrloses Tier und preßte mir mit rohen, grausamen Händen das Herz zusammen.

Von jeher hatte eine dumpfe Qual an mir genagt – ein Ahnen, als wäre mir etwas genommen worden und als hätte ich in meinem Leben eine lange Strecke Wegs an einem Abgrunde hin durchschritten wie ein Schlafwandler. Und nie war es mir gelungen, die Ursache zu ergründen.

Jetzt lag des Rätsels Lösung offen vor mir und brannte mich unerträglich wie eine bloßgelegte Wunde.

Mein krankhafter Widerwillen, der Erinnerung an verflossene Ereignisse nachzuhängen – dann der seltsame, von Zeit zu Zeit immer wiederkehrende Traum, ich sei in ein Haus mit einer Flucht mir unzugänglicher Gemächer gesperrt – das beängstigende Versagen meines Gedächtnisses in Dingen, die meine Jugendzeit betrafen – alles das fand mit einem Male seine furchtbare Erklärung: ich war wahnsinnig gewesen, und man hatte Hypnose angewandt, hatte das – »Zimmer« verschlossen, das die Verbindung zu jenen Gemächern meines Gehirns bildete, und mich zum Heimatlosen inmitten des mich umgebenden Lebens gemacht.

Und keine Aussicht, die verlorene Erinnerung je wiederzugewinnen!

Die Triebfedern meines Denkens und Handelns liegen in einem andern, vergessenen Dasein verborgen, begriff ich – nie würde ich sie erkennen können: eine verschnittene Pflanze bin ich, ein Reis, das aus einer fremden Wurzel sproßt. Gelänge es mir auch, den Eingang in jenes verschlossene »Zimmer« zu erzwingen, müßte ich nicht abermals den Gespenstern, die man darein gebannt, in die Hände fallen?!

Die Geschichte von dem Golem, die Zwakh vor einer Stunde erzählte, zog mir durch den Sinn, und plötzlich erkannte ich einen riesengroßen, geheimnisvollen Zusammenhang zwischen dem sagenhaften Gemach ohne Zugang, in dem jener Unbekannte wohnen sollte, und meinem bedeutungsvollen Traum.

Ja! auch in meinem Falle »würde der Strick reißen«, wollte ich versuchen, in das vergitterte Fenster meines Innern zu blicken.

Der seltsame Zusammenhang wurde mir immer deutlicher und nahm etwas unbeschreiblich Erschreckendes für mich an.

Ich fühlte: es sind da Dinge – unfaßbare – zusammengeschmiedet und laufen wie blinde Pferde, die nicht wissen, wohin der Weg führt, nebeneinander her.

Auch im Getto: ein Zimmer, ein Raum, dessen Eingang niemand finden kann – ein schattenhaftes Wesen, das darin wohnt und nur zuweilen durch die Gassen tappt, um Grauen und Entsetzen unter die Menschen zu tragen!

Immer noch schnitzte Vrieslander an dem Kopfe, und das Holz knirschte unter der Klinge des Messers.

Es tat mir fast weh, wie ich es hörte, und ich sah hin, ob es denn nicht bald zu Ende sei.

Wie der Kopf sich in des Malers Hand hin und her wandte, war es, als habe er Bewußtsein und spähe von Winkel zu Winkel. Dann ruhten seine Augen lange auf mir, befriedigt, daß sie mich endlich gefunden.

Auch ich vermochte meine Blicke nicht mehr abzuwenden und starrte unverwandt auf das hölzerne Antlitz.

Eine Weile schien das Messer des Malers zögernd etwas zu suchen, dann ritzte es entschlossen eine Linie ein, und plötzlich gewannen die Züge des Holzklotzes schreckhaftes Leben.

Ich erkannte das gelbe Gesicht des Fremden, der mir damals das Buch gebracht.

Dann konnte ich nichts mehr unterscheiden; der Anblick hatte nur eine Sekunde gedauert, und ich spürte, daß mein Herz zu schlagen aufhörte und ängstlich flatterte.

Dennoch blieb ich mir – wie damals – des Gesichtes bewußt.

Ich war es selber geworden und lag auf Vrieslanders Schoß und spähte umher.

Meine Augen wanderten im Zimmer umher, und eine fremde Hand bewegte meinen Schädel.

Dann sah ich mit einem Male Zwakhs aufgeregte Miene und hörte seine Worte: Um Gottes willen, das ist ja der Golem!

Und ein kurzes Ringen entstand, und man wollte Vrieslander mit Gewalt das Schnitzwerk entreißen, doch der wehrte sich und rief lachend: »Was wollt ihr, es ist doch ganz und gar mißlungen.« Und er wand sich los, öffnete das Fenster und warf den Kopf auf die Gasse hinunter.

Da schwand mein Bewußtsein, und ich tauchte in eine tiefe Finsternis, die von schimmernden Goldfäden durchzogen war, und als ich, wie es mir schien, nach einer langen, langen Zeit erwachte, da erst hörte ich das Holz klappernd auf das Pflaster fallen.

»Sie haben so fest geschlafen, daß Sie nicht merkten, wie wir Sie schüttelten«, sagte Josua Prokop zu mir, »der Punsch ist aus, und Sie haben alles versäumt.«

Der heiße Schmerz über das, was ich vorhin mitangehört, übermannte mich wieder, und ich wollte aufschreien, daß ich nicht geträumt habe, als ich ihnen von dem Buche Ibbur erzählte – und es aus der Kassette nehmen und ihnen zeigen könne.

Aber diese Gedanken kamen nicht zu Wort und konnten die Stimmung allgemeinen Aufbruches, die meine Gäste ergriffen hatte, nicht durchdringen.

Zwakh hängte mir mit Gewalt den Mantel um und rief:

»Kommen Sie nur mit zum Loisitschek, Meister Pernath, es wird Ihre Lebensgeister erfrischen.«

Paul Leppin

Das Gespenst der Judenstadt

In der Mitte von Prag, wo sich jetzt hohe und luftige Zinshäuser zu breiten Straßen aneinanderschließen, stand noch vor zehn Jahren das Judenviertel. Ein schiefes, düsteres Gewinkel, aus dem kein Wetter den Geruch nach Moder und feuchtem Gemäuer wegzublasen vermochte und wo im Sommer den geöffneten Türen ein giftiger Atem entströmte. Der Schmutz und die Armut stanken hier um die Wette, und aus den Augen der Kinder, die hier aufwuchsen, blinzelte eine stumpfe, grausame Verderbtheit. Der Weg ging da manchmal in niedrigen, gewölbten Viadukten durch den Bauch eines Hauses hindurch oder er krümmte sich plötzlich zur Seite und fand vor einer blinden Mauer jählings ein Ende. Die Händler, die ihre Trödlerware vor den Geschäften auf dem unebenen Steinpflaster aufstapelten, riefen mit listigen Gesichtern die Vorübergehenden an. In den Haustoren lehnten die Frauenzimmer mit geschminkten Lippen, lachten gemein, zischelten den Männern in die Ohren und hoben die Röcke, um ihre gelben und zeisiggrünen Strümpfe zu zeigen. Greise Kupplerinnen mit weißen Haarsträhnen und lockeren Kiefern grüßten aus den Fenstern, klopften, winkten, gurgelten vor Eifer und Befriedigung, wenn einer ins Netz ging und näher kam.

Hier war die Unzucht zu Hause und lockte am Abend mit roten Laternen zum Besuch. Es gab da Gassen, wo ein jedes Haus eine Schandherberge war, Spelunken, wo das Laster mit dem Hunger in einem Bette schlief, wo schwindsüchtige Weiber mit verwelkten Reizen eine kümmerliche Industrie betrieben, geheime Verliese, wo das Verbrechen flüsternd und augenzwinkernd schulpflichtige Mädchen schändete und ihre hilflos verwunderte Unschuld für schauerlichen Lohn verschacherte. Es gab vornehme und luxuriös möblierte Kneipen, wo der Fuß auf Teppiche trat und wo die satten, üppigen Dirnen in seidenen Schleppkleidern stolzierten.

Unweit der Synagoge neben den verwahrlosten Hütten des Zigeunergäßchens befand sich in einem zweistöckigen Gebäude der Salon Aaron. In der dürftigen Umgebung machte das Haus beinahe einen wohlgepflegten Eindruck, trotzdem der Mörtelbewurf der Mauer zum Teile losgebröckelt war und der Staub und der Regen auf die Scheiben der vermummten Fenster bunte Streifen schmierte. Bei Tag war es hier still; nur selten schlich ein Gast über die ausgetretenen Stufen in den dunklen Hausflur und kam mit aufgeschlagenem Rockkragen hastig und verlegen nach einer Stunde wieder ans Licht. Aber in der Nacht stieg hier aus verborgenen Brunnen ein lautes, helles, zitterndes Leben auf. Die Fenster glühten, und das Gelächter flatterte drinnen wie ein gefangener Vogel im Käfig.

Auch das Lachen Johannas war mit dabei. Das war ein heißes, schmiegsames und brünstiges Gurren, das man deutlich neben den Stimmen der andern unterscheiden konnte und das manchmal schon in der Schweigsamkeit des Vormittags zu klingen begann wie eine frohe, verliebte Lerche. Johanna war fröhlich, weil die Männer zu ihr gingen. Sie war begehrter als ihre Gefährtinnen, weil sie einem jeden von der bangen, quälerischen, unruhevollen Süßigkeit gab, die sie erfüllte und die in den trägen Leibern der andern nicht wohnte. Sie war oft selbst verwundert darüber. Das Gewerbe, das den Frauen, mit denen sie beisammen war, als eine langweilige, verdrießliche Pflicht erschien, brachte eine verzückte Liebessehnsucht über sie, einen Stachel, den sie in ihrem Fleische spürte und der in ihren Augen einen mädchenhaften Schimmer entzündete. Mit Lippen, die von Küssen wund und zersprungen waren, trank sie sich an dem Munde der Männer fest, immer wieder von der bräutlichen Wollust durchflutet, die ihre erste Umarmung begleitet hatte. In den Pausen, die ihr das Sündenhandwerk ließ und die ihr unerträglich lang und einsam dünkten, lauschte sie auf die Schritte der Passanten draußen vor dem Haus, und wenn die Türglocke ging, flog eine Flamme über ihr Gesicht und sie seufzte. Es gab oft Tage, an denen sie die Liebe bis zur Übersättigung genoß; aber wenn sie dann mit dumpfem Kopfe und schmerzenden Gliedern im Bette lag, ging ihre Erinnerung von einem zum andern, kostete und schwelgte und sie lächelte in die Dunkelheit. Manchmal, besonders im Sommer, wenn sie in den letzten Stunden vor dem Morgen endlich ihr Lager aufsuchte, steigerte sich ihre Unruhe bis zur Pein. Dann kam sie im Hemd zum offenen Fenster und sah in das Ghetto hinunter. Sie streckte die nackten Arme hinaus und fühlte den warmen Regen wie Blutstropfen auf ihrer Haut. Das war ihre Heimat da unten. Die Stadt, in der die verschlafenen Lichter der Freudenhäuser blinkerten, wo in den verrufenen Gassen klobige Schatten kauerten und in der Ferne noch eine winselnde Geige oder das harte Geklimper der Spielkasten zur Lustbarkeit lud. Eine schwärmerische Melancholie badete ihr Antlitz in Tränen. Der Nachtwind griff zärtlich nach ihren Brüsten, sie legte den Kopf in den Nacken und ihre Lippen verzogen sich zum Kuß.

Am Abend, wenn der Salon festlich erleuchtet war, wenn die Weingläser auf den Marmortischen klirrten, tanzte sie zur Musik. Die Sinnlichkeit, unter der sie litt, machte ihre Glieder weich und lässig und trieb mit fliegenden Röcken in eine verlangende Wildheit hinein, die ihr starres Gesicht wundersam verschönte, die aufreizender und werbender wirkte, als die Künste der andern. Sie tanzte allein oder mit den Gästen. Ihr schlanker Körper bog sich unter den Händen der Tänzer, schmiegte und drängte sich, zitterte und fror; und wenn einer mit der blonden Johanna getanzt hatte, dann ging er auch gewiß mit ihr in ihre Kammer. Ihr Mund war gierig und fieberisch. Je mehr Männer den Weg zu ihr fanden, desto ungebärdiger fiel ihre Liebe sie an; ihre Lust erschütterte und betäubte; ihre Inbrunst war willfährig und entfachte sich zur Glückseligkeit.

Dann kam der Tag, wo die Krankheit ihren Körper zur Buße nötigte. Aus den morschen Mauern der Judenstadt, aus den unzüchtigen Gassen kam sie herauf und vergiftete ihre Küsse. Sie verbrannte ihr Blut und machte ihre Adern trocken und rissig; sie erwürgte das Gelächter und das verliebte Stammeln in ihrem Halse; sie beschmutzte ihren Leib mit roten Flecken und schleifte sie durch den Schimpf der unflätigen Huren hindurch in die schlotternde Angst des Lazaretts. Hier lag sie in dem heißen Bette, und von der Zimmerdecke fielen die Gedanken wie schwere Tropfen auf ihre Stirn. Sie dachte an die Frauen, die jetzt im Salon Aaron saßen und den gelben Wein aus dünnen Gläsern tranken. Sie dachte an die Musik und an das scharlachfarbene Hemd, das sie beim Tanze getragen hatte. Sie beugte die Arme und warf den Kopf in die Kissen zurück; aber es war niemand da, der sie küßte. Eine schmachtende Traurigkeit weckte das Schluchzen in ihrer Kehle auf und ließ sie verzweifeln.

Heuchlerisch und zögernd, in einem feigen, boshaften Tempo vergingen die Wochen. Unerwartet heftig war die Krankheit Johannas zum Ausbruche gekommen. Das Gegengift, mit dem sie die Ärzte quälten, war machtlos gegen sie. Sie nistete in den Geweben, sie flackerte unter ihrer Haut, sie kratzte in den Winkeln und Gruben ihres Fleisches eitrige Wunden auf und wollte nicht weichen. Sie machte ihre Gedanken lahm und verunreinigte ihren Schlaf mit geilen Träumen, aus denen sie stöhnend in die Höhe fuhr und mit Haß und Grauen die Wirklichkeit erkannte. Johanna entbehrte die

Männer. Ihr nervöser Leib bäumte sich unter der Folter der Entsagung. Jeder Tag, den sie glühend verbrachte, jede Stunde vermehrte ihre Not. Bis sie es nicht mehr ertragen konnte. In der Nacht entwich sie aus dem Krankenhause. Durch das Fenster sprang sie in den Garten und stieg bloßfüßig, nur mit dem Mantel über dem Hemd, über die Mauer auf die Gasse.

Brennend, in einer überirdischen, schwülen Erwartung, lief sie durch die Stadt. Die aufgelösten Haare flatterten um ihr Gesicht, und ihre Augen glänzten. Ein heller, wunderbarer Gedanke trieb sie weiter und erfüllte sie mit Glück. Sie wollte zu den Männern! Ihre Füße flogen über die Steine und ihre Muskeln spannten sich. Die Schatten verspäteter Nachtschwärmer schwankten über den Weg, und das grelle Licht plötzlicher Laternen erschreckte sie; eine köstliche, schwere, verführerische Süßigkeit machte sie betrunken. Die Türme der Theinkirche tauchten vor ihr auf und standen bleich zwischen den Sternen. Da war sie ja schon am Ziel! Da war schon die Gasse, wo die Musik hinter verhängten Türen lärmte und wo das Lachen der Frauen mit den Flügeln an die roten Fensterscheiben schlug – – –

Sie blieb stehen und sah geblendet in den Mond, der schielend am Himmel klebte und geborstene Balken und Geröll beschien. Der Salon Aaron war verschwunden. Die Hacke und der Spaten hatten Stück um Stück von dem alten Hause abgegraben und neben der Synagoge lagerten die Steine. Eine einzige Mauer stand noch mit zackigem Kamme aufrecht zwischen den Trümmern, und Johanna erkannte die Wand ihres Zimmers. Ihre Augen gingen entsetzt und gelähmt weiter in die Gasse. Die bunten Lichter der Freudenhäuser waren verlöscht, und der Staub stieg wie ein Rauch aus den zerbrochenen Dächern. Überall krochen Ruinen aus der Nacht. Während sie im Krankenhause in dem feuchten Bette mit der Seuche kämpfte, hatte man ihre Heimat zerstört –

Ein Schrei löste sich aus ihrer Kehle und zitterte gräßlich durch das vereinsamte Viertel. Ihre Haare flossen über ihren Mantel, die Nachtluft öffnete ihn und tastete lüstern unter das Hemd. Ein Trupp bezechter Soldaten kam vorüber. Haltlos verwirrte Liebesworte ächzend fiel sie vor ihnen auf die Knie. Und zwischen den Trümmern des eingerissenen Bordells gab sie sich den Männern hin, die der Zufall auf ihre Fährte geführt hatte. Sie gab sich einem nach dem andern, und ihr armer, von der Krankheit verwüsteter Leib wurde nicht müde und grub sich zuckend im Liebestaumel immer tiefer in den Schutt.

Von einem Sommer zum andern wurde das Ghetto niedergerissen. Neue

Häuser erdrückten die finstern, ungesunden Schlupfwinkel, wo das Elend und das Laster jahrhundertelang gespenstert hatten. Die Unzucht flüchtete mit hohen Stöckelschuhen klappernd bis an den äußersten Rand der Vorstädte. Auf den alten Plätzen wuchs eine Stadt für die Reichen und Vornehmen empor. Aber niemals war in Prag die Lustseuche so furchtbar und verheerend gewesen wie in diesem Jahre. Sie brach in die Familie ein und lehrte die jungen Mütter das Grausen. Sie hing sich an das Lächeln der Liebe und machte ein bleiernes Grinsen daraus. Knaben gaben sich den Tod und Greise verfluchten das Leben.

Franz Kafka

In unserer Synagoge

In unserer Synagoge lebt ein Tier in der Größe etwa eines Marders. Es ist oft sehr gut zu sehn, bis auf eine Entfernung von etwa zwei Metern duldet es das Herankommen der Menschen. Seine Farbe ist ein helles Blaugrün. Sein Fell hat noch niemand berührt, es läßt sich also darüber nichts sagen, fast möchte man behaupten, daß auch die wirkliche Farbe des Felles unbekannt ist, vielleicht stammt die sichtbare Farbe nur vom Staub und Mörtel, die sich im Fell verfangen haben, die Farbe ähnelt ja auch dem Verputz des Synagogeninnern, nur ist sie ein wenig heller. Es ist, von seiner Furchtsamkeit abgesehn, ein ungemein ruhiges seßhaftes Tier; würde es nicht so oft aufgescheucht werden, es würde wohl den Ort kaum wechseln, sein Lieblingsaufenthalt ist das Gitter der Frauenabteilung, mit sichtbarem Behagen krallt es sich in die Maschen des Gitters, streckt sich und blickt hinab in den Betraum, diese kühne Stellung scheint es zu freuen, aber der Tempeldiener hat den Auftrag, das Tier niemals am Gitter zu dulden, es würde sich an diesen Platz gewöhnen, und das kann man wegen der Frauen, die das Tier fürchten, nicht zulassen. Warum sie es fürchten, ist unklar. Es sieht allerdings beim ersten Anblick erschreckend aus, besonders der lange Hals, das dreikantige Gesicht, die fast waagrecht vorstehenden Oberzähne, über der Oberlippe eine Reihe langer, die Zähne überragender, offenbar ganz harter, heller Borstenhaare, das alles kann erschrecken, aber bald muß man erkennen, wie ungefährlich dieser ganze scheinbare Schrecken ist. Vor allem hält es sich ja von den Menschen fern, es ist scheuer als ein Waldtier und scheint mit nichts als dem Gebäude verbunden, und sein persönliches Unglück besteht wohl darin, daß dieses Gebäude eine Synagoge ist, also ein zeitweilig sehr belebter Ort. Könnte man sich mit dem Tier verständigen, könnte man es allerdings damit trösten, daß die Gemeinde unseres Bergstädtchens von Jahr zu Jahr kleiner wird und es ihr schon Mühe macht, die Kosten für die Erhaltung der Synagoge aufzubringen. Es ist nicht ausgeschlossen, daß in einiger Zeit aus der Synagoge ein Getreidespeicher wird oder dergleichen und daß das Tier die Ruhe bekommt, die ihm jetzt schmerzlich fehlt.

Es sind allerdings nur die Frauen, die das Tier fürchten, den Männern ist es längst gleichgültig geworden, eine Generation hat es der anderen gezeigt, immer wieder hat man es gesehn, schließlich hat man keinen Blick mehr daran gewendet, und selbst die Kinder, die es zum erstenmal sehn, staunen nicht mehr. Es ist das Haustier der Synagoge geworden, warum sollte nicht die Synagoge ein besonderes, nirgends sonst vorkommendes Haustier haben? Wären nicht die Frauen, man würde kaum mehr von der Existenz des Tieres wissen. Aber selbst die Frauen haben keine wirkliche Furcht vor dem Tier, es wäre auch zu sonderbar, ein solches Tier tagaus, tagein zu fürchten, jahre- und jahrzehntelang. Sie verteidigen sich zwar damit, daß ihnen das Tier meist viel näher ist als den Männern, und das ist richtig. Hinunter zu den Männern wagt sich das Tier nicht, niemals hat man es noch auf dem Fußboden gesehn. Läßt man es nicht zum Gitter der Frauenabteilung, so hält es sich wenigstens in gleicher Höhe auf der gegenüberliegenden Wand auf. Dort ist ein ganz schmaler Mauervorsprung, kaum zwei Finger breit, er umläuft drei Seiten der Synagoge, auf diesem Vorsprung huscht das Tier manchmal hin und her, meistens aber hockt es ruhig auf einer bestimmten Stelle gegenüber den Frauen. Es ist fast unbegreiflich, wie es diesen schmalen Weg so leicht benützen kann, und die Art, wie es dort oben, am Ende angekommen, wieder wendet, ist sehenswert, es ist doch schon ein sehr altes Tier, aber es zögert nicht, den gewagtesten Luftsprung zu machen, der auch niemals mißlingt, in der Luft hat es sich umgedreht, und schon läuft es wieder seinen Weg zurück. Allerdings wenn man das einigemal gesehen hat, ist man gesättigt und hat keinen Anlaß, immerfort hinzustarren. Es ist ja auch weder Furcht noch Neugier, welche die Frauen in Bewegung hält, würden sie sich mehr mit dem Beten beschäftigen, könnten sie das Tier völlig vergessen, die frommen Frauen täten das auch, wenn es die andern, welche die große Mehrzahl sind, zuließen, diese aber wollen immer gern auf sich aufmerksam machen, und das Tier ist ihnen dafür ein willkommener Vorwand. Wenn sie es könnten und wenn sie es wagten, hätten sie das Tier noch näher an sich gelockt, um noch mehr erschrecken zu dürfen. Aber in Wirklichkeit drängt sich ja das Tier gar nicht zu ihnen, es kümmert sich, wenn es nicht angegriffen wird, um sie ebensowenig wie um die Männer, am liebsten würde es wahrscheinlich in der Verborgenheit bleiben, in der es in den Zeiten außerhalb des Gottesdienstes lebt, offenbar in irgendeinem Mauerloch, das wir noch nicht entdeckt haben. Erst wenn man zu beten anfängt, erscheint es, erschreckt durch den Lärm. Will es sehen, was geschehen ist, will es wachsam bleiben, will es frei sein, fähig zur Flucht? Vor Angst läuft es hervor, aus Angst macht es seine Kapriolen und wagt sich nicht zurückzuziehen, bis der Gottesdienst zu Ende ist. Die Höhe bevorzugt es natürlich deshalb, weil es dort am sichersten ist, und die besten Laufmöglichkeiten hat es auf dem Gitter und dem Mauervorsprung, aber es ist keineswegs immer dort, manchmal steigt es auch tiefer zu den Männern hinab, der Vorhang der Bundeslade wird von einer glänzenden Messingstange getragen, die scheint das Tier zu locken, oft genug schleicht es hin, dort aber ist es immer ruhig, nicht einmal wenn es dort knapp bei der Bundeslade ist, kann man sagen, daß es stört, mit seinen blanken, immer offenen, vielleicht lidlosen Augen scheint es die Gemeinde anzusehen, sieht aber gewiß niemanden an, sondern blickt nur den Gefahren entgegen, von denen es sich bedroht fühlt.

In dieser Hinsicht schien es, wenigstens bis vor kurzem, nicht viel verständiger als unsere Frauen. Was für Gefahren hat es denn zu fürchten? Wer beabsichtigt ihm etwas zu tun? Lebt es denn nicht seit vielen Jahren völlig sich selbst überlassen? Die Männer kümmern sich nicht um seine Anwesenheit, und die Mehrzahl der Frauen wäre wahrscheinlich unglücklich, wenn es verschwände. Und da es das einzige Tier im Haus ist, hat es also überhaupt keinen Feind. Das hätte es nachgerade im Laufe der Jahre schon durchschauen können. Und der Gottesdienst mit seinem Lärm mag ja für das Tier sehr erschreckend sein, aber er wiederholt sich doch in bescheidenem Ausmaß jeden Tag und gesteigert an den Festtagen, immer regelmäßig und ohne Unterbrechung; auch das ängstlichste Tier hätte sich schon daran gewöhnen können, besonders, wenn es sieht, daß es nicht etwa der Lärm von Verfolgern ist, sondern ein Lärm, den es gar nicht begreift. Und doch diese Angst. Ist es die Erinnerung an längst vergangene oder die Vorahnung künftiger Zeiten? Weiß dieses alte Tier vielleicht mehr als die drei Generationen, die jeweils in der Synagoge versammelt sind?

Vor vielen Jahren, so erzählt man, soll man wirklich versucht haben, das Tier zu vertreiben. Es ist ja möglich, daß es wahr ist, wahrscheinlicher aber ist es, daß es sich nur um erfundene Geschichten handelt. Nachweisbar allerdings ist, daß man damals vom religionsgesetzlichen Standpunkt aus die Frage untersucht hat, ob man ein solches Tier im Gotteshause dulden darf. Man holte die Gutachten verschiedener berühmter Rabbiner ein, die

Ansichten waren geteilt, die Mehrheit war für die Vertreibung und Neueinweihung des Gotteshauses. Aber es war leicht, von der Ferne zu dekretieren, in Wirklichkeit war es ja unmöglich, das Tier zu fangen, und deshalb auch unmöglich, es zu vertreiben. Denn nur, wenn man es gefangen und weit fortgeschafft hätte, hätte man die annähernde Sicherheit haben können, es los zu sein.

Vor vielen Jahren, so erzählt man, soll man wirklich noch versucht haben, das Tier zu vertreiben. Der Tempeldiener will sich erinnern, daß sein Großvater, der auch Tempeldiener gewesen ist, mit Vorliebe davon erzählte. Dieser Großvater habe als kleiner Junge öfters von der Unmöglichkeit gehört, das Tier loszuwerden, da habe ihn, der ein ausgezeichneter Kletterer war, der Ehrgeiz nicht ruhen lassen, an einem hellen Vormittag, an dem die ganze Synagoge mit allen Winkeln und Verstecken im Sonnenlicht offen dalag, habe er sich hineingeschlichen, ausgerüstet mit einem Strick, einer Steinschleuder und einem Krummstock.

Oskar Wiener

Deutsche Dichter aus Prag

Prag, die Stadt der Sonderlinge und Phantasten, dies ruhelose Herz von Mitteleuropa, ist meine Heimat. Ich liebe Prag, wie man nur seine Heimat lieben kann. Aber diese Hingabe ist eine schmerzensreiche Neigung. Sie gleicht der Leidenschaft zu einer berückend schönen Frau, die Launen hat. Wer ihr einmal in die tiefen, geheimnisbangen Augen sah, bleibt für sein ferneres Leben der Magierin untertan. Er bleibt es auch, wenn er noch so frühzeitig und jung an Jahren in die Fremde zog, um draußen auf anderem Erdreich das Feld zu bestellen.

Viele hatten die Kraft dazu, rissen sich los von dieser düstern Salome, aber sie wollte mit dem Haupte eines jeden vor Holofernes tanzen. Auch jene, die an ihrer Leidenschaft nicht zugrunde gingen, kranken nun an einer unsterblichen Sehnsucht zu Prag. Gustav Meyrink schrieb in der neuen Heimat die Worte: »Es gibt keine Stadt der Welt, der man so gern den Rücken kehren möchte, wenn man in ihr wohnt, wie Prag, aber auch keine, nach der man sich so zurücksehnt, kaum, daß man sie verlassen hat.« – Und Fritz Mauthner füllte ein ganzes Buch über seine Prager Jugendjahre; schmerzliche Erinnerungen eines deutschen Dichters sind es, der an der Schwelle des Greisenalters noch immer nicht verwinden kann, daß dem Jüngling einst die breiten Grundpfeiler eines angestammten, tief wurzelnden Volkstums fehlten: »Ich könnte vielleicht heute noch aufheulen wie in meiner Jugend, wenn jemand mir zuriefe: Ohne Mundart sei man nicht im Besitze einer eigentlichen Muttersprache. Aber ich könnte ihn nicht Lügen strafen; denn in Prag gibt es keine deutsche Mundart, hier spricht man nur ein papierenes Buchdeutsch.«

Dies ist das tragische Geschick aller deutschen Dichter meiner Vaterstadt. Sie bleiben immer nur die Söhne einer auf sich selbst angewiesenen, von der slawischen Umgebung streng abgeschlossenen Gesellschaft. Wollen sie aus dem Volke schöpfen – und welcher Dichter müßte dies nicht – dann tauchen sie unter in der Flut eines fremden Volkstums, holen sich ihre Anregungen und den Stimmungsgehalt ihrer Werke aus der tschechischen

Wesensart, die sie befruchtend umströmt. Wer hier hinter Mauern wandelt und den Weg zum lebendigen Leben verschmäht, wird ein Salondichter, schreibt nur für einen engen Kreis kultivierter Leute. Mit diesem Fluch belastet sind alle künstlerischen Naturen Deutsch-Prags, sind Märtyrer ihrer Heimatlichkeit.

Allerdings für die wirklich Begabten wandelt sich der Fluch zum Segen. Drei verschieden geartete Kulturen stoßen hier noch immer zusammen, vereinigen und verdichten sich zu einer einzigen, untrennbaren Geistigkeit. Deutsche, tschechische und jüdische Einflüsse wirken gleichzeitig auf den schöpferischen Geist ein und zwingen ihn zu Eingebungen, die er anderwärts nicht finden könnte. Aus dem dreifach gedüngten Boden sprießen Blüten, deren Eigenart sonst nirgendwo zu gedeihen vermöchte. Aus den dreifach durchfluteten Sphären strömt eine Musik, die sich mit keiner andern verwechseln läßt.

Gustav Meyrink

Prag

Eine optimistisch gehaltene Städteschilderung
in vier Bildern

I. *Landschaftliche Reize usw.*

Selten wissen Engländer oder Franzosen, wo Prag liegt, – denn sie haben, wie es in der Bibel steht, den besseren Teil erwählt.

Auf tschechisch heißt Prag: Prr–aha. Und nicht mit Unrecht.

Die Nebbich, die im südlichen Böhmen entspringt und sich schließlich doch in die Elbe ergießt, fließt rasch an der Stadt vorüber. Dem harmlosen Fremdling erscheint sie auf den ersten Blick mächtig wie der Mississippi, sie ist aber nur vier Millimeter tief und mit Blutegeln angefüllt.

Allerdings im März, wenn der Tauwind weht, gelingt es ihr, anzuschwellen, und sie gibt dann regelmäßig dem ruhmbedeckten Artillerieregiment Nr. 23, das auf dem »Hradschin« wohnt und Tag und Nacht die Stadt vor den Preußen beschirmt, willkommenen Anlaß, mit den Kanonen zu schießen.

Warnungsschüsse natürlich!

Als aber in neuerer Zeit bewilligt wurde, daß jeden Tag um die Mittagsstunde auch geschossen werden dürfe, war damit der letzte haltbare Grund gefallen, die Regulierung der Nebbich länger aufzuschieben. –

Wieviel Monde noch, und man wird Prag sogar per Schiff verlassen können! –

Über die Nebbich führen sechs Brücken, darunter die alte berühmte »steinerne« Brücke, bei deren Bau bekanntlich als Bindemittel Eiweiß verwandt wurde.

Oder irre ich vielleicht? – Dann war es Bleiweiß.

Die Schweden wollten im Dreißigjährigen Krieg über diese Brücke von der Kleinseite her in die Stadt dringen, sind schließlich aber doch zurückgeschreckt.

Angeblich zerfällt Prag in mehrere Teile, – das ist aber nur so ein leeres Versprechen.

Von Süden, Osten und Norden ist es leicht zu erreichen, im Westen wird dies jedoch durch die böhmische Westbahn erfolgreich gehindert.

Wer sich aber darauf kapriziert, kann ganz gut von Furth i. W. aus zu Fuß gehen. – Ach Gott, die Wege sind ja gar nicht so schlecht. –

Übrigens soll sich jeder selber kümmern, der Prag einmal besuchen oder ansehen will.

Der »Verein zur Behebung des Fremdenverkehrs« in der Ferdinandstraße vis-à-vis »Platteis«, schräg gegenüber dem Friseur Gürtler, das elfte Haus von Norden, numero conscriptionis 7814478189 b gibt auf alle Fragen bereitwilligst Antwort. In böhmischer Sprache natürlich.

II. *Inneres Leben*

Auf dem »Graben« ist etwas Sonnenschein.

Natürlich nur der Kommerzialrat Sonnenschein. –

(Es unterliegt heute überhaupt nicht dem geringsten Zweifel mehr, daß Prag tatsächlich von orientalischen Kaufleuten, wie die Sage berichtet, gegründet wurde.)

Herr Sonnenschein steht gern bei dem Laden der Firma Waldek & Wagner, Gummiwaren und Uterusilien, – und auf seinem Antlitz ruht der Glanz, der von jeher großen Kaufleuten eigen war: Marco Polo, Fugger, Li-hung-tschang.

Er steht dort gern –, es ist mitten zwischen zwei Banken, der böhmischen Landesbank und der Kreditanstalt, und das macht immer ä guten Eindruck. – Und dann is er stets schwarz angezogen.

– »Schwarz is immer elegant.« –

»Hab' dj' Ähre!« – hat jetzt jemand laut gegrüßt. –

Herr Feldeck von Feldrind ist es. – Ein feiner Kopf.

Die Brusttasche dick geschwollen. – Stearinkerzen hat er drin. – Er nimmt sie immer aus den Laternen seiner Equipage, damit sie der Kutscher nicht stiehlt.

Man dreht sich um: Ah!

Die harmlose kleine Frau Doktor Teichhut ist vorbeigegangen. Klapp,

klapp, klapp, mit hohen Absätzen. Sie imitiert sengenden Blick, sieghaft, als hätte sie ein neues Laster erfunden.

Und dort hält ein Wagen. Welch prächtiger Landauer!

Schau nur!

Die Gemahlin des Millionärs Steißbein sitzt darin und ißt mit bloßen Fingern kalte Linsen aus ihrer Pompadour.

Verlegen ruft die Tochter, die eben vorübergeht, ihr zu: »Aber Mámma, was eßt du das?«

Jedoch die alte Dame läßt sich nicht beirren.

Ja, und wer ist denn das? – Schon aus Wien zurück? – Ah, da staun ich:

Der Hauptmann Aaron Gedalje Hehler vom Infanterieregiment Nr. 202 ist angekommen. – Schreibabteilung natürlich!

Wer kennt ihn nicht!

Fünfundvierzig Kilo schwer, ist er die Leichtgewichtsbalmachome par excellence. –

Sein unbändiger Mut ist Stadtgespräch, und ein Duell mit ihm muß etwas Schauderhaftes sein.

Gott sei Dank hat er noch keins gehabt.

Er macht einen äußerst verwegenen Eindruck, und daran ist weiter nichts Wunderbares, denn einer seiner Ahnen schon hat sich kühn bis zu weiland Hermann dem Cherusker vorgedrängt, um sich das Knopperngeschäft im Teutoburger Wald nicht entgehen zu lassen.

Erst kürzlich wieder hat man ihn dekoriert, den Hauptmann Hehler, – von Armenien aus, zusammen mit dem Friseur Schicketanz und dem Diurnisten Oberkneifer aus Marienbad, aber gewiß nicht seiner Furchtlosigkeit oder unvergleichlichen Befähigung, die Ehrbegriffe im kabbalistischen Sinne zu deuten, wegen, sondern offenbar der Verdienste halber, die er sich in den Tagen, als er noch ungetauft und Kommis in der Zichorienbranche war, um Armenien und die angrenzenden Länder erworben hatte.

»Maj Kärl is ä hajpohrn Leedi«, singt er abends so gerne beim Wein, denn er liebt die englische Sprache, – Hauptmann Gedalje Hehler!

Jetzt aber, vorgeneigter Leser, folge mir willig ins Café Continental, es ist gerade gegenüber und das Herz Deutsch-Prags.

Siehst du, dort links mündet die Schwefelgasse, so benannt, weil sie täglich der tiefsinnige Rechtsgelehrte Jellinek durchquert, und dort rechts steht der Insektenpulverturm, der mit Recht die »Zeltnergasse« abschließt.

Für Leute, die noch nicht in Prag akklimatisiert sind, empfiehlt es sich ja allerdings, ehe sie zum Besuche des Caféhauses schreiten, sich längere Zeit in einem Wachsfigurenkabinett abzuhärten.

Man wird dann nicht so leicht erschrecken und manche kleine Freude haben, wenn man gelegentlich einen oder den anderen verbürgten Prager Ehrenmann kennenlernt und sich innerlich froh gestehen kann: hurra, ganz denselben Kopf habe ich ja schon in Spiritus gesehen.

Selbstverständlich ist und bleibt aber ein Panoptikum immer nur ein mildes Training, und so manchem, der unvorbereitet das Café betrat, ist der Schreck arg in die Glieder gefahren. –

Ahnungslos drängt man sich zwischen Sesseln hindurch, wehrt dankend dem aufmerksamen Kellner, der einem verbindlich sämtliche österreichischen Wochen-, Tages- und Sennesblätter anbietet, und sieht plötzlich auf:

Um Gottes willen, was ist denn das? –

Da sitzen ja drei assyrische Flügelstiere hinter einem Tisch? –

Mit langen, schwarzen viereckigen Bärten und glühenden Augen, und starren einem auf die Stelle, wo man die Brieftasche stecken hat.

Es sind aber nur der Herr Eisenkaß aus der Schmielesgasse, der Herr Jeittinger und der Spezialist für unheilbare Krankheiten Doktor Paschory, und ihr Aussehen büßt viel an Schrecklichkeit ein, wenn sie aufstehen, denn sie haben krumme Hosen und den friedlichen Plattfuß.

Und in der Stammecke tagaus tagein, da sitzt ein Herr, der ist vielleicht gar kein Herr, sondern ein Kondor. Er ist zwar immer à quatre épingles, aber er ist doch ein Raubvogel.

Er ist sogar ganz gewiß ein Raubvogel!

Wetten?

Seinen Namen habe ich vergessen, er soll eine »Seehandlung« betreiben, sagt man. – Heißt wohl, er handelt, was er »seht«. –

Mit seinen kleinen Augen, dem dünnen, faltigen Hals und dem riesigen Kondorschnabel ist er entsetzlich unheimlich anzuschauen; weiß Gott, man würde sich nicht wundern, wenn er plötzlich still in seine Tasche griffe, einen Haufen Gedärme hervorzöge und sie unter heiserem Geierschrei verzehren würde. –

Und jetzt steht plötzlich alles auf und grüßt ehrerbietig!?! Ein würdevoll aussehender Herr ist soeben eingetreten, – ein kleines Unterschleifchen im Knopfloch – und dankt herablassend nach allen Seiten. –

Er war früher Offizier. Jetzt ist er falscher Zeuge von Beruf.

Daher die allgemeine Beliebtheit.

III. *Aufzug*

Tratarah – Tratarah – Obácht – Obácht – Kanál – Kanáal.« Das Angriffssignal der Prager Bürgereskadron schallt durch die Straßen.

Ein Mann fehlt: – der Fiakerkutscher Kottysch hat in letzter Stunde sein Handpferd nicht hergeborgt.

Angsterfüllt schlottern die Greise auf ihren Gäulen im Asthmagalopp durch die Straßen.

Konkurs hippique! –

Tsin–fum Trarah tsin–fum tsin-fum – – und die Grenadiere ziehen mit riesigen Damenmuffs aus schwarzem Pelz auf dem Kopfe über den Graben.

Die vernickelten Bajonette blitzen in der Sonne.

Ein kriegerisches Stimmungsbild von packender Gewalt! Man fühlt, jeden Augenblick kann etwas Großes geschehen, vielleicht tritt Lohengrin plötzlich aus einem Anstandsort hervor und schließt sich an.

Voran todesmutig als Generalfeldmarschall der Hosenschneider Kvasnitschka.

Ja, ja, das sind die Grenadiere, vor denen sich schon Friedrich der Große so entsetzlich gefürchtet hat.

Eine halbe Stunde später, und wieder tönen Klänge durch die Luft.

Diesmal mehr potpourriartig:

»Jäh, die Muh–sik, sie spie–lät so siß,
Geht ins Herz – und – in – die Fiß'.«

Diesmal ist es die Gilde der Müller!

Sie tragen weiße Strümpfe, gelbe Hosen, einen grünen Rock, violette Samtkappen – obendrauf Astrachan – der Quadratkilometer zwei Kreuzer – und gigantische Beile über den Schultern. –

Das alles bringt eben das Müllergewerbe so mit sich.

Kaum sind die vorbei, kommt es rot heranmarschiert. – Die böhmischen

Turner – »Sokols« genannt – mit blutrotem Hemd, um die Grausamkeit anzudeuten, und der Eleganz und Behendigkeit wegen mit Schaftstiefeln angetan.

Eine hellblaue Fahne weht ihnen voran – dem Europäer ist wohl, wenn ihm etwas voranweht – darauf das silberne Wahrzeichen der slawischen Turnerschaft: Ein Geier mit einer Hantelstange in den Krallen. –

Denn der Geier ist und bleibt nun einmal das trefflichste Symbol für den Turner; – was ist der Affe dagegen?!

– Wer von uns hätte noch nicht Gelegenheit gehabt, zu belauschen, wie sich die Geier – wenn alles still ist – leise, leise in die Eisenhandlungen schleichen, – husch, die schwersten Hanteln ergreifen und sich in die Lüfte schwingen, heimwärts, dem unwirtlichen Felsenhorste zu, um zu Hause ihrem Weibchen das Hantelstemmen beizubringen. – Welch prächtiges Naturspiel!

Aufzug um Aufzug wälzt sich durch die Gassen, – den Schluß bildet eine kleine, ernste, schwarz gekleidete Schar: der Hausmeistersparverein »U Hadrbolce«.

Sie kommen aus der Teinkirche und haben dort zu Ehren ihres Obmannes, des Herrn František Fanfule, der – den heutigen Tag mitgezählt – nunmehr durch volle fünfundzwanzig Jahre niemals um ein Darlehen bei der Vereinssparkasse angesucht hat, – ein Hochamt zelebrieren lassen. Jede Truppe zieht zuerst vor das böhmische Nationaltheater, jubelt dort, und dann geht es zum Deutschen Kasino.

Dort wird haltgemacht und längere Zeit ein Wort wiederholt, das ungefähr soviel wie »Krepier!« bedeutet. –

Die Kasinoidioten aber sitzen währenddessen gleichmütig hinter den Fensterscheiben und fürchten sich nicht.

Ich bin unberufen kein Prager, würde mich aber auch nicht fürchten, denn der »Aufzug« ist in Prag etwas ganz Alltägliches.

Überdies verfügt das Deutsche Kasino über geheime Hilfskräfte eigener Art.

Die Stadt steht nämlich bekanntermaßen auf einem Netz unterirdischer Gänge, und ein solcher geheimer Gang verbindet diesen Mittelpunkt Prager deutschen Lebens mit dem fernen, aber stammverwandten Jerusalem.

Wenn es nun wirklich einmal schief gehen oder die deutsche Burschenschaft Markomannia, woran, Gott soll hüten, allerdings kaum gedacht werden darf, – versagen sollte, so genügt ein einfacher Druck auf ä elektrische Knopp, und im Handumdrehen sind ein paar hundert frische Makkabäer zur Stelle.

Und da soll man sich dann nix sicher fühlen!!

IV. *Gesellschaft*

Bei Doktor Serbes ist Soiree. –

»Huhuu – huu – hu«, – es wird gesungen und Klavier gespielt.

Es ist schon zehneinviertel Uhr, und immer noch huuu – huu – wird gesungen. –

Dem Herrn Richtov knurrt der Magen.

Die Tochter des Hauses ist weiß lackiert.

Endlich wird serviert.

Krebse auf einer Schüssel, kleine steinharte Krebse, – denn der Monat hat vier »r«. –

Aber in der Mitte (der Schüssel natürlich) liegt ein Hummer. Man sticht hinein, es prasselt; der Hummer ist nur eine Attrappe.

Also an die Krebse! – Für jeden Gast ist einer da.

Plötzlich knallt es, – ein Herr ist mit dem Messer ausgerutscht und hat fast den Teller zertrümmert. Sein Krebs aber ist über den Tisch und unter das Buffet geflogen.

Die übrigen Gäste lassen entmutigt von den ihrigen ab, und das Gericht wird abgetragen.

Es werden Stimmen laut, einer oder der andere der Krebse müsse ein Briefbeschwerer gewesen sein.

Ein Lachs kommt, – – mit Kartoffeln.

Man will hineinstechen!

Ausgeschlossen!

Der Lachs ist roh. Nicht einmal ausgenommen.

Man nimmt Kartoffeln.

Der Lachs ist natürlich absichtlich nicht gekocht.

Er wird erst morgen mittag gekocht.

Schon wieder kracht etwas; der Terrier des Hauses ist unter das Buffet gekrochen und knackt den Krebs.

Also doch kein Briefbeschwerer.

Ein neuer Gang: – – – Lebkuchenherzen.

Jawohl, jawohl, Lebkuchenherzen!

Und dann kommt das Dessert: die zwei Dienstmädchen bringen auf einem Tablett ein Kindergrab herein.

Ringsherum in Eierbechern ist Gefrorenes.

Das Kindergrab aber ist leider leer.

Dann sollte wieder – – Huuuhuuuh – gesungen werden, aber das wurde dem Herrn Richtov zu dumm, und er geht in die Küche und läßt auf seine Kosten von den Dienstmädchen hundert Paar heiße Würstel und zwanzig Liter Bier aus dem Wirtshaus holen.

Das freute alle sehr, und besonders die Familie Serbe, die ein über das andere Mal in die Hände klatscht und sagt, es kommt ihr so ungeheuer lustig und originell vor, wie da mit einem Schlage aus dem Souper ein Picknick geworden sei. Und heiterer Laune essen sie sämtliche Würste auf bis zu

Ende.

Hugo Salus

Wintertag auf dem Hradschin

An einem blauweißen Wintertag,
Blankblau der Himmel, hellweiß die Gassen,
Geh' ich auf den Hradschin in Prag,
Mich von Winterglanz blenden zu lassen.

Veitsdom und Burg, gewaltig und reich,
Gäßchen und Winkeltreppen daneben
Und über allem der Schneestaub ganz weich:
Schöneres kann's auf der Welt nimmer geben!

Ringsum das Wunder, durch das ich geh',
Winter mag's sein, doch wirklich kein kalter!
Märchenhaft raunt durch all den Schnee
Stehen gebliebenes Mittelalter.

Alchimistengäßchen, auch du
Hast dich ins Schneebett ganz eingegraben.
Willst wohl auch nach der Wintersruh'
Bald deine Auferstehung haben?

Wie ich so geh', so weiß ich, ich bin
Selbst ein ganz alter Weiser und Deuter,
Stampf' durch das Mittelalter dahin,
Nur ein Gedanke ist mein Begleiter:

Ob's in der Bibel auch Schnee geben mag?
Und so steig' ich, ganz eingesponnen
In meine wichtige Frage, versonnen,
Ob's in der Bibel wohl Schnee geben mag?

– Vierhundert Jahre vergehn wie ein Tag –
Ob's in der Bibel wohl Schnee geben mag?
Nieder ins lärmend lebendige Prag.

Leo Heller

Prag

I.

In meiner Heimat gibt es dunkle Gassen,
Die irr und eng sind und wie traumverloren,
Und Häuser gibt es, alt und lärmverlassen,
Mit blinden Fenstern und mit morschen Toren.

In meiner Heimat gibt es stolze Brücken,
Die Könige und Bischöfe umstehen,
Die grau und starr, mit ungebeugtem Rücken,
Von ihren Thronen stumm herniedersehen.

In meiner Heimat gibt es junge Herzen,
Die helle Feuerbrände in sich tragen,
Und wie die Stürmerglocken, dumpf und erzen,
In hartem Streit und wilden Kämpfen schlagen.

II.

Ich sehe dich, geliebte Stadt,
Dem Abend angeschmiegt.
Das letzte Gold der Sonne liegt
Über dem Wischehrad.

Auf deiner alten Brücke stehn
Die Heiligen aus Stein.
Sie lassen ihren frommen Schein
Im kühlen Wind verwehn.

Da hebt die Uhr zu schlagen an,
Und die Apostel ziehn
Ernst an dem schmalen Fenster hin
Und gellend kräht der Hahn...

Camill Hoffmann

Kasernenfenster (1910)

Aus der Kaserne schallt immer ein Sang,
ein Waldhornlied, ein Harmonikaklang,
die jungen Soldaten am Fenster lehnen
und lauschen vergrübelt den schmachtenden Tönen.

Oft kenn' ich ein Lied; aus der Kinderzeit
wacht es im Herzen mir auf wie befreit,
die Knechte sangen es auf den Fluren,
wenn sie die Mahd in die Scheunen fuhren.

Es dehnt sich darin des Böhmerlands
schwerkrumiger Acker in trägem Glanz –
die jungen Soldaten brennt es im stillen,
sie tragen des Kaisers Rock wider Willen.

Ihr Blick schweift über der Dächer Rand,
ihr Heimweh erglüht wie der Abendbrand.
Wie fühl' ich im Lärm der Stadt dies Bangen!
Ich bin wie sie durch die Wiesen gegangen.

Emil Faktor

Mittag

Von grüner Höh', wie ich zur Stadt mich bücke
Und hasche nach dem Türmepaar vom Tein,
Als könnt' ich fassen sie wie eine Krücke –
Da poltert ein Kanonenschuß herein.

Es kracht der Schuß aus unsichtbarem Rohre,
Ein Donnerschlag – und eine Schanze raucht
Und brüllt hinaus bis zu dem fernsten Tore,
Das Mittagsglut ins Herz der Stadt getaucht.

Die Bäume alle neigen sich erschrocken
Und tausend Kehlen werden still im Nu,
Doch sieh, es taumeln schon die Kirchenglocken
Melodisch läutend in die Mittagsruh'.

Emil Faktor

Die Zeile

Und eh ich die Zeile hinschreiben konnt:
»Durch den blühenden Kirschbaum flimmert der Mond« –
Da mußt ich erst tausend Kirschbäume sehn
In weißen, leuchtenden Blüten stehn,
Und tausend Bäume in Schnee und Eis,
Und mich sehnen nach Blüten rot und weiß,
Und mußte durch tausend Mondnächte schreiten,
Wenn durch die Blätter die Strahlen gleiten,
Und tausend Bilder in meine Augen
Und tief, tief in die Seele saugen,
Und mußt' dem Klange der Worte lauschen,
Ob sie von Mond und Blüten rauschen,
Eh daß ich die Zeile hinschreiben konnt:
»Durch den blühenden Kirschbaum flimmert der Mond.«

Rainer Maria Rilke

Larenopfer

Im alten Hause

Im alten Hause; vor mir frei
seh ich ganz Prag in weiter Runde;
tief unten geht die Dämmerstunde
mit lautlos leisem Schritt vorbei.

Die Stadt verschwimmt wie hinter Glas.
Nur hoch, wie ein behelmter Hüne,
ragt klar vor mir die grünspangrüne
Turmkuppel von Sankt Nikolas.

Schon blinzelt da und dort ein Licht
fern auf im schwülen Stadtgebrause. –
Mir ist, daß in dem alten Hause
jetzt eine Stimme »Amen« spricht.

Der Hradschin

Schau so gerne die verwetterte
Stirn der alten Hofburg an;
schon der Blick des Kindes kletterte
dort hinan.

Und es grüßen selbst die eiligen
Moldauwellen den Hradschin,
von der Brücke sehn die Heiligen
ernst auf ihn.

Und die Türme schaun, die neueren,
alle zu des Veitsturms Knauf
wie die Kinderschar zum teueren
Vater auf.

Der Novembertag

Kalter Herbst vermag den Tag zu knebeln,
seine tausend Jubelstimmen schweigen;
hoch vom Domturm wimmern gar so eigen
Sterbeglocken in Novembernebeln.

Auf den nassen Dächern liegt verschlafen
weißes Dunstlicht; und mit kalten Händen
greift der Sturm in des Kamines Wänden
eines Totenkarmens Schlußoktaven.

Bei St. Veit

Gern steh ich vor dem alten Dom;
wie Moder weht es dort, wie Fäule,
und jedes Fenster, jede Säule
spricht noch ihr eignes Idiom.

Da hockt ein reich geschnörkelt Haus
und lächelt Rokoko-Erotik,
und hart daneben streckt die Gotik
die dürren Hände betend aus.

Jetzt wird mir klar der casus rei;
ein Gleichnis ists aus alten Zeiten:
der Herr Abbé hier – ihm zu seiten
die Dame des roi soleil.

Vom Lugaus

Dort seh ich Türme, kuppig bald wie Eicheln,
und jene wieder spitz wie schlanke Birnen;
dort liegt die Stadt; an ihre tausend Stirnen
schmiegt sich der Abend schon mit leisem Schmeicheln.

Weit streckt sie ihren schwarzen Leib. Ganz hinten,
sieh, St. Mariens Doppeltürme blitzen.
Ists nicht: sie saugte durch zwei Fühlerspitzen
in sich des Himmels violette Tinten?

Paul Leppin

Daniel Jesus

Es war eine lange und ziellose Straße, in der Daniel Jesus hinter einem häßlichen Abend ging. Der war immer vor ihm, und er konnte ihn nicht erreichen mit seinen dünnen, schmerzhaften Beinen, die einen hastigen und flackernden Schatten auf die nassen Steine des Pflasters streuten, der ihn ärgerte und verdrießlich stimmte. Der Abend lief vor ihm her wie ein tolles und boshaftes Tier, und er konnte ihn mit seinen magern Fingern nicht greifen und konnte ihn nicht bei den wirren Haaren fassen und ihm in die zuchtlosen Augen starren, lange und nahe, so daß sein heißer Atem über seine zuckenden Wimpern fahren müßte. Das war sein lieber Gedanke, seine sehnsüchtigste Sehnsucht seit Jahren. Wer so den Abend erwürgen könnte! Denn der Abend war böse. Natürlich müßte man vorsichtig sein. Sich nicht belauern lassen und mit einfachen und gütigen Worten sich ihm nähern und lächeln und ihn liebkosen wie ein Weib. O, er würde schon klug sein! Der Haß würde wie eine Inspiration in ihm leuchten, daß er die richtige Weise fände, den Abend zu bändigen und zu töten. Er gäbe sich ihm hin wie ein Knabe, der gestern ins Leben kam und wäre sanft und leidenschaftlich und wollüstig. Er würde mit verlangenden Händen den glatten Leib dieser Metze betasten und sie schläfrig und gierig machen. Bis er unter seinen Fingern die schwarzen Adern an ihrem Halse klopfen fühlte, in denen ihr Herzblut brannte. Da würde er zudrücken, plötzlich und krampfhaft und ohne Erbarmen. Dann bekäme sie jenes furchtbare Antlitz, von dem er jede Nacht träumte. O Gott, daß er immer daran denken mußte! Aber er konnte diesem Bilde nicht entrinnen! In jedem Spiegel war es, in den er hineinsah, und hinter jedem Fenster, an dem er vorbeiging, hing es wie eine Larve. Es war ein bleiches und angstvolles Gesicht, das eine arge Krankheit mit Eiter und Aussatz grausam gezeichnet hatte. Unter seinen drosselnden Gelenken war ein hilfloser Schrecken in dieses Gesicht gekommen, der seine Augen aus den Höhlen trieb. Und aus dem keuchenden Halse kroch die verfaulte Zunge wie ein Eingeweide heraus und wollte kein Ende nehmen und wurde länger und länger und wuchs und stieß die Glasscheiben der Fenster ein, an denen er vorüber mußte. Die Straße war ziellos und lang, und die giftige Zunge leckte nach ihm und haschte sein Kleid, und sie kam näher und nahe. Du großer Gott! Jetzt war sie da, nur vorwärts, und sich nicht umschaun, um Gotteswillen!

Daniel Jesus lief. Er lief in kurzen, zappelnden Sprüngen, und der Schweiß lief ihm in blassen Tropfen in seinen schüttern Bart. Er lief, bis ihm seine kranke Lunge den Dienst versagte und er röchelnd stehen blieb. Da lehnte er sich an einen Laternenstock und ruhte aus. Gott sei Dank! Die Angst war vorüber, und er fürchtete sich nicht mehr. Er mußte wirklich zum Arzt gehn in den nächsten Tagen, denn er hatte Visionen. Der Abend war ja nicht tot, der ging ja vor ihm her und tanzte einen Polkaschritt um jede elektrische Lampe und hüpfte spöttisch von einer Seite der Straße auf die andere hinüber und schielte in die Parterre-Wohnungen hinein, und er hatte ihn noch nicht erwürgt, und darum brauchte er dieses Gesicht nicht so zu scheun. Aber er täte es dennoch, wenn er könnte! Trotzdem! Und wenn es ihn zu Tode quälen sollte. Denn er haßte den Abend. Weil er sich lustig über seinen Buckel machte und ihn hundertmal nachäffte an den Häuserwänden, verzerrt und grotesk, komisch und gemein.

Jedesmal, wenn eine Laterne kam, sah er seinen spitzigen, schiefen Buckel an der Wand und auf der Erde, zwei-, dreimal, in vielen Schattierungen und Längen. Die Sonne war ehrlich und zeigte ihm sein Gebrechen, aber der Abend verhöhnte es. Er ließ sich nicht verhöhnen, er, der reiche Daniel Jesus, dem die Leute die Hand küßten, wenn er wollte.

Verbittert und ächzend ging er weiter. Es war doch eine Miserabilität, dieses Leben, das er führte. Es hatte kein Ziel und kein Ende, genauso wie die Straße, die er vor sich sah. Es war nichts darin, als wüste, verlogne Gaukelein, in denen sich sein starkes, hungriges Herz verlor. Was war denn das, diese Orgie, die er in seiner Villa gestern veranstaltet hatte, weil der junge Baron Sterben zwanzig Jahre alt geworden war? War das groß und grausam, und war darin nur ein Stückchen von der großen Gloria der Missetat? War darin Glut und Sünde? War darin ein Untergang? Nein. Nein. Nicht einmal schamlos war es. Ein paar nackte Mädchen, die sich mit Champagner betranken und sich dann auf seinen wunderschönen, blutroten Teppich übergaben, der ein Vermögen wert war. Wo war da jener blinde und ruchlose Zug, der seiner würdig wäre? Eine Fürstin hätte er finden müssen! Aber eine Fürstin der Seele, keusch und gut, damit ein wenig Tragik dabei sei, ein wenig Kampf und Schande und Sünde. Eine Heilige hätte auf seinen Knien sitzen müssen und Rosen auf seinen häßlichen Buk-kel streun und seine verkrüppelten Füße küssen und dem Baron Sterben splitternackt den Champagner reichen. So war es dumm und langweilig gewesen. Diese Bürgerstöchter hatten keine Seelen. Es rührte und packte sie nichts, und sie schauerten niemals unter einem solchen Abend. Es fror und schrie nichts in ihnen, kein Verbrechen und keine große Übeltat, keine Wollust der Selbsterniedrigung, kein Rausch und keine Sehnsucht.

Er mußte Seelen sehn, wenn sie nackt und betrunken waren. Das liebte er. Brünstig und inbrünstig, ekstatisch und irre. Von einer großen Kraft verwirrt, von einem Gott oder einem Tiere. Darum ging er ja jetzt auch wieder in das kleine Haus neben dem Eisenbahnviadukt, wo er schon so lange nicht gewesen war. Sie würden ihn frostig empfangen, Schuster Anton und seine Beter. Sie wußten ja immer alles, was er tat. Sie waren wie das böse Gewissen. Sie wußten sicher schon, daß er gestern abend wieder gesündigt hatte; daß er dem Teufel seine Türe geöffnet. Er konnte nicht ersinnen, wo Schuster Anton alle diese Dinge erfuhr. Aber sie waren ihm alle bekannt.

Furchtsam und fiebernd ging Daniel Jesus die finstere Holztreppe hinauf. Ganz leise öffnete er die Tür und stand im Zimmer.

Franz Werfel

Der Weltfreund

Die Schöne und das peinliche Wort

Du gabst mir ein böses, böses Wort.
Nicht bösen Herzens – doch mich traf das böse Wort.

Ich war ganz verlegen, rot und stumm,
Und die andern stießen sich und lachten um uns herum.

Die andern haben alle gelacht,
Aber mein Herz hat es schon ziemlich weit gebracht.
Da erkanntest du mein leidend-feuriges Herz und es tat dir leid.
Du wurdest rot – und ich schämte mich deiner Verlegenheit.

Und habe aus deinem bösen Wort ein lustiges Wort gemacht,
Gleich hat alles über meine feine Wendung gelacht.

Erstaunt und dankbar hat dein Blick in meinem geruht.
Ich war ein wenig stolz und gar nicht mehr unscheinbar,
Du aber wolltest mir Freude machen, warst lieb und wunderbar,
Und du, du, – (Herz, schüchternes Herz) – du warst mir
eine Stunde lang gut.

Konzert einer Klavierlehrerin

Die dicke Dame mit den Sommersprossen,
Die tief sich in die Dekolletage wagen
– Ich wünsche Bluse ihr und steifen Kragen –,
Sitzt schon am Flügel, fett und hingegossen.

Die Noten ziehn gleich Pompefunèbre-Rossen.
Chopin, der Trauermarsch... und so getragen...
Ich fühle nur ein leeres Mißbehagen,
Von dieses Weibes Übermaß verdrossen.

Die Schülerinnen sitzen in der Runde
Und tun entzückt und hassen sie im stillen.
Zehn Rosenkörbe glühn wie milde Fackeln

Aufleuchtend lieblich aus dem Hintergrunde,
Und schauen aus geängstigten Pupillen
Auf ihre Brüste, die im Takte wackeln.

Der Getreue

So viele mit dir spielen,
Du spielst mit all den Vielen,
Mich aber merkst du nicht.
Ich bin im Hintergrunde
Dir nahe jede Stunde
Mit zugefrornem Munde
Und eisernem Gesicht.

Die dich gern unterhalten,
Sie mögen ruhig walten,
Sie sind kein Hindernis.
Es kommen immer neue
Und keiner, den ich scheue,
Denn ich bin der Getreue,
Und du bist mir gewiß.

Einst bist du abgedroschen,
Verblichen und erloschen,
Und keiner um dich her.
Dann werde ich mich wenden,

Zu ernten und zu enden,
Auf meinen festen Händen
Trage ich dich über mein finsteres Meer.

Ich bin ein erwachsener Mensch

Ich hab' so ein Verlangen
Nach Mitleid und nach Zärtlichtun.
Ich möchte nun
Im Bette liegen stundenlang,
So kindergut, so fieberkrank
Und liebe Hände langen.
Ich hab' so ein Verlangen.

Kein Mensch will mich bewachen,
Und niemand hätschelt mich und summt.
Ach, alle Freundlichkeit verstummt,
Und keine kleine Lampe brennt,
Und niemand, der mich Bubi nennt,
Kein Spielzeug und kein Lachen.

Wer streichelt meine Wangen?
Ich hab' so ein Verlangen.

Schulgang

Oh, wie sehnt er sich nach seinem Bette,
Nach der süßen, kaum verlaßnen Wärme!
Ausgestoßen unter Menschenschwärme
Läuft er, rennt er durch die Gassenkette.

Uhren schlagen grausam um die Wette,
Stürzend sich auf ihn mit kaltem Lärme,

Und es brennen Magen und Gedärme.
Ach, daß er nur nicht verschlafen hätte!

Wie er springt! Er keucht und weint beim Laufen,
Bis im Schulhaus er, im Gange steht,
Und im Zimmer sieht das staubige Raufen.

Er faßt langsam: Es ist nicht zu spät...
Und er läßt sich nieder, zu verschnaufen.
Doch sein erster Laut ist ein Gebet.

Wie nach dem Regen

Ich bin wie nach dem Regen
Der Stadtpark vor dem Haus.
Der Wind hat ausgekeucht,
Doch Bäum' und Beete sind noch feucht
Und wiegen mir und hegen
Die schönsten Tropfen Regentaus. –

Ich bin so ganz voll Feuchtigkeit,
Voll nassem Grün und Regenglück,
Weil ich dich heut' gesehn.
Darum möcht' ich auch nah und weit
Und wohl ein gutes Gartenstück
In mir spazieren gehn.

Willy Haas

Geheimnisse des alten Prag

Das erste, was ich von meinem Leben weiß, ist ein Trommelwirbel. Die Fenster unseres Hauses »Zum schwarzen Lamm« am Prager Fleischmarkt waren mit schweren Möbeln verbarrikadiert, das Gaslicht brannte Tag und Nacht, ein alter, großer Trommelrevolver meines Vaters lag geladen auf dem Tisch. Ich lag im Kinderzimmer im Bett, halb bewußtlos und schwer fiebernd: ich hatte Scharlach, und gestern hatte der alte Hausarzt auch noch die Anfänge einer Lungenentzündung festgestellt.

Und doch sagte mein Vater zu meiner Mutter: »Nimm ihn auf und trag ihn zum Fenster. Er wird es vielleicht nie wieder in seinem Leben sehen!«

Ich wurde aus dem Bett genommen und ans Fenster getragen, ein Möbelstück wurde etwas beiseite gerückt, und da sah ich es:

Draußen war heller Tag – nicht Nacht, wie, trotz des Gaslichts im Hause. Ulanen hatten ein Karree gebildet, in ihrer Mitte las ein Offizier vom Pferde herab eine Proklamation. Hinter ihm stand der Trommler, der eben einen Wirbel geschlagen hatte.

Was der Offizier las, verstand ich hinter den dicht geschlossenen Fenstern nicht. Ich hörte nur, was er hinter jedem Satz mit erhobener Stimme wiederholte:

»– wird mit dem Tode bestraft.«

Und nochmals, nach ein paar undeutlichen Worten:

»– wird mit dem Tode bestraft.«

Und zum dritten Mal:

»– wird mit dem Tode bestraft!«

Dann zogen sie weiter. Männer hatten inzwischen die Häuserwände mit gleichförmigen Plakaten beklebt: sie zeigten an, daß Standrecht über die Haupt- und Residenzstadt Prag verkündet worden war, wie mir mein Vater sagte. Ich wurde wieder ins Kinderbett gelegt und dämmerte weiter vor mich hin.

Am nächsten Morgen kam Polizei, um unser kleines Stubenmädchen zu verhaften. Ich hörte sie im Vorzimmer laut schluchzen. Sie war der Aufwiegelung verdächtig. Mein Vater sprach ruhig mit ihr, sie solle keine Angst haben, er werde sie bestimmt befreien können.

Überall in der Umgebung waren deutsche und jüdische Läden und Wohnungen erbrochen und ausgeplündert worden. Als sich aufgeregte Gruppen auch vor unserem Hause, dem Hause »Zum schwarzen Lamm«, bildeten und man Rufe hörte: »Deutsche! Juden!«, da hatte unser Mädchen, selbst eine Tschechin, das Küchenfenster aufgerissen und hinausgeschrien: »Hier wohnen keine Deutschen, aber da drüben ist die deutsche Handelsakademie!«

Ein Stunde später lagen Möbel, Requisiten und Bilder der deutschen Handelsakademie zertrümmert auf der Straße – aber unserem Hause war nichts geschehen, nicht einmal die Fensterscheiben waren eingeschlagen. Was mit dem Mädchen geschah, weiß ich nicht. Mein Vater war ein angesehener Advokat, und ich hoffe, der Kleinen ist kein Haar gekrümmt worden. Was sie wollte, war gut – was sie tat, war äußerst töricht.

Deutsche und Juden: das war damals für das tschechische Prag fast identisch, und beide, Deutsche und Juden, waren gleich verhaßt. Die Juden sprachen Deutsch und waren österreichische Patrioten, und das war auch mein Vater, wenn er politisch überhaupt irgend etwas war. Die höhere Beamtenschaft sprach ein völlig denaturalisiertes, steriles und groteskes k. u. k. Tschechischdeutsch. Die Adeligen in ihren geheimnisvollen, riesigen Barockpalästen auf der Kleinseite sprachen Französisch und gehörten keiner Nation an, sondern dem Heiligen Römischen Reich, das es seit fast einem Jahrhundert nicht mehr gab. Meine Amme, mein Kindermädchen, die Köchin, das Stubenmädchen sprachen Tschechisch, und ich sprach Tschechisch mit ihnen. Erst als ich, sechs Jahre alt, in die Piaristenschule in der Herrengasse kam, war es entschieden, daß ich Deutscher und Österreicher werden sollte.

Eine Klasse über mir saß ein Junge, mit dem ich als ganz kleines Kind oft im Stadtpark gespielt hatte, unter den sorgsamen Augen der Kinderfrau Bábi. Er hieß Franz Werfel, seine Familie wohnte, beträchtlich vornehmer und reicher als wir, nicht in der lärmenden Altstadt, sondern in der stillen und feinen Mariengasse am Stadtpark.

Einige Jahre vorher hatte ein anderer Schuljunge dieselben Schulbänke des Piaristenklosters gewetzt: René Maria Rilke. Das Haus seiner Eltern lag nur zwei Ecken entfernt von dem Werfels, und doch in einem etwas weniger vornehmen Viertel, was man schon daraus ersehen kann, daß auch wir selbst, Jahre später, dorthin zogen: es war die Heinrichsgasse mit ihrer uralten gotisch-romanischen Kirche. So gab es vornehme, halb-vornehme und ganz unvornehme Kreise, man durfte da nicht zu sehr am Lack kratzen, sonst hätte sich herausgestellt, daß sie alle aus dem gleichen Holz geschnitzt waren: es waren eben die Bürger der Stadt Prag, die sich aus dem oder jenem Grunde etwas vornehmer dünkten als andere.

(...)

Werfel und ich waren wieder zusammengekommen, weil er einmal durchgefallen war und das Gymnasium gewechselt hatte. Nun wurden wir wirkliche Freunde und blieben es bis an sein Lebensende.

Obgleich es für jene Zeit um 1900 nicht ungewöhnlich ist, möchte ich hier doch noch einmal ausdrücklich feststellen, daß unsere sämtlichen Gymnasialprofessoren für mich entweder skurrile Narren oder arme Geistesgestörte oder pathologische Sadisten oder alles zusammen waren – mit einer einzigen Ausnahme. Das war unser Lateinlehrer und Ordinarius Kyovsky, der mir den größten Schmerz meiner Jugend zugefügt hat. Er war ein alter, einsamer, pensionierter Offizier aus dem Okkupationskrieg in Bosnien, ein völlig trockener, aber musterhafter Philologe.

Seine Freude war seine junge Tochter, die ihm seine verstorbene Frau wohl noch in fortgeschrittenen Jahren geboren haben muß. Das Kind erkrankte und starb an Scharlach. Man sah ihm an, daß er ein völlig gebrochener Mann war, aber er hielt sich wie ein alter Offizier.

Ein paar Tage nach dem Begräbnis erschien er in unserer Klasse mit einem Stoß Schulhefte: unsere lateinischen Aufsätze. Er sagte:

»Alle haben die Korrekturen der letzten Arbeit richtig ausgeführt, bis auf einen: Haas. Haas Willy, stehen Sie bitte jetzt auf!«

Ich stand erbleichend auf, und er wandte sich zu mir:

»Haas Willy – Sie haben die Korrekturen der letzten Arbeit nicht richtig ausgeführt. Sie haben gewußt, daß mir mein einziges Kind gestorben ist, und Sie haben die Korrekturen der letzten Arbeit trotzdem nicht richtig ausgeführt!«

Und plötzlich barg er sein vergrämtes, graues Haupt in seinen Händen, nahm sein goldenes Pincenez ab und begann vor der ganzen Klasse laut zu schluchzen. Ich glaubte in die Erde zu versinken vor Scham, und noch heute stehe ich völlig ratlos und verzweifelt da, wenn ich an diese furchtbare Szene denke, obwohl ich doch weiß, wie entsetzlich ungerecht der sonst so gerechte Mann damals gegen mich, einen vierzehnjährigen Jungen, gewesen ist.

Franz Werfel war ein junges, wildes Genie, ein Träumer, er schrieb Gedichte und Dramen und war folglich ein schlechterer Schüler als ich. Aber er riß manchmal – selten genug – die Lehrer durch seinen Elan mit sich. Einer von ihnen muß wohl Kyovsky gewesen sein – das unpoetischste Gemüt, das jemals Virgil und Horaz mit großer Sorgfalt und ohne eine Spur von Phantasie interpretiert hat – und doch sichtlich mit einer Art tiefer Generosität begabt, die ihn Werfels musisches Wesen ahnen ließ.

Kyovskys Kameraden, die nur als gemeine Soldaten im bosnischen Okkupationsfeldzug oder – noch früher – bei Königgrätz oder Solferino und Magenta gekämpft hatten, bekamen nicht, wie er, der klassisch gebildete Hauptmann, einen Professorenposten an einem Gymnasium – sie bekamen, wenn sie Invaliden geworden waren, als Abfindung einen Leierkasten. Mit diesem Leierkasten durften sie in den Höfen der Häuser spielen. Aber erst von zwölf Uhr mittags an.

Es schlug zwölf Uhr von dem fernen Kirchturm der Heinrichskirche, und ein Leierkasten begann, im Schulhof zu spielen. Kyovsky unterbrach den Unterricht und fragte:

»Was ist das, was der Mann spielt?«

Werfel meldete sich und stand auf.

»Das ist das Sextett aus ›Lucia di Lammermoor‹ von Donizetti«, sagte er stolz.

Kyovsky lächelte ganz glücklich.

»Nun, das wenigstens wissen Sie also, mein lieber Werfel!«

Fortan war Werfel, trotz aller seiner Schwächen in den alten Sprachen, eine Art Favorit Kyovskys. Doch sollte diese etwas unsichere und vage Freundlichkeit ein jähes Ende nehmen: das hing mit keinem Geringeren als mit dem alten Kaiser Franz Joseph zusammen.

Franz Joseph weilte nur ungern und selten in Prag. Als junger Kaiser hatte er einst den Tschechen feierlich versprochen, daß er sich in Prag als König von Böhmen würde krönen lassen. Dieses Versprechen hat er gebrochen, wie so viele andere feierliche Gelübde – er hätte es auch nicht halten können, wenn er es etwa gewollt hätte, weil es unter den regierenden Magnaten Ungarns einen furchtbaren Skandal gegeben hätte, die unter keinen Umständen gewillt waren, ihren eigenen slawischen Minoritäten in irgendeiner Form Autonomie zu gewähren. Aber der Wortlaut des Versprechens hing, gedruckt und eingerahmt, in vielen tschechischen Wohnungen an der Wand, obwohl die Verbreitung im Druck verboten war. 1908, zur Feier seines sechzigsten Regierungsjubiläums, wurde über Prag wieder einmal der Ausnahmezustand verhängt, weil Ausschreitungen stattgefunden hatten; Militär blockierte die Hauptstraßen, und eine Kavallerieabteilung verfolgte den steilen Wenzelsplatz hinauf mit geschwungenen Säbeln eine Schar Demonstranten, während wir im Galopp aus der Schule quer über den Platz nach Hause rannten.

Und doch kam der Kaiser irgendeinmal während unserer Gymnasialjahre zu Besuch nach Prag – ich weiß nicht mehr wann. Wir Schüler wurden von Kyovsky aufgefordert, am nächsten Morgen in anständigen, dunklen Anzügen zu erscheinen: eine Proklamation zum Besuch des Kaisers würde verlesen werden, und dann könnten wir nach Hause gehen.

Nun sprach der große Patriot Kyovsky von Franz Joseph niemals bloß als »der Kaiser« oder auch nur »Seine Majestät, der Kaiser« – er gebrauchte immer und überall den umständlichen offiziellen Titel: Seine Apostolische Majestät, unser allergnädigster Kaiser und Herr –, so wie er niemals etwa von »den Juden« sprach oder von »den Israeliten«, sondern immer nur von »den Familien mosaischer Deszendenz«. Die Feierlichkeit lag in seiner Art.

Um wieviel mehr vor jenem historischen Tag. Im langen schwarzen Kaiserrock, mit den Miniaturen seiner Kriegsorden, betrat er das Katheder und öffnete das Klassenbuch, in dem die Proklamation lag. Er begann:

»Seine Apostolische Majestät, unser allergnädigster Kaiser und Herr, Kaiser Franz Joseph I., wird morgen der Stadt Prag die hohe Ehre erweisen...«

In diesem Augenblick ritt irgendein Teufel den Schüler Franz Werfel in der linken Ecke der letzten Reihe. Er fand diese feierliche Titulatur, die er doch mindestens hundertmal gehört hatte, plötzlich komisch. Es war ganz bestimmt nicht taktvoll, gerade in diesem Augenblick zu grinsen. Aber der Schüler Franz Werfel mußte grinsen, und er grinste.

Kyovsky sah es sofort. In namenloser Wut schrie er:

»Seine Apostolische Majestät gibt uns morgen die Ehre – und Sie, Werfel Franz, Sie grinsen!«

Und mit einem ungeheuren Schwung schmiß er das Klassenbuch mitsamt der Kaiserproklamation quer durch das Klassenzimmer dem Schüler Franz Werfel an den Kopf. Er war noch in seinen alten Tagen ein guter

Schütze geblieben: er traf genau. Dann rannte er wutentbrannt aus der Klasse, und die Proklamation zum Kaiserbesuch blieb ungelesen.

Damit war aber auch das schwache Band der Sympathie zu Werfel für immer zerrissen.

(...)

Werfel schrieb seine Gedichte, Dramen und Erzählungen. Ein Drama hieß »Die Fluchhüterinnen« – ein anderes »Barseba«. Dann die frühen Gedichte.

(...)

Die Zettel mit den Versen lagen überall in dem kleinen Zimmer herum; Franz stopfte sie in die Schubladen seines Waschtisches, seiner Kommode, seines Nachtkastens und trug sie in allen Taschen aller seiner Anzüge. Hier und da klebten wir einige dieser zerknitterten Zettel auf große, weiße Bogen, und ich sandte sie an irgendeine Zeitungsredaktion. Werfel wollte nicht, daß man es im Hause erfuhr, wenn sie zurückkamen; und sie kamen immer wieder zurück – an meine Adresse.

Eines Sonnabendnachmittags saßen wir im Café Arco und beschlossen, nach dem »Baumgarten« zu fahren, dem Prager »Prater« oder vielmehr der »Krieau«: um dort den eleganten Korso der Equipagen und Fiaker mit den schönen Frauen und Mädchen unter ihren riesigen Straußenfederhüten und »Florentinern« zu beobachten.

Aber ich hatte mein Taschentuch vergessen. Wir wohnten damals genau gegenüber dem Café in einem alten Barockpalais der Hybernergasse, das viel von seinem Glanz verloren hatte, denn eine Zeitungsredaktion hauste darin, das Advokatenbüro meines Vaters und, noch schlimmer, eine Firma, die im ehemaligen Palasthof den Geruch gegerbten Leders verbreitete.

Werfel wartete im Hof, und ich ging hinauf. Ich öffnete die Tür zum Vorzimmer unserer Wohnung. Da lag die Wiener »Zeit« hinter der Tür, mit ihrer literarischen Sonntagsbeilage. Ich konnte nicht vorbeigehen, ohne einen Blick hineinzuwerfen, obwohl Franz unten wartete: denn in der »Zeit« veröffentlichten Hofmannsthal, Hermann Bahr und der junge Rudolf Borchardt Essays und Kritiken. Ich schlug die erste Seite auf. Da las ich links oben: »Die Gärten der Stadt Prag – von Franz Werfel«.

Zum ersten Mal war Franz Werfel gedruckt! Halb besinnungslos stürzte ich die Wendeltreppe hinab, ohne Taschentuch, die Zeitung schwingend. In einer plötzlichen großen inneren Bewegung fielen wir einander fast weinend in die Arme.

Wir fuhren dann wirklich noch nach dem »Baumgarten« – aber Werfel war halb im Traum. Er blickte immer wieder auf das bedruckte Zeitungsblatt.

Ich war damals übrigens ein ziemlich einflußreicher junger Mann, denn ich kannte Max Brod – den berühmten jungen Max Brod, der schon zwei oder drei Bände in Berlin bei Axel Juncker veröffentlicht hatte, einen Band kleiner philosophischer Skizzen, »Tod den Toten!«, einen ziemlich anzüglichen galanten Gedichtband und »Schloß Nornepygge«, den »Roman eines Indifferenten«, der für uns Jüngere Gegenstand langer, ernster Debatten war.

Max Brod ging in die siebente Gymnasialklasse, als ich in die erste kam; und obwohl er für einen »Septimaner« – so hieß bei uns ein Unterprimaner – zu uns grünen Jungen sehr gnädig war, so war doch ein persönlicher Kontakt zwischen einem so hohen und einem so niedrigen Gymnasiasten wie er und ich völlig ausgeschlossen.

Wie ich ihn dann trotzdem kennengelernt habe, weiß ich nicht – sicherlich doch durch die Elternpaare, die einander kannten, oder durch seine hübsche Schwester Sophie, mit der ich in der Tanzstunde bekannt wurde. Jedenfalls standen die Dinge so, daß ich ihn jede Woche einmal in seinem Arbeitszimmer in der elterlichen Wohnung besuchen durfte, ich glaube, jeden Donnerstag. Er mochte mich sicher sehr gern und erzählte mir vieles: von dem französischen Dichter Jules Laforgue, der der französische Vorleser der alten Kaiserin Augusta, der Gemahlin Wilhelms I., gewesen war, der dann sehr jung starb und den Max Brod für den größten modernen französischen Dichter hielt – nicht ohne Grund, denn wir kannten damals Rimbaud noch nicht richtig. Er erzählte mir von Gustave Flaubert und borgte mir dessen Roman »Education sentimentale«, der für ihn das Höchste an erzählender Prosa überhaupt war. Er sprach von dem Schweizer Robert Walser und gab mir seine »Geschwister Tanner« – und Robert Walser blieb mir danach lieb für viele Jahrzehnte. Er erzählte auch von einem etwa gleichaltrigen Freund, den er für ein Genie hielt: Franz Kafka.

Irgendwie kannte ich diesen Freund längst. Ich hatte die beiden öfter zusammen gesehen, vermutlich im Schulhof des Gymnasiums: den überaus schlanken, sehr dunklen, fast olivenfarbigen Franz Kafka und den kleinen, gebückten Oktavaner Max Brod mit den schönsten elementaren Tieraugen, die mir je erinnerlich sind: wahre Dschungelaugen, oder die Augen, die eine Schlange haben müßte, wenn sie die Augen hätte, die zu ihr gehören...

Nun jedenfalls kannte ich Max Brod, und diese Bekanntschaft konnte und mußte für Werfel ausgenutzt werden.

Wir, Franz und ich, kauften sechs wundervolle holländische Büttenbogen in verschiedenen Farben, und Werfel schrieb darauf sechs seiner schönsten Gedichte in kalligraphischer Handschrift, die Initialen in Gold. Diese sechs Bogen übergab ich am nächsten Donnerstag Max Brod mit der Bitte, sie zu lesen.

Die Folgen waren ziemlich überraschend. Am nächsten Morgen rief Max Brod meinen Vater an.

»Wissen Sie, daß Ihr Sohn ein sehr begabter Dichter ist?« fragte er.

»Nicht daß ich wüßte«, brummte mein Vater.

»Und doch ist er es. Er hat mir gestern ein paar Gedichte von sich gegeben, unter dem lächerlichen Vorwand, sie seien von einem Freund namens Franz Werfel. Aber mich kann man nicht so leicht täuschen. Er selbst ist der Dichter.«

»Woran erkennen Sie denn das?«

»An seinen Augen. Er hat die Augen eines Dichters!« sagte Max Brod.

Die Sache wurde schnell aufgeklärt und Max Brod freundete sich bald mit Werfel an.

Eines Tages sagte Werfel: »Ich glaube, ich könnte schon einen Gedichtband zusammenstellen!«

Alle Schubladen im kleinen Zimmer in der Mariengasse wurden bis auf den Grund geleert, ebenso sämtliche Taschen der Anzüge und Überzieher. Die einzelnen Zettel und Papierfetzen wurden gelesen, rezitiert, nochmals gelesen und dann ausgesiebt. Wieder klebte Werfel sie auf große Bogen Papier, ordnete sie um und nochmals um und nannte dann das Konvolut: »Der Weltfreund«.

(...)

Aber inzwischen war ein neuer Mann, eine verhängnisvolle Gestalt, in unserer Mitte aufgetaucht: der große Wiener Satiriker Karl Kraus, der Herausgeber der »Fackel«.

Wir haben unter diesem Menschen vielleicht mehr gelitten als unter irgendeinem anderen. Wenige heute noch Lebende haben diesen sonst eher scheuen Mann so früh und so gut gekannt wie wir, und so ist es heute an der Zeit, eine Summe zu ziehen – ohne bewußte Bosheit, aber auch ohne besondere Rücksicht auf den Toten, dem menschliche Rücksicht nur ein Gegenstand des Hohns sein konnte.

Ich bin heute, aus der weiten Distanz von Jahrzehnten, fest davon überzeugt, daß Karl Kraus ein geborener Sadist war, mit den feinsten Instinkten des Sadisten begabt, dort wehzutun, wo es am meisten schmerzte. Er war ein bewußter Verführer – und ein bewußter Giftmischer. Der menschliche, geistige, moralische Rang seiner Opfer – oft junge, unschuldige Leute, die am Anfang einer bedeutenden Laufbahn standen – war ihm völlig gleichgültig.

Ich bin ganz sicher, daß dieser Sadismus in ihm zuletzt auf eine tief verborgene, unerfüllte homosexuelle Komponente zurückzuführen ist. Sein geistreiches und durch den Geistreichtum zuweilen tiefes Aphorismenwerk »Pro domo et mundo« ist sehr wesentlich an die Dualität der beiden Geschlechter gebunden; aber es zeigt keinerlei individuelles männliches Erleben an der Frau, es springt sofort in eine Art funkenschlagende abstrakte Dialektik der Geschlechter, die ihrer Substanz nach in nichts über die allgemeine zeitliche Grundlage der Ideologie des Geschlechts um 1900 hinausgeht, wie sie Strindberg, Wedekind, Otto Weiniger gestaltet hatten, im wesentlichen auf und über Schopenhauer und Richard Wagner hinaus bauend. Karl Kraus war gewiß – bei all seiner Frauenverehrung und Frauenverachtung – kein konkretes natürliches männliches Geschlechtswesen: er war ein vergeistigter Knabenverführer, wie André Gide, wie sogar Sokrates – aber diese Verführung ohne Ziel, oder vielmehr mit einem verdrängten Ziel, hat ihn zum Sadisten gemacht. »Ein jeder tötet, was er liebt«, sagt Oscar Wilde, der Prototyp des geistigen Verführers in jener Epoche; oder er tut wenigstens sein Bestes, zu töten, möchte man hinzufügen.

Das ändert gewiß nichts an Karl Kraus' Rang als Satiriker. Er war eine Art Tierstimmen-Imitator der Menschenstimmen; er konnte wie kein anderer das Bestialische an einer widerwärtigen Menschenstimme erkennen und in der bloßen gedruckten Phrase wiedergeben, und wenn er noch Hitler, Goebbels, Göring im Vollbesitz dieser seiner Gabe gehört hätte, so hätten wir die genialste Entlarvung der Weltgeschichte durch einfache Stimmenwiedergabe, durch Wiedergabe von charakteristischen Phrasen und Wendungen erlebt. Er hätte Grammophonplatten hinterlassen müssen, nicht Bücher: nichts auf der Welt würde diesem Nachlaß gleichen, die genialsten Karikaturen eines Daumier oder Thomas Theodor Heine würden in Nichts versinken vor dieser bloßen Stimmenkarikatur.

Aber da gab es noch dieses andere in ihm, eine Art, sich einzuschmeicheln, sich festzusaugen, sich anzuschmiegen und, sobald er ein freundliches Gegengefühl spürte: zuzustoßen mit einem vergifteten Dolch. Sein Triumph war unerschöpflich, sobald er leiden spürte. Ich habe Beweise dafür, daß er, völlig besinnungslos, weit über die Grenzen der bloßen Satire hinausgegangen ist, um Menschen zu kränken, die er einmal in seinen Samtpfötchen wußte. Es war etwas vollkommen Absurdes in seiner merkwürdigen Erscheinung. Er hatte die »Fackel« vor 1900 als Anti-Dreyfusard begonnen, stand dem Antisemitismus Otto Weiningers nahe – der ein geborener Jude war wie Karl Kraus selbst – und druckte in der »Fackel« Arbeiten des antisemitischen Rassentheoretikers Houston Stewart Chamberlain ab, der ein Schwiegersohn Richard Wagners war. Otto Weininger starb durch Selbstmord, und man kann sich nicht gut ein anderes Ende eines ehrlichen Juden denken, der ein so radikaler Antisemit wurde, so unendlich begabt mit dem bösen Blick für das, was er an und in sich selbst haßte: das Judentum. Karl Kraus war dennoch ein anderer Ausweg gelungen, weniger tragisch, dafür mehr diabolisch: sich durch das Blut des süchtig aufgeschlürften Leidens anderer Menschen zeitweilig vom eigenen Leiden, vom Haß gegen sich selbst zu befreien – so etwa, wie Cesare Borgia sich ganz in blutiges Tierfleisch hatte einwickeln lassen, um seine furchtbaren Schmerzen für Stunden zu lindern, als er krank war.

Das Ganze war eine seltsame Naturerscheinung: das Ghetto-Judentum hatte seine gewonnene Freiheit unter anderem dazu benützt, um antisemitisch zu werden. Nicht etwa, um angebliche Geheimnisse des Judentums zu enthüllen, wie der mittelalterliche Jude Pfefferkorn: vermutlich nur deshalb, weil es kein feineres, komplizierteres, interessanteres, offeneres Objekt für die freigewordene jüdische Ironie gab als diese selbst.

Daran, daß Karl Kraus in Prag den Eingang zu unseren Kreisen fand, war ich selbst der Hauptschuldige: ich selbst hatte ihm diesen Eingang weit geöffnet. Ich hatte damals ein Amt bei einem Prager deutschen literarischen Studentenverein, das es mir ermöglichte, Vorlesungen in einem Saal zu veranstalten. Ich lud als ersten Karl Kraus ein, dessen »Fackel« ich seit Jahren las, und der in Wien ein paar sehr erfolgreiche Vorlesungen aus seinen Schriften gehalten hatte. Karl Kraus kam – es war seine erste Vorlesung im alten Prag. Ich versprach ihm eine zweite Vorlesung: aber so stark war der Druck der Protektoren dieses Vereins gegen den Satiriker, daß mir die zweite Lesung vom Vorstand versagt wurde. Ich trat aus dem Verein aus und tat mich mit einem jüngeren Freund, dem Dichter Franz Janowitz, zusammen, und wir beide veranstalteten die zweite Vorlesung sozusagen auf eigene Rechnung und Gefahr. Das Risiko war übrigens nicht groß, der Saal, genannt »Mozartsaal«, war bald ausverkauft: Karl Kraus war ein wundervoller Vorleser seiner eigenen Satiren und vielleicht ein noch besserer Vorleser aus Werken Jean Pauls, Claudius' und Nestroys.

Doch inzwischen hatte er sich in unserer Mitte eingenistet. Es ist unausdenkbar, was er uns in einer einzigen Sitzung, bei der wir von einem Kaffeehaus zum andern, von einem Nachtlokal zum andern zogen, in zwölf, vierzehn, sechzehn Stunden ohne jede Pause, ohne jede Unterbrechung durch einen anderen, geboten hat: unendlich amüsanten Klatsch und Médisance aus Wiener Café- und Literaturkreisen, eine alte komplette Burgtheateraufführung von 1890, mit allen Stimmen der Schauspieler, die damals mitgespielt hatten, als er ein junger Kritiker war, einen Vortrag über Lichtenberg und Heinrich Heine, einen Akt aus Jacques Offenbachs »Vie Parisienne« – die alte Madame des Prager »Maxim«, genannt »Nelly«, war dabei seine improvisierte Partnerin, die er im Badener Kurtheater um 1895 bewundert hatte –, ein tragikomisches parodistisches Porträt Theodor Herzls, des ersten zionistischen Führers in Westeuropa, unter dessen Regime als Feuilletonchef der »Neuen Freien Presse« Karl Kraus seine frühesten Arbeiten veröffentlicht hatte. Dutzende von faszinierenden Szenen aus dem Leben seines interessantesten Freundes, des Dichters Peter Altenberg, des Sokrates und Diogenes in den Wiener Kaffeehäusern, der geldgierigsten und dabei doch sensitivsten, zartesten Seele des alten Wien... das alles war im Programm eines Abends und einer Nacht bis weit in den Morgen.

Es war wie ein unwiderstehlich glanzvolles Ballett wechselnder Erscheinungen, das Tag und Nacht und Nacht und Tag andauerte, ein Opiat, aus dem man mit schweren Augen an einem grauen Alltag erwachte. Er muß sich ganz verzehrt haben, um ein paar junge Menschen in Prag so zu entzükken.

Als der »Weltfreund« erschien, druckte er mit Lob drei Gedichte daraus in seiner »Fackel« ab, die damals fast niemals andere Beiträge als die seinen brachte.

Aber eines Tages war es vorbei – er hatte Werfel fallen lassen, wie er fast alle seine Freunde vorher und nachher hatte fallen lassen, wenn er nur spürte, daß er sie an sich gebunden hatte. Werfel hatte darauf mit der

Ungeschicklichkeit des echten Schmerzes reagiert. Aber es war unmöglich, gegen diesen echten sadistischen Hysteriker aufzukommen, der – mit der flackernden Suggestionskraft des Hysterikers – aller Welt um sich bewies, daß alle Welt um ihn hysterisch war und er der einzige gesunde, normale gradlinige und geradezu köstliche Charakter. Er hat dann Werfel wieder und wieder in der »Fackel« auf das skrupelloseste attackiert – und auch ich wurde zu seinem Opfer, als ich mir in Berlin durch eine literarische Zeitschrift einen gewissen Namen gemacht hatte. Dieser Haß verfolgte mich noch Jahrzehnte später als Emigranten – während Karl Kraus gegen Hitler damals kaum eine böse Zeile veröffentlichte.

(...)

Unsere tage- und nächtelangen Debatten zu Hause, in allen möglichen Lokalen, auf Spaziergängen auf dem Belvedere und durch die Gassen und Parks der Kleinseite waren sicher das Ernsteste und wahrscheinlich das Wichtigste, was wir je erlebt haben. Werfel hat in seinem nachgelassenen Werk »Der Stern der Ungeborenen« solche Gespräche zwischen uns beiden wörtlich wiedergegeben, fast ein halbes Jahrhundert später: und ich habe sie, fast ein halbes Jahrhundert später, sofort erkannt. So wichtig waren sie uns.

Wir hatten alle Kierkegaard und Pascals »Pensées« gelesen. Aber es war nicht eigentlich das Problem Gottes, was uns bewegte, oder doch nur indirekt: es war das Problem der gnadenlosen Natur, der ungeheuren Indifferenz des Schicksals.

Wir hatten es schwer – weit schwerer, als ein junger Mensch es sich heute vorstellen kann. Das erste erotische Problem, die erste große Liebe riß sogleich vor uns den ganzen Abgrund auf. Wir waren sehr scheu. Die vielen schönen Mädchen, die wir auf Gesellschaften und Hausbällen trafen, waren völlig unberührbar: es war ein Blütenkranz, so dicht geflochten, daß eine einzige herauszureißen, das Ganze zerstört hätte, und wer wollte das tun? Ihre Unberührbarkeit war ihre ganze Schönheit, ja, ihre ganze Existenz: wenn wir sie uns begehrend vorgestellt hätten, so wären sie ganz andere, unglaubhafte Lebewesen geworden. Wir verkehrten nicht mit Herzoginnen und Prinzessinnen wie der junge Marcel Proust: und doch war die Hierarchie unserer Gesellschaft so streng, so bis ins letzte abgestuft und nuanciert wie in Prousts »A la Recherche du Temps Perdu«.

(...)

Nichts war uns näher und greifbarer als das Unerreichbare: es umgab uns von allen Seiten täglich und stündlich, in den Gestalten der schönen und eleganten Mädchen, die wir um uns sahen, und die völlig unerreichbar waren. Und nichts war uns vertrauter als die Schuld: denn wir waren schuldig an unserer eigenen Unerfülltheit, eine große Schuld gegen die Natur, die eine Einheit ist, keine Zweiheit von Körper und Seele. Wir hätten diese Schuld durchbrechen müssen, durch die Flucht, durch Gewalt, durch irgend etwas... Aber wir vermochten es nicht.

Denn da war noch etwas Drittes, viel Stärkeres als unser Wille zur Freiheit: da waren die verzückten Barockheiligen in den Kirchen Prags und auf der alten steinernen Brücke, da war Kierkegaard, da war Pascal, die uns alle zuflüsterten: Verharre in der Schuld, die eine ewige Schuld ist, verharre in der Zweiheit, in der unendlichen Ferne und Verschlossenheit Gottes, versöhne dich nicht mit der Natur, nicht mit der trügerischen Einheit, nicht mit dem niedrigen Glück, das dir die Natur etwa geben könnte. Es ist gut so. Es ist die Erbsünde. Es ist der Weg zum Heil, der lange, steinige Weg und die enge Pforte zum Heil.

So waren wir weder Juden noch Christen, aber wir waren dennoch gläubig. Unser Glaube war zweierlei: erstens die Erbsünde, von der wir mehr wußten als die meisten Christen. Zweitens: die völlige Unerreichbarkeit und Verhülltheit Gottes, der sich nur in der Brutalität, Korruptheit und Schadenfreude irgendwelcher niederen Beamten äußerte, die unser Schicksal formten, wie zum Beispiel unsere Gymnasialprofessoren. Es war unsere eigene Welt, über die wir Tag und Nacht in Zimmern, Parks, Nachtlokalen debattierten. Es war auch die Welt eines Mannes, den wir damals kaum noch wirklich kannten: Franz Kafka.

(...)

Kafka hat gewiß alles gesagt, was wir zu sagen hatten und nicht gesagt haben, nicht sagen konnten: dies ist für mich sein Genie. Ich glaube, ich kann seine Bücher wie im Traum lesen, ich begreife nicht, daß ein Wort nötig ist, sie zu erklären; hinter diesen Geschehnissen stehen immer wieder nur sie selbst, nichts anderes. Deshalb verstehe ich auch keinen der Tausende Essays, die über Kafkas Werke geschrieben wurden, existentialistische und nicht-existentialistische, da doch jedes Wort, das hinzugefügt wird, überflüssig ist und den Inhalt, der ganz an der Oberfläche liegt – wie in jeder anderen Tiefendimension –, nur verschleiert.

Allerdings: auch sein Weltruhm oder sein ehemaliger Weltruhm entbehrt für mich nicht einer gewissen unfreiwilligen Komik. Ich kann es mir nicht vorstellen, wie irgendein Mensch ihn überhaupt verstehen kann, der nicht in Prag und nicht um 1890 oder 1880 geboren ist. Es liegt an seinem merkwürdig stummen, allegorisch-realistischen Tiefsinn, daß derjenige, der die ungeheuer suggestive lokale Vordergrundswelt, das Milieu seiner zwei größten Bücher, »Der Prozeß« und »Das Schloß«, nicht wirklich kennt, auch die ganz dichte metaphysische Analogie, die nur in diesem und durch diesen lokalen Mikrokosmos existiert, nicht wirklich verstehen kann: so entstanden und entstehen die abstrusesten Mißverständnisse. Leichter mag es sein bei allegorischen Chinoiserien wie »Der Bau der chinesischen Mauer« – aber diese gehören in Wahrheit nicht zu seinen höchsten Meisterwerken.

Alte Österreicher sagen gern, daß das Österreichertum, das wahre alte Österreichertum, eigentlich ein Geheimnis sei, das keiner außerhalb Österreichs wirklich verstehe. Wer versteht denn wirklich Nestroy oder Raimund oder Stifter oder etwa Grillparzers »Armer Spielmann« außerhalb des alten Österreich? Aber Kafka scheint mir ein noch viel verschlosseneres österreichisches, jüdisches, Prager Geheimnis zu sein, zu dem nur wir den Schlüssel haben. Und meine größte Freude ist, daß Kafkas »Weltruhm«, dieser Haufen perverser Mißverständnisse, endlich abnimmt und wir ihn, den Freund, zurückbekommen.

(...)

Kafka selbst war ein feiner, delikater Jüngling, immer etwas schüchtern lächelnd, voll preziöser, merkwürdiger, aphoristischer Äußerungen und nicht ohne den sichtbaren Wunsch, interessant zu erscheinen. Er war gewiß etwas ganz anderes für Max Brod, aber das war er für mich. Er konnte wundervolle Soloszenen spielen. Einmal traf ich ihn auf der Straße.

»Wie geht's denn?« fragte ich rein formell.

»Ach, ich könnte meinen Kopf auf Ihre Schulter legen und weinen«, erwiderte er seufzend.

Er liebte Balzac nicht. Er liebte Shakespeare noch weniger: weil er das Theater überhaupt nicht liebte. Die Möglichkeit, daß man den »Prozeß« und »Das Schloß« auf der Bühne, sogar auf der Opernbühne spielte, hätte ihn vermutlich fassungslos gemacht.

Einmal parodierte er Balzac. »Ich will Ihnen einen Satz sagen, den Balzac hätte schreiben können. ›Um fünf Uhr nachmittags verließ die Herzogin das Palais und streifte ihren Handschuh über, mit derselben leichten Geste, mit der alle Herzoginnen in Paris um fünf Uhr nachmittags ihre Handschuhe überstreifen.‹ Sehen Sie: das ist falsch erzählt. Diese Generalisierung ist falsch. So darf man nicht erzählen.«

Wir übten mit Werfel und anderen lange Spiritismus und Tischrücken im Keller eines Kaffeehauses, in dem vor uns schon Gustav Meyrink seine spiritistischen Experimente verübt hatte. Einmal war auch Kafka mit Max Brod zugegen. Kafka war völlig unbeeindruckt. »Daß die Sonne morgen früh aufgehen wird, ist ein Wunder«, sagte er ironisch »aber daß ein Tisch sich bewegt, wenn Sie ihn so lange malträtieren, das ist kein Wunder.«

Sein Gedächtnis war unglaublich – übrigens auch das Werfels, der ganze Gedichtbände und Anthologien auswendig wußte.

Einmal kam Kafka abends in mein Zimmer mit Milena und Staša – wir werden die beiden bald kennenlernen – in Abendkleidung. Ich packte für eine lange Reise, sie kamen sich verabschieden. Kafka nahm ein Buch in die Hand. Es waren Pascals »Pensées«.

»Was ist das für ein Buch?« fragte er.

»Das müssen Sie unbedingt lesen. Es wird Ihnen etwas bedeuten!«

Kafka legte das Buch stumm zurück in den Koffer. Wir sprachen über anderes.

Dann sah ich ihn Jahre nicht. Als ich ihn auf der Straße wiedertraf, fragte ich, nach einigen ebenso treffenden wie überflüssigen Bemerkungen über das Wetter und das langweilig gewordene Leben in Prag:

»Was lesen Sie jetzt?«

»Eigentlich noch immer das Buch, das Sie mir zuletzt empfohlen haben«, erwiderte er mit der allerfeinsten Artigkeit eines alten chinesischen Mandarins.

Ich hatte keine Ahnung mehr – er wußte sich zu erinnern.

Das letzte Mal, das ich ihn in Prag sah, gingen wir, glaube ich, in größerem Freundeskreis ins Kino. Im Vorprogramm zeigte man Straßenszenen aus Berlin. Als es wieder hell wurde, glaubte ich im Bruchteil einer Sekunde, Tränen in seinen Augen zu sehen.

»Was ist denn mit Kafka los?« flüsterte ich meinem Nachbarn zu.

»Ach, offenbar wieder Schwierigkeiten mit seiner Berliner Verlobten«, sagte er.

So sehe ich Kafka noch vor mir: das Gesicht abgekehrt, damit keiner von uns ihn beobachte, sich mit dem Handrücken die Tränen aus den Augen wischend …

Oskar Baum

Das junge Geschlecht

Novelle

Es war im obersten Stockwerk eines der sichtlich modernen Häuser auf dem Boden des alten Ghetto. Durch die offenen Fenster wehte süßer Robinienduft vom nahen Belvedere herüber, in dem stetigen leisen Wind mit scharfem Wassergeruch von der Moldau drunten vermischt.

Frau Mendl saß bei dem offenen Fenster im Lehnstuhl. Sie duldete nicht, daß man die Fenster schloß, obgleich es sie offenbar fröstelte. Wer ihre ruhelosen Hände und Augen und ihren lebhaften Geist sah, konnte nicht glauben, daß es so schlimm um sie stand; aber der Arzt hatte heute morgen, stolz auf seine Verachtung der üblichen Vertröstungsmanöver, jede Hoffnung genommen. Das kleine Gesicht war freilich recht hohl geworden. Die sonst so zarten, feinen Züge hatten etwas Hartes und fast Derbes bekommen durch die hervortretenden Backenknochen, das Kinn und die spitze dünne Nase. Nur die fieberhaft glänzenden roten Augen und die helle Menge Haar zeigten, daß sie noch gar nicht so alt war.

Das Mädchen auf dem Schemel zu ihren Füßen sah schüchtern zu ihr auf, aber sie schwieg immer noch. Die Pflegerin saß hinten an der Wand und drehte mit lautlosen Lippenbewegungen an ihrem Rosenkranz. Der Straßenlärm drang herauf, aber sie hörten ihn nicht; sie waren ihn so gewohnt. Der Bruder trat ein, die Wangen von dem eiligen Lauf gerötet. Die jugendliche Frische und derbe Gesundheit, die sein Wesen atmete, schien etwas Ungehöriges hier im Krankenzimmer. Er hatte die Tür behutsam geöffnet und ging auf Fußspitzen, aber es machte einen gekünstelten, fast heuchlerischen Eindruck. Hinter ihm trat der Vater ein; sein volles, schlaffes, kalkiges Gesicht mit den überwachten entzündeten Augen mußte jedem, der von früher sein behäbiges, immer zu kleinen Späßen gelauntes Wesen kannte, beängstigend fremd und unnatürlich erscheinen.

Die Mutter sah die Eintretenden nur flüchtig an und ihr Blick lag wieder auf der Tochter. Ihre Lippen zuckten, aber sie sagte nichts.

Es schwebte etwas zwischen den beiden alle diese langen schweren Tage über; immer drückender und fordernder. Sie konnten kaum mehr ein Wort wechseln oder einander ansehen, ohne daß das Mädchen eine Andeutung kommen sah oder die Mutter bei ihr die Furcht vor der Aussprache zu merken glaubte. Die Mutter zitterte selbst vor dem Augenblick ihrer Frage und verschob ihn immer wieder; um des Mädchens willen. Sie fürchtete, daß Irene in ihrer schwärmerischen Verblendung »Nein« sagen könnte und die schreckliche Erinnerung an diese Halsstarrigkeit der sterbenden Mutter gegenüber würde sie ihr Leben lang verfolgen. Aber es war ihre Pflicht, fühlte die Kranke, alles zu wagen und die Erschütterung dieser Stunde auszunützen. Dem Kinde selbst und dem Vater gegenüber war es ihre Pflicht.

Sie ließ die Augen durch das Zimmer irren. Hans berichtete, daß der Professor schließlich doch aufzutreiben gewesen. Er werde sogleich hier sein. Der Onkel sei ihn selbst holen gefahren.

»Hans!« sagte die Mutter und ihre feuchten Augen ruhten ein Weilchen mit stolzem Wohlgefallen auf der strammen Gestalt des hübschen frischen Jungen, »willst Du mir eine große Freude machen? Mir das Herz erleichtern, daß ich eine Sorge weniger habe?«

»Ich, Mutter? Ja, sag' doch nur! Wie gern!«

»Tritt aus der Couleur aus, ja? Sei mir nicht böse, wenn ich etwas verlange, was für Dich ein Opfer bedeutet! Ich werde ruhiger hinübergehen, wenn ich weiß, daß dieser Ärger nicht mehr zwischen Dir und dem Vater steht.« Man wollte sie unterbrechen, die Todesnähe energisch in Abrede zu stellen, aber sie machte nur eine ungeduldige Bewegung. »Willst Du, Hansl?«

»Ja natürlich Mutter«, sagte er sogleich fest und der kräftige Ton klang übermäßig laut und hart durch die Stille nach der sanften Stimme der Kranken. »Wenn Du es willst, selbstverständlich.« Aber er sah sie dabei überrascht, befremdet, forschend an. Eine solche Bedeutung hatte man doch seiner studentischen Angelegenheit zu Hause nie beigemessen! Seine Kappe hatte wohl dem Geschäft im tschechischen Kundenkreis, besonders in unruhigen Zeiten, sehr geschadet, aber er hatte stets alle Einwände ohne sonderliche Mühe schmeichelnd niedergeredet, und da wirklich der Vorwurf der Charakterschwäche nicht leicht zu entkräften war, wenn man einem Erwerbsvorteil zuliebe seiner Gesinnung nicht vor aller Welt sichtbaren Ausdruck geben wollte, so hatten alle noch so nachdrücklichen Einsprüche und Gegengründe des Vaters nicht das richtige Mark. Und diese

Unfolgsamkeit erschütterte auch durchaus nicht die liebevolle Eintracht, die zärtliche Harmonie der kleinen Familie. Nur in gelegentlichen ironischen Seitenbemerkungen oder anzüglichen Blicken und Mienen bekämpften sich die verschiedenen Ansichten.

»Also Du tust es, mein Junge?«

»Heute noch!« sagte er und richtete sich auf, als wollte er schon gehen, »ich werde dann sogleich schreiben, und Du kannst den Brief lesen, wenn Du willst.« Er hielt den Einfall der Mutter wohl für eine Äußerung jener sich selbst unverständlichen krankhaften Überreizung und fiebrigen Unruhe, die krampfhaft nach einem Grund und nach Beruhigung sucht.

Irene aber war sehr blaß beworden, als die Mutter ihre Frage an Hans stellte. Sie ging wie schlafwandelnd zu dem Tischchen mit den Arzneien und erinnerte sich erst, als sie eines der Tropfgläschen schon in der Hand hielt, daß ja noch gar nicht die Stunde war, und stellte es wieder hin. Sie wußte besser, was die Mutter gemeint hatte und daß es nur eine Einleitung bedeutete. Die Mutter hörte auch wirklich nicht recht hin, was Hans sprach und antwortete ihm gar nicht. Sie sah nur Irene an, immerfort nur sie, sie fühlte es, mit einem angstvoll gespannten, beobachtenden, wartenden Blick. Nun würden wohl auch Hans und Vater bald begreifen, worum es sich handelte.

»Irene!« begann sie endlich leise, – es war dem Mädchen, als hätte sie den Anruf lange Minuten vorher schon genau in demselben Tonfall und Ausdruck im Innern gehört, – »Irene!« und die dünne blaue Hand der Kranken strebte nach dem braunen welligen Kopf, der sich jetzt zitternd und gesenkt ihrem Stuhl näherte und mit einem plötzlichen Ruck sich tief in die Decke auf ihrem Schoß eingrub: »Nicht, Mutter, nicht!«

Der Vater räusperte sich, der Bruder stand auf. Irene war es, obgleich er gar nicht hinzutrat, als fühlte sie seine Hand auf ihrer Schulter liegen. ›Was fällt ihr nur ein, die Mutter so aufzuregen!‹ dachten sie wohl beide erschreckt.

»Willst Du mir nicht auch etwas sagen?« flüsterte die Mutter aus zuckenden Lippen wie etwas Auswendiggelerntes, das sie nun nicht mehr zurückhalten konnte. Dann seufzte sie tief auf, ihr Mitleid überwog ihre drängende Sorge und sie sagte mit trübem ergebenen Lächeln: »Du willst nicht, daß wir davon sprechen, Irenko? No, also nicht.«

»Nein, nein, Mutter, es ist besser. Du hast recht.« Das Mädchen hob entschlossen das Gesicht, rückte sich auf dem Schemel zurecht und streichelte die Hände der Kranken: »Schau, Mutter, Du wirst mir doch nicht etwas abzwingen wollen, was ich gegen meine bessere Überzeugung, nur von dem einmal gegebenen Wort gelähmt, als schwere Fessel mein Lebtag verzweifelt mit mir herumschleppen müßte? Und ich kann Dir nichts sagen, was eine Lüge wäre. Ich will mich nicht loskaufen mit einem Betrug oder Selbstbetrug und es ginge ja zwischen uns auch gar nicht.«

»Der Vater, Irene«, sagte die Mutter und beugte sich hinab, damit nur sie es höre, »er bleibt so einsam und verlassen zurück und Du bist ihm alles, Kind! Du weißt es!«

»Mach' Dir deswegen keine Sorgen«, grollte der Vater mit tiefer Stimme dazwischen, die von verhaltenem Unmut zitterte.

Die Mutter lächelte ihm matt zu: »Und Deinetwegen, Irenko, denke doch! Du wirst dieser Arbeit unter der tropischen Sonne nicht gewachsen sein. Malaria und Trachom und wer weiß, was für Krankheiten noch dort sein sollen!«

Das Mädchen bildete sich in der Landwirtschaft aus und wollte später in eine der jüdischen Kolonien nach Palästina auswandern. Die erst lächelnd verwunderte, dann strenge und zuletzt flehentliche Einsprache der Eltern blieb vergeblich. Und die drückende Sorge, das verwöhnte, zärtlich gehegte Kind einer unsicheren unbekannten Zukunft in einem Lande mit fremdem Klima, neuen ungewohnten Lebensbedingungen und unberechenbaren Gefahren entgegengehen zu sehen, zerstörte die Seelenruhe der alternden Leute und vernichtete ihre festen Vorstellungen von dem ruhigen bürgerlichen Zukunftsglück des Mädchens, das ihnen als schönster, schwer errungener Preis ihres Lebens voll Arbeit nun schon völlig gesichert erschienen war.

»Wenn Du es dann einmal bereust und zurück willst, dann ist es zu spät! Das Leben, das man hier weggeworfen hat, an einer beliebigen Stelle wieder aufnehmen, vielleicht mit Mann und Kind, – das geht nicht!«

»Glaubst Du denn, daß ich kein Herz für den Vater habe?« fragte Irene mit zärtlichem Vorwurf ausweichend, »glaubst Du das wirklich? Nein, nein, ich weiß, das glaubst Du nicht! Wenn er mich brauchen sollte, werde ich ihn gewiß nie verlassen. Aber wenn ich nach London heiraten würde oder nach Genf oder nach New York, eine außerordentlich vorteilhafte Heirat mit einem Mann, wie Du Dir ihn nur wünschen kannst, würdest Du mich da auch beschwören, die nicht einzugehen? Und wie oft würde der Vater mich dort oder ich ihn hier jährlich besuchen? Glaubst Du wirklich, daß öfter? Jaffa ist auch nur vier oder fünf Tagesreisen weit von hier.«

Sie sprach so ruhig, als wäre es eines der gewöhnlichen Familiengespräche nach dem Abendessen, wenn der Vater sich mit der Zeitung in den Schaukelstuhl zurückzog, aber sie sah dabei zitternd und blaß vor sich auf die Hände der Mutter, die sie in den ihren hielt: »Sieh, Mütterchen, die Mutter Deiner Mutter und alle die andern Mütter vorher hätten sich von ihren Töchtern in die Hand schwören lassen, daß sie nie aufhören werden, für die Rückkehr in das Heilige Land zu beten und zu arbeiten und keinen Augenblick zu zögern, wenn es möglich werden sollte, und dann auch ihren Staub dahin mitnehmen. Und Du, Mutter, die Einzige in der Kette – «

Der Bruder stand jetzt unversehens neben Irene und faßte sie beim Handgelenk: »Also komm doch!« flüsterte er ungeduldig. Erschrocken sah das Mädchen auf. Das Gesicht der Mutter war müde zurückgesunken, die schweren Lider fast geschlossen. Die Pflegerin stand daneben, nickte ernst und deutete Irene an, daß Ruhe jetzt gut wäre.

»Das alles kommt mir nicht wichtig vor; nein, für uns gar nicht wichtig, Irene!« lallte die Mutter angestrengt und kaum verständlich, »aber sprich doch nur weiter! Warum hörst Du auf? Ich hör' Dich ganz gut! Sprich Dich nur aus! Ich werde Dir dann schon antworten.«

Der Bruder führte Irene hinaus. Der Vater ging hinter ihnen.

»Es strengt sie halt alles so an!« sagte Hans, da er die angstvollen Selbstvorwürfe in den Zügen des Mädchens sah, »bis wir dann wieder hineingehen, sprechen wir nicht mehr davon!«

»Wenn nur der Professor schon da wäre!« sagte der Vater verzweifelt, ging ins Vorzimmer hinaus und öffnete die Korridortür, um auf die Treppen hinabzusehen. Irene lehnte an der Fensterbrüstung im Erkerzimmer. Sie war hingetreten, um auf die Straße hinunter nach dem Wagen des Professors auszuschauen, aber sie hatte die Absicht vergessen. Sie suchte mit der Stirn ein kühles Fleckchen auf den Glasscheiben.

Der Bruder stand neben ihr: »Warum willst Du ihr nicht den Gefallen tun, Irene? – Du denkst, der Vater würde dich dann mit dem Versprechen binden? Und wenn selbst? – Ich weiß, Du hältst, in welcher Lage immer, Deine Ideale über alles, aber schau, mach' Dir einmal von dem angelesenen Zeug den Kopf frei! Angenommen selbst, wir sind wirklich noch ein Volk! Kann mit sentimentalen Pietätsträumen einer neu zu schaffenden gesunden Volkszukunft gedient sein? Hat Moses den Seinen gesagt: Das Land der Väter? Nein! Das Land, wo Milch und Honig fließt, das war der springende Punkt. Nicht weil Abraham, Isaak und Jakob dort lebten. Fließt heute Milch und Honig dort? Hieher nach dem kultursatten Europa oder vielleicht nach der Union drüben würde er jetzt weisen! Warum ziehen die Schweden, Russen, Italiener, Ungarn, Griechen aus Amerika nicht in ihre Heimat zurück, sondern werden drüben ein fremdes Volk ohne Schaden für sich und die Menschheit, wie es scheint?« Seine Stimme, in der man nur Kalauer, Spott und lustige Neckereien zu hören gewohnt war, hatte in dem lehrhaften, ernsten, ein wenig hochmütigen Ton etwas Unwahrscheinliches und Affektiertes. »Du wirst sagen, das Volkstum dieser ist daheim bewahrt; ein Kern und Zentrum ist da. Aber siehst Du, wenn man behauptet, daß wir uns bis heute als Volk erhielten, die zwei Tausend Jahre in der Fremde schadlos überdauerten, wäre das nicht ein Beweis, daß wir eine geistige Heimat haben, was viel wichtiger wäre?«

Sie sah eine sonnüberglühte weite Landschaft von Feldern und Orangengärten und einem Ölbaumhain am Horizont, in der Mitte ein lebenerfülltes Bauerngehöft mit dem Takt der Dreschflegel in den Scheunen und Tierstimmen in den Ställen. Übermütig trieben die Kinder mit jungen Mauleseln im Hof umher und ihr Jauchzen und Schreien und Lachen war – oh, vertrocknete Pergamentsilben der Gebetsprache aus schläfrigen Religionsstunden! – hier in eingeborenen Naturlauten Leben geworden! – Ein sonnbrauner Reiter kam eilig heran, der ihnen von Ferne schon scherzhaft drohte: Der Vater, der zu Mittag heimritt. Er brachte für die Mutter Proben der Ernte mit: Weintrauben, Oliven und Datteln.

»Mag übrigens Deine Überzeugung was immer bleiben«, Hans' Stimme hob sich ungeduldig, »gegenüber einer Mutter in einem solchen Augenblick!«

›Gerade in diesem Augenblick‹, dachte Irene bitter. ›Da ich sie und mich den unverrückbaren letzten Dingen näher fühlte, hätte ich es eher zu Wege bringen sollen, etwas leichtfertig zu verleugnen, was mir heilig ist? Etwas heuchlerisch mit den Lippen abzuschwören und mit dem Herzen festzuhalten? Ihr, die vor dem Austritt in die ewige Wahrheit war, wie einem kleinen Kinde, das noch nicht alles versteht, etwas einzureden?‹ – Hans würde sich taufen lassen, sobald die Mutter starb; der Karriere wegen. Und er tat sich wohl jetzt etwas darauf zugute, daß er diese Rücksicht auf ihre Frömmigkeit nahm. Es störte ihn nicht, daß er auf ihren Tod wartete. Und er fühlte nichts von der Hinterlist des Betrugs gegen die Ahnungslose, bis sie wehrlos und unempfindlich geworden.

Aus dem Vorzimmer hörte man jetzt, wie Vater den Professor und den Onkel begrüßte. Hans eilte hinaus.

›Sind diese letzten Stunden so grundverschieden von allen andern des Lebens?‹ dachte Irene. Wie weit war es denn bis dahin, daß auch sie so alt und elend dalag, bereit zu vergehen? Nun, hat ein Sterbender dem andern so viel voraus? – Dennoch! Eine dumpfe wachsende Schwere drückte sie nieder und ließ sie nicht atmen. Sie lauschte ins Zimmer hinein. – Sie hatte das Recht, sie hatte die Pflicht ihrer Tochter gegenüber, die einmal an ihrem Bett stehen würde, das, was sie für das Nötigste, das Wichtigste und Beste hielt, mit ihrem Leben voll Arbeit zu erringen. Aber würde sie es können? Nein, sie fühlte es. Sie würde es nicht über sich bringen. Immer wieder würde es einen Anlaß geben, sich bei dem Vater notwendig zu sehen. Die sonnüberglühte fremde Heimat mit den hebräischen Bauernkindern und dem naturfrohen Mann auf eigner Scholle wurde blasser und kleiner, verschwamm in unerreichbarer Ferne... Sie lauschte ins Zimmer hinein. Wie sonderbar laut diese Männer sprachen! Der Professor lachte jetzt.

Da riß Hans die Tür auf und stürmte jubelnd auf sie los: »Irene, Irene! Denk' Dir nur!«

»Aber was denn?«

»Was ich immer gesagt habe: Dr. Pockstein ist ein Esel! Die Mutter hat gar nichts mit der Niere! Und das mit dem Herzen ist eine Kleinigkeit. Die ganze Behandlung war verkehrt. Sie ist einfach unterernährt, blutarm und nervenschwach; aber von einer Gefahr kann gar keine Rede sein, wenn man eine vernünftige Behandlung einleitet. Und da hat man so lange keinen zweiten Arzt hinzugenommen, nur um das Hornvieh nicht zu beleidigen, mochte ich reden so viel ich wollte!«

Irene wollte an ihm vorbei ins Schlafzimmer.

»Aber, Irene, Irene, denk' nur!« Er umschlag sie und Tränen rannen ihm die Wangen hinab.

Der Vater trat jetzt aus der Tür, den Finger am Mund: »Pst! Was für ein Lärm? – Jetzt nicht hinein! Die Aufregung, die Freude hat sie sehr hergenommen. Er hat ihr eine Injektion gemacht, damit sie wieder ein paar Stunden schläft.«

»Es ist also wirklich wahr?« fragte Irene; sie brachte die Worte nicht heraus und hielt nur krampfhaft den Arm des Vaters fest, indem sie ihm ins Gesicht sah. Er streichelte sie lächelnd.

»Gut jetzt, daß Du Dich nicht hast herumkriegen lassen? Was?« lachte Hans.

Sie blickte ihn sehr blaß und verständnislos an. War sie nicht schon bereit gewesen, sich der Mutter zu opfern? Nicht schon am äußersten Rande ihrer Kraft gewesen? Sah ihr Leben leer und blutlos, alle Hoffnung verschüttet, und da eben – ein Schauer ferner, nie begreiflicher Zusammenhänge ergriff sie, als ob ein Wunder geschehen sei, als ob sie die Mutter und dadurch die Mutter sie gerettet habe. Sie lächelte scheu: Welche Märchenlogik der kindische Drang nach Verstehbarkeit in alles bringen konnte!

Johannes Urzidil

Der Kriegsausbruch in Prag

An dem strahlenden Sonntagnachmittag des 28. Juni 1914 saß ich im Botanischen Garten der Prager Deutschen Universität und studierte zusammen mit meiner geliebten Mitschülerin Lili Mathematik für die Reifeprüfung, die in genau elf Tagen meine achtjährige Schulzeit am »Kaiserlich-königlichen Staatsgymnasium mit deutscher Unterrichtssprache« in Prag-Neustadt, Graben, abschließen und mich zum Eintritt in die Universität befähigen sollte. Dieser Satz enthält bereits beiläufig alles, was mein damaliges Weltbild kennzeichnete: gutes Sommerwetter, tiefer Friede, erste Liebe, francisco-josephinisches Österreich und ein Prag mit deutschen Schulanstalten als Selbstverständlichkeit. Allerdings warteten im Hintergrund dieser – von der Mathematik abgesehen – beseligenden Jugendszenerie noch etliche andere Kulissen, die im Laufe der Entwicklungen das Bühnenbild der nächsten Akte jenes Dramas bestimmen sollten, dem wir beiden jungen Menschen an jenem Nachmittag bereits angehörten, ohne es zu wissen.

Hinter den liberalen Walzertraumdekorationen harrten bereits die düsteren Sofitten für die Wolfsschlucht tschechischen Mißvergnügens und im verdeckten Orchester der unbarmherzig synkopierte Hohn. Denn in der Nähe des kleinen botanischen Gartens, wo wir liebend lernten und lernend liebten, befand sich jene tschechische Kneipe, in der damals bereits Jaroslav Hašek aus- und einging und wo er die Heldentaten seines guten Soldaten Schwejk beginnen läßt. Wer Hašek war, wußte ich, denn schon vor meinem Abitur verkehrte ich (unerlaubtermaßen) im Café Arco und war nahe daran, meine ersten Gedichte in Pfemferts *Aktion* zu veröffentlichen. Meine literarischen Intentionen waren deutlich ausgerichtet. Wir, d.h. ich und meine schon mehr oder weniger berühmten Bekannten im »Arco«, schüttelten uns vor Lachen über Hanns Heinz Ewers, dessen *»Alraune«* sich damals in den bürgerlichen Schlafzimmern einnistete. Nicht einmal Tagore fanden wir besonders gut, trotz – und vielleicht gerade wegen – des ihm eben verliehenen Nobelpreises. Werfels *»Weltfreund«*, Kafkas *»Verwandlung«*

und *»Heizer«,* die Prosa Heinrich Manns (durchaus nicht die von Thomas), der »Blaue Reiter«, das war unsere Denkwelt. Es war die des eben ansetzenden Expressionismus. Wir verehrten die Russen, Ibsen und die großen Franzosen, den frühen Hauptmann, Picasso und Munch. Hofmannsthal, George und Rilke waren uns anbetungswürdige, aber überweltliche lyrische Gestirne. Unser Literaturwille richtete sich auf sehr unmittelbare Probleme und war rebellisch geschwängert mit einem Oppositionsgeist gegen jede Art von philiströsem Nationalismus und kleinbürgerlichem Patriotismus, er mochte nun von deutscher, tschechischer oder sonstwelcher Prägung sein. Alles Militärische erregte unseren Verdacht, ja Abscheu. Und so vermochten wir auch die politischen Aspirationen der Tschechen, insoweit sie nicht national-chauvinistisch waren, immerhin besser zu verstehen als die älteren Deutsch-Prager, ob es nun die liberalen »Kasino-Deutschen«, die überwiegend korpsstudentischen Sudetendeutschen oder die adlig-habsburgisch angehauchten Kleinseitener Deutschen waren. Unsere Art von Satire hatte einen höchst unpatriotischen Akzent. »Warum hat der österreichische Adler zwei Köpfe?« – Antwort: »Damit er den böhmischen Löwen, der zwei Schwänze hat, besser ...« usw.

Indessen am 28. Juni 1914 um drei Uhr nachmittags war ich dennoch davon durchdrungen, daß »Österreich ewig stehen« werde, wie es in der Volkshymne verkündet und von mir seit früher Kindheit viel hundertmal gesungen worden war, dieses Österreich, das wir bei aller Raunzerei im Grunde dennoch liebten und das selbst vom Standpunkt guter und bedachtsamer Tschechen hätte gegründet werden müssen, wenn es nicht bestanden hätte. Und wenn auch der Name des alten Kaisers Franz Joseph oft genug der tschechischen Malice ausgesetzt war, so hatte er doch bislang durch 66 Regierungsjahre seinen Untertanen mehr an aufbauendem Frieden zu bewahren verstanden, als sonst vielleicht ein Monarch jemals in der Geschichte. Aber die Begriffe »Monarch« und »Untertan« waren in den Ländern der böhmischen Krone schon seit dem Dreißigjährigen Krieg fragwürdig, vielleicht schon sogar seit hussitischen Zeiten, in jedem Fall für die Mehrzahl der tschechischen Landesbewohner.

Um fünf Uhr nachmittags an jenem Tage waren Lili und ich von der finkenschlagenden und goldammerdurchzwitscherten Gartenpracht und von unserem Eifer für Mathematik und Liebe genügend gesättigt. Wir verließen das botanische Gehege. Die abfallende Straße hinter dem Eisengatter lag verlassen da. Nur ein einzelner Mann näherte sich von oben her in einer für die sonntägliche böhmische Landeshauptstadt ungewöhnlichen Eile. Er hielt vor uns an und fragte auf Tschechisch: »Wissen Sie schon, was geschehen ist? Franz Ferdinand ist in Sarajewo von einem serbischen Studenten ermordet worden.« Wir standen verblüfft. Der Mann eilte weiter. »Warten Sie«, rief ich ihm nach. Aber er konnte nicht warten. Er war ja kein Mann, er war die Fama selber.

Ich muß heute genau aufpassen, um nicht in das, was ich in jenem Moment fühlte oder gar dachte, spätere Wahrnehmungen hineinzuprojizieren. Sicher ist, daß der Schock weit über das Persönliche des Mordes hinausging. Als Person war mir der Thronfolger gar nicht sympathisch und dies nicht nur mir. Weder die Tschechen, denen er übrigens günstig gesinnt war, die aber doch alle Habsburger ablehnten, noch die Deutschen, noch auch der Kaiser selbst hatten etwas für ihn übrig. Mord war damals eine immerhin seltene Sache. Aber in das Entsetzen, das jede Mordnachricht bewirkte, mischte sich plötzlich ein tiefes, nicht näher bestimmbares politisches Gruseln. Jenes hymnische »Österreich wird ewig stehen«, in dessen Haydn-Rhythmen wir uns eben noch unbewußt wie in einer behaglichen sommerlichen Hängematte gewiegt hatten, schien an der Hauptbindung gelockert. Ich müßte lügen, wollte ich behaupten, ich hätte damals schon befürchtet, es könnte reißen. Aber mir und meinem Mädchen war unheimlich genug zumute, um schweigend und ohne Umwege nach Hause zu gehen. Als ich meinen Vater, der eben im Begriff war, zu seinem Stammtisch ins »Deutsche Kasino« zu eilen, nach seiner Ansicht über das Ereignis fragte, sagte er bloß: »Du kümmer dich um deine Matura. Nachher gehst du an die Universität. Und wenn du absolviert hast, dann hast du Anspruch auf eine Staatsstellung mit Pension.« Er sagte »Anspruch«, denn er war überzeugt, daß sein Österreich, darin es im Grunde allen gut ging und wo es keine Arbeitslosen gab, ewig stehen würde.

Am 8. Juli bestand ich die Maturitätsprüfung. Für mich und auch für meinen Vater war dies selbstverständlich wichtiger als die eben erfolgte Solidaritätserklärung der Wilhelmstraße mit den Absichten des Grafen Berchtold gegen Serbien. Im Café Arco brummte der alte tschechische Sozialist Macek an unserem Tisch: »Das wird schlecht ausgehen, denn da wird sich Rußland hineinmischen.« Die Wiener Blätter schrieben von der »notwendigen Unschädlichmachung Serbiens für alle Zeiten« und dessen Aufteilung unter die übrigen Balkanstaaten. Unter den Tschechen herrschte Gewitterschwüle. »Jeder gute Österreicher«, so hieß es in einer Verlautbarung des Prager Bürgermeisters, »steht heute zu Kaiser und Reich.« Eine solche Kundmachung mußte man zu lesen verstehen. Da sich kein Tscheche (von sehr wenigen Ausnahmen abgesehen) für einen »guten Österreicher« hielt, wußte auch jeder, wozu er zu stehen hatte.

Unter der Devise »Österreich wird ewig stehen«, reiste mein Vater am 15. Juli in Urlaub nach Karlsbad, wohin ich ihn begleitete. Mitten im Wirbel der Weltpolitik hatte ich auch noch das Herz meiner Lili eingebüßt, die mit Auszeichnung maturiert hatte (ich nur mit Stimmeneinhelligkeit). Ihre Mathematik war immer besser gewesen als die meine. Von Karlsbad aus machte ich noch einen letzten Versuch und sandte der verlorenen Geliebten eine Schachtel duftender »Karlsbader Oblaten«. Daß ich jedoch vor der Absendung eine davon selbst begierig verzehrte und mich getröstet hatte, elf würden es auch tun, bewies, daß auch ich nicht mehr ganz bei der Sache war. Die Herzenskrise koinzidierte mit der des Vaterlandes.

Am Vormittag des 22. Juli, als ich die Oblatensendung am Karlsbader Hauptpostamt aufgab, zeigte der berühmte Weltkurort noch das übliche bewegte Bild. Amerikaner, Franzosen, Engländer, Russen (die immer besonders gern nach Karlsbad kamen) waren allenthalben zu sehen und zu hören, ein Publikum, wie es schon seit Goethes Karlsbader Aufenthalten den an sich kleinen Ort zu einer brillanten Weltstadt, auch zum Umschlagplatz des Geistes und der Politik gemacht hatte. Die luxuriösen Schaufenster waren voll mit kostbaren Waren. Man promenierte auf den Brunnenkolonnaden des Sprudel und Mühlbrunn, auf der eleganten »Alten Wiese« oder saß im Café Pupp zu Füßen des Goethe-Denkmals (Frage eines Ahnungslosen: »Wer ist das?« Antwort eines anderen: »Wer wird das schon sein? Der alte Pupp, natürlich.«) oder wanderte auf dem von Goethe oft begangenen Talweg zum Café Posthof, das nicht viel anders aussah als auf dem von ihm 1807 gezeichneten Bildchen.

Gegen Abend des 23. bemächtigte sich der Kurgäste ein etwas brenzliges Gefühl, als das Ultimatum Berchtolds an Serbien bekannt wurde. Man hörte, daß viele Russen zu packen begannen. Aber die Mehrzahl der Kurgäste stammte aus der Monarchie und aus Mitteleuropa und war überzeugt, Serbien würde sich dem österreichischen Druck beugen. Schließlich waren Österreich und Deutschland Schulter an Schulter in Treue fest zwei Giganten, mit denen ein kleines Ländchen (halb so groß wie Cuba) nicht anbinden könnte. Und so gebrauchte man weiter die Kur mit allen ihren Vergnüglichkeiten, zu denen am Nachmittag des 28. Juli – es war ein Dienstag – auch eine Wohltätigkeitsakademie im Garten des Kursaals gehörte, bei der ich mithielt, denn das Eintrittsgeld war gering und schloß auch noch einen Jausenkaffee mit ein. Ein Graf Kolowrat (von uraltem böhmischem Adel) leitete die Veranstaltung, und als Ehrengast war sogar die Erzherzogin Elisabeth erschienen, Enkelin des Kaisers (Tochter des tragisch zugrunde gegangenen Kronprinzen Rudolf). Die Militärkapelle spielte Weisen von Lehár, Waldteufel, Ziehrer und Josef Strauss (ich betone: Josef, denn noch habe ich von damals die einschmeichelnden Klänge des *»Dorfschwalbenwalzers«* im Ohr). Doch gab es noch andere Attraktionen, so Roda Roda, der mit eingekniffenem Monokel und roter Weste Schnurren erzählte (27 Jahre später erinnerte ich den Guten in New York an jene Veranstaltung); dann den Kammersänger Werner Alberti, der aus dem Abgrund seines mit vielen Orden gezierten Fracks Loewe-Balladen emporquellen ließ (»Und wenn sie leicht am Zügel zog, so klangen hell die Glöckelein«), und sogar eine Tombola gab es, bei der ein wunderhübsches französisches Mädchen, die neben ihren Eltern den Nachbartisch zierte, den Haupttreffer gewann. Es war ein echtes Perlenkollier, das ihr Graf Kolowrat einhändigte, der es gestiftet hatte. Sie jauchzte in allen Tonlagen lautersten Silbers immerzu *»Le grand prix, le grand prix«,* sie schien mir schön wie ein Mädchen aus einem Roman von Francis Jammes und in diesem Augenblick wichtiger als alle Ultimata und Botschafterkonferenzen. Sie wurde auch der Erzherzogin vorgestellt, die ihr eine glacéweißbedeckte unendlich lange Hand hinstreckte. Kurz, alles war noch in einen österreichischen Zauber getaucht, in eine liebenswürdige Melodik, die ich mit mir in den Abend weitertrug, darüber die Stunden rasch vergingen, wie sie eben über dem Dahinträumen von den holden Einzelheiten eines anmutigen und unerreichbaren Mädchens mit gräflicher Perlenschnur zu vergehen pflegen.

So brach die Nacht an, und ich wanderte absichtslos in der stillgewordenen Stadt umher. Auf der »Alten Wiese« wurde mein vages Gehen plötzlich durch eine Menschengruppe gehemmt, die pfeilerstarr und reglos den Eingang eines Tabak- und Zeitungsladens umringte. Meine Neugier drängte sich durch und fand an der Ladentür ein Telegrammblankett angeheftet:

»Krieg erklärt.«

Niemand sprach. Dann vernahm ich plötzlich drei einsame Worte:

»Gott sei Dank.«

Der das sagte, war ein österreichischer Oberleutnant. Er bemühte sich nicht, zu begründen, warum gerade Gott für diese Kriegserklärung so besonders zu danken sei. Was mag wohl aus ihm geworden sein? Ich weiß nur von dem Schicksal der Millionen, die auf Grund jener zwei Worte: »Krieg erklärt« in Tausenden von Waggons mit der Aufschrift »Für vierzig Mann oder sechs Pferde« an die Fronten geschafft wurden. Ich weiß nur, daß die drei Worte »Gott sei Dank« sich sehr bald in die viel zutreffenderen drei verwandelten: »Gott, hilf uns!« Ich weiß nur, daß der Krieg, der mit jenen zwei Worten begann, noch immer dauert, teils heiß, teils kalt, und daß die drei Worte »Gott, hilf uns« noch immer gelten. »Schnell stürzen die stürzenden Dinge«, sagte Seneca, und was er meinte, war nicht der sich beschleunigende Fall des Newtonschen Apfels, sondern die großen menschlichen Institutionen und die Reiche, die nur im Liede »ewig stehen« und mit dem Liede enden.

Wo die Linie des Geschichtsverlaufs die des persönlichen Schicksals überkreuzt, kann es für eine Sekunde lang unheimlich aufblitzen und dabei eine sonst unerschließbare Zukunft in jähe Helle getaucht sein. So hatte der Offizier mit seinem »Gott sei Dank« schlagartig einen Welt- und Daseinskonflikt bloßgelegt, daran die Menschheit noch heute laboriert.

Hermann Grab

Die Mondnacht

Soldaten lagen in den Schützengräben, in Rußland, in Rumänien und in Italien. Soldaten, so wußte man es, gaben ihr Blut, sie waren der Schutz, das Lebensmark der Monarchie, die jetzt im dritten Kriegsjahr stand. Ein junger Herrscher hatte den Thron bestiegen, man sah in den Lichtspielhäusern die Krönung in Ungarn, und die illustrierten Blätter zeigten ihn beim Besuch von Frontstellungen und im Gespräche mit der Mannschaft. Man sah Soldaten in den Straßen der Stadt, manche mit merkwürdigen Sprüngen und Bewegungen, andere waren erblindet, denn der Gaskrieg machte Fortschritte, und da in Wien ein privater Hilfsverein im Interesse der Unheilbaren unter den Kriegsbeschädigten gegründet worden war, hatte Frau Hofrat Klier einen glücklichen Gedanken: In der Hauptstadt unserer großen und bedeutenden Provinz sollte sich eine Zweigstelle konstituieren, die nötigen Mittel für den Anfang sollten durch ein Konzert, durch Kartenverkauf und Überzeichnungen zustande kommen.

Der Hofrat billigte den Plan. Es war seine Freude, die Frau in ihrer Tätigkeit so allgemein geschätzt zu sehen, in einer Tätigkeit, die sich jetzt in der großen Zeit so fruchtbar und so vielfältig entwickelt hatte, im Kriegsfürsorgeamt, im Vaterländischen Verein und an zwei Nachmittagen im Spital. Er war der treue Diener seines Staates. Jetzt hatte er sein geräumiges Zimmer im ersten Stock des Amtsgebäudes. »Mein Staat im Staate«, sagte er lächelnd, wenn ein Besucher den Perserteppich, die eingelegten Schränke, die Familienphotographien bemerkte. Im Frühjahr sah der Hofrat, wie die Bäume draußen auf dem kleinen Platz Knospen und grüne Blätter ansetzten: das Hupen eines Automobils, das Rasseln eines Wagens drang selten in die Stille dieser Gegend. Der Hofrat billigte namentlich die Absicht, die Gattin des Statthalters um das Protektorat über den Abend zu ersuchen, eine Vorsprache wurde durchgesetzt, die Not der Kriegsbeschädigten wurde bei dieser Gelegenheit der Exzellenz eindringlich ans Herz gelegt, und die Hofrätin kam befriedigt und höchst angeregt nach Hause.

Was aber das Programm des Abends anging, so hatte sie sich schon das ihre ausgedacht. Denn Frau von Zeisel, eine junge Nichte, vor kurzem ihrem Mann aus Graz in unsere Stadt gefolgt, hatte nicht nur den Liebreiz ihrer jungen Person, sondern auch ein gewisses Renommee als Sängerin mitgebracht. Schmeichelhafte Zeitungsnotizen aus der Heimatstadt, eine gelegentliche Mitwirkung in Wien bekräftigten den Ruf der jungen Frau, ja selbst von Verhandlungen mit verschiedenen Opernhäusern hatte man gesprochen. Das hofrätliche Ehepaar war kinderlos. Es war den jungen Leuten zugetan, die Hofrätin sah in dem Abend die glückliche Gelegenheit, ihre Sängerin gleich vor das auserwählte Publikum der Stadt zu bringen, das Publikum aber seinerseits mit einer liebenswürdigen Nichte zu erfreuen, und da sie noch im stillen hoffte, ihre geliebte Schwester werde bei einem solchen Anlaß die Reise nicht scheuen, so konnte sie nebst Wohltätigkeit und Konzert auch einer freudigen Familienreunion entgegensehen.

Das Damenkomitee, das bald zusammentrat, nahm die Ideen der Hofrätin Klier mit Wohlgefallen auf, man wußte, ihrer Tüchtigkeit und Umsicht konnte man vertrauen, man lobte den guten Zweck der Unternehmung, auch von der jungen Sängerin hatte man schon Erfreuliches gehört. Die Sitzung fand im Hause der Frau Körner statt, es wurde Tee mit kleinen Bäckereien angeboten, dann sprach man von dem restlichen Programm des Konzerts, man wollte eine gewisse Buntheit, ein gewisses Maß von Abwechslung nicht missen. Die Damen brachten dies und jenes vor, Frau Worlitschka ein heimisches Streichquartett. Frau Siegel eine Rezitationskünstlerin aus Reichenberg, man beriet und schließlich fand man eine Lösung. Der junge Zimmermann, ein Geiger, zwar nicht von Beruf, aber Amateur von bestem Schlag, seit einigen Wochen eingerückt, war, wie Frau von Neidhart wußte, in nächster Nähe stationiert, und da Frau Oberst Seidel meinte, ein kurzer Urlaub werde in Anbetracht des patriotischen Zwecks durchzusetzen sein, war die Entscheidung leicht. Was aber die pianistische Nummer anging, ohne die der Abend nicht gut denkbar war, kam man auch hier zu einer Lösung. Ein Meisterschüler oder eine Meisterschülerin des Staatlichen Konservatoriums war das gegebene, gewiß nur eine bescheidene Belastung des Budgets. So konnte man befriedigt auseinandergehen, das Datum des Konzerts – in der ersten Woche des April – war noch gerade günstig, das Protektorat der Fürstin an sich schon ein Erfolg, und was das Programm betraf, so konnte man sich von dem Auftreten der Frau von Zeisel, die Gesangskunst und Verwandtschaftsbeziehung so vorteilhaft verband, gewiß sehr viel versprechen, und auch die Wahl des Geigers war ein

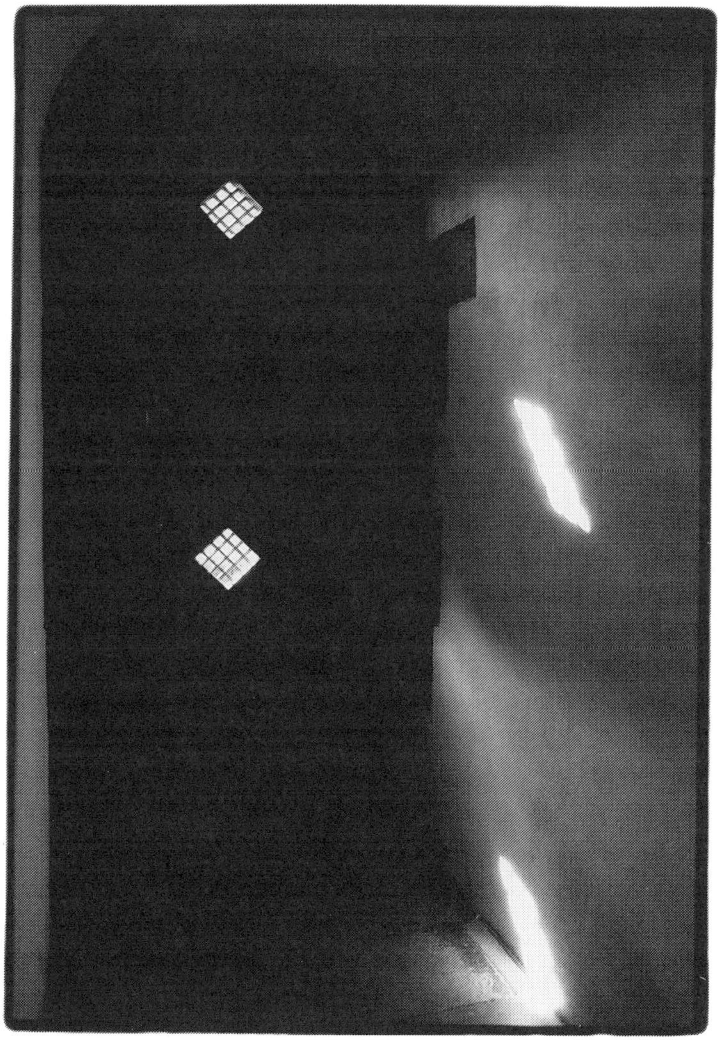

guter Griff. Man dachte an die Uniform, in der er auf dem Podium erscheinen, und in welcher er den Geist des Militärs so reizvoll und so zeitgemäß verkörpern würde.

Die Hofrätin, jetzt Präsidentin des Vereins, konnte in den nächsten Wochen von den Damen nur das Beste sagen, von Frau Körner, die das Amt der Kassiererin so gewissenhaft versah, von Frau von Greinz, die die Angelegenheit des Saales und der Dekoration betreute, und von Frau Siegel, die die Anzeigen in der Presse und die Ausstattung der Programme, kurz, die Domäne des Gedruckten, übernommen hatte. Und als der Abend kam, waren sämtliche Plätze vergeben, war der Saal – es war der große Saal des Deutschen Hauses – mit grünem Laub geschmückt und es standen auch zwei grüne Bäume in Behältern vor dem Hauptportal.

Nikolas Körner besuchte das Konzert mit seiner Mutter. Er stieg mit ihr über den Läufer die niedrigen und bequemen Treppen auf, er sah sie an, sah ihren dunklen seidigen Mantel, ihre glatte, ein wenig gepuderte Haut und ihre funkelnden Ohrgehänge.

»Ist das ihr jüngerer Sohn, der Gymnasiast?« fragte Frau von Neidhart.

»Ja«, sagte Frau Siegel, »sie beklagt sich über ihn, sie sagt, er ist ein Träumer.«

Jetzt, da sie über den Treppenläufer stiegen, sagte Frau Körner: »Sei freundlich, wenn wir der Hofrätin Klier begegnen.«

Aber die Hofrätin war sehr beschäftigt. Sie gab den Saaldienern Anweisung und überdies den jungen Mädchen, die weiß gekleidet an den Türen standen. Sie boten die Programme an, auch ihre langen Handschuhe waren weiß. Zwei von den Mädchen kamen auf Frau Körner zu, sie lächelten. Frau Körner schien sie zu erkennen. »Mimi Greinz«, sagte sie, »nicht wahr? und Marion, ihre Schwester.« Die Mädchen machten einen Knicks. Nikolas sah sie an, er sah, daß Marion groß und blond war, er sah ihre tiefliegenden Augen und spürte einen leisen Schwindel. »Das ist mein Sohn«, sagte Frau Körner. Die Mädchen blickten einander an.

Später, als sie auf ihren Plätzen saßen, sagte Frau Körner: »Das sind nette Mädchen, warum hast du nicht mit ihnen gesprochen?« »Was hätte ich ihnen sagen sollen?« fragte Nikolas. Seine Mutter lachte: »Ein Kavalier bist du gewiß nicht.« Er sah, daß Marion ein Programm verkaufte, sie knickste und lachte dann mit ihren Freundinnen.

Inzwischen füllte sich der Saal. Zwei große Spiegelscheiben waren in den Seitenwänden eingelassen, auch das Podium war mit Grün geschmückt.

»Das ist also das Wohltätigkeitskonzert«, dachte Frau Springer, als sie eintrat, »ich bin froh, daß ich hier gesehen werde.« Sie dachte an ihr dunkelrotes Abendkleid und ihre Perlenschnur, und sie sah, wie Damen und Herren, die sie nicht kannte, miteinander sprachen. Man sprach in kleinen Gruppen, man lehnte sich zur rückwärtigen Reihe, und manche Damen hielten ihre Fächer in Bewegung. Frau Springer bemerkte, wie ein alter Herr mit rosigem Gesicht und sehr gepflegtem Bart sie lange ansah, es war der Professor Weigel, und sie wußte nicht, daß er gerade seine Galle spürte und daß er hoffte, er werde nicht nach Hause gehen müssen, denn seine Frau hatte sich gewünscht, bei dem Konzert dabei zu sein. Dann kamen Herr und Frau von Hölty. Er lächelte nach allen Seiten, sein blonder englisch gestutzter Schnurrbart war mit ein wenig Grau vermischt, er hatte gerade einen neuen Staatsauftrag erhalten. Jetzt liefen die Fabriken in zwei Schichten, wie immer auch der Krieg entschieden würde, er hatte seine Industrien bedeutend ausgebaut.

Nikolas mußte aufstehen, denn Herr und Frau von Hölty saßen in der gleichen Reihe. Die Dame setzte sich neben seine Mutter, und sie fragte: »Ist das Ihr jüngerer Sohn? Was hören Sie vom anderen?« »Noch immer an der Isonzo-Front«, sagte Frau Körner, »und seit ein paar Wochen nur vorgedruckte Karten. Sie haben von diesen Karten gehört, nicht wahr? Ich bin gesund und es geht mir gut.«

Frau von Hölty nickte tief und schloß die Augen. Tat sie es, um mit größerer Sammlung an die Begebenheiten draußen an der Front zu denken, an die Toten, an die überfüllten Feldspitäler?

Jetzt waren fast alle Plätze besetzt, es war halb neun, und mit einem Mal verstummten die Gespräche. Die weißgekleideten Mädchen standen still, sie hielten die Programme, die sie nicht verkauft hatten, graziös an Ihre Brust, die Mitteltüre öffnete sich weit, der Fürst und die Fürstin traten in den Saal. Der Hofrat und seine Frau geleiteten sie an die Plätze, dann trat der Hofrat vor das Publikum.

Er räusperte sich zuerst, dann sagte er: »Durchlauchtigste Exzellenzen! Meine Damen und Herren! In dieser großen Zeit, da unser aller Gedanken bei Tag und Nacht dem teuren Vaterlande zugewandt sind, da jung und alt alle Kräfte vereinen, um den heimtückischen Feinden, die uns von allen Seiten bedrohen, siegreich zu begegnen, da wandern unsere Gedanken auch zu jenen heldenhaften Verteidigern des Vaterlandes, die eine dauernde körperliche Schädigung davongetragen haben.« Der Hofrat sprach dann von den Amputierten, von solchen, die das Augenlicht verloren hatten, er blickte gelegentlich in ein Manuskript und nahm seinen Knebelbart in eine Hand. Er sprach von großen Fortschritten, mit denen die neue Technik der Prothesen neue Möglichkeiten und neue Lebenshoffnungen ersprießen ließ. »Aber dennoch«, so fuhr er fort, »aber dennoch, wir haben noch immer alle Hände voll zu tun, wir haben zu geben und zu geben, die Not ruft noch immer zum Himmel.« Und er hielt inne und blickte in die Höhe, als könne er durch die Saaldecke hindurch in jenen Himmel sehen. Die Zuhörer sowie die Exzellenzen bewahrten eine bewegungslose Stille, und ebenso die weißen Mädchen, die jetzt auf einer gepolsterten Bank entlang der einen von den Spiegelscheiben saßen. Der Hofrat schloß mit einer Note der Zuversicht. Denn die Opferfreudigkeit des Hinterlands, so meinte er, sei ein würdiges Gegenspiel zu den großen Taten der Armeen. »Und indem wir jeder«, so sagte er, »auf unserem Platz stehen, blicken wir vertrauensvoll in eine große siegreiche Zukunft, und wir alle lassen den kräftigen Ruf erschallen: Hoch Österreich! Hoch das erhabene Kaiserhaus!« Das Publikum ließ den Ruf zwar nicht in Wirklichkeit erklingen, aber ein jeder applaudierte heftig, und die Fürstin, recht korpulent, tat dieses, indem sie ihre Arme in die Höhe hob und ihre Hände in raschen und kleinen Bewegungen gegeneinanderschlug.

Kaum hatte der Hofrat in der ersten Reihe Platz genommen und nach allen Seiten auf das freundlichste gedankt, stand schon Herr Zimmermann, der Geiger, auf dem Podium. Die Knöpfe seiner Uniform glänzten im Licht der Kronleuchter, er stimmte leise sein Instrument, dann setzte er es an, er zuckte mit dem Mund, der Militärkragen bereitete ihm Schwierigkeiten, dann blickte er auf den Begleiter, er war Kapellmeister des Theaters, obwohl er im Theater offenbar nur wenig oder gar nicht dirigierte. Herr Zimmermann spielte das Konzert von Mendelssohn, und die Hofrätin sagte sich, sein Ton sei von besonderer Süße. Die jungen Mädchen sahen auf das Podium, sie bemerkten, daß das Gesicht des Geigers stark gerötet war und daß er sich mit seinen Strichen sehr bemühte. Frau Professor Weigel hörte mit großem Interesse zu, und wenn einer von den hohen Tönen ihr nicht ganz rein erschien, dann dachte sie mit Verständnis an den Militärdienst, die Exerzierübungen im Morgengrauen, während ihr Gatte, der Professor, sich jetzt sagen konnte, daß die Schmerzen in der Gallengegend nachgelassen hatten und das ganze offenbar ein falscher Alarm gewesen war. Marion saß nicht weit von Nikolas. Er konnte sehen, wie ihre Gestalt durch das enganliegende Kleid hindurch erkennbar war, er sah die Linie ihres Halses, sah, wie sie atmete und wie ihr blondes Haar dort, wo es das Gesicht umrahmte, noch ein wenig heller war.

Aber hörte jemand dem Begleiter zu, der, während Herr Zimmermann geigte und seinen Oberkörper hin und her bewegte, beim Klavier saß und ohne Unterbrechung spielte? Es war gewiß nicht nötig, denn man konnte sich darauf verlassen: der Begleiter spielte gut. Frau Springer, im roten Abendkleid, lehnte sich zurück und zeigte ihr Profil in vorteilhafter Weise, und Herr von Hölty hatte plötzlich einen Einfall: der Garnvorrat für Hosenstoffe ließ sich für Militärmäntel viel günstiger verwerten. Frau Worlitschka, in einer der mittleren Reihen, sah, daß der Kritiker der Morgenzeitung sein Programm zur Hand nahm und einige Worte niederschrieb. »Hoffentlich schreibt er nichts Schlechtes«, dachte sie, »das wäre für unser Komitee nicht angenehm.« Journalisten, so pflegte ihr Mann zu sagen, sind gemein, sie machen es oft aus Absicht. Und während sie den Kritiker betrachtete, seinen Zwicker und sein blondes Bärtchen, dachte sie an die schlechte Bezahlung der Zeitungsleute, an die Artikel, die sie schrieben, um ihre mißmutigen Launen auszulassen, und an die Welt im allgemeinen, die voll Bosheit war.

Als nach Beendigung des Violinvortrages und nach einer kleinen Pause Frau von Zeisel, die Sängerin, das Podium betrat, ging ein bemerkbares Flüstern durch die Reihen. Sie war, das mußte zugegeben werden, erfreulich anzusehen. Ihre Gestalt war etwas rundlich, aber über ihrem cremefarbenen Spitzenkleid saß ein kleiner Kopf mit feingeschwungenem Mund und einem zarten Näschen. Die Augen blitzten. Herr von Hölty, in der dritten Reihe, konnte sich eines Lächelns nicht erwehren, der alte Baron Landis öffnete die Augen weit, und selbst der Oberst Seidel nickte.

Frau von Zeisel setzte an und ihre Stimme zitterte ein wenig. »Befangenheit«, dachte der Kritiker, »das kann sich geben.« Die Damen des Komitees sahen alle auf das Podium. »Eine reizende Stimme«, dachte Frau von Neidhart; »charmant«, sagte Frau Siegel zu sich selbst. Und als das zweite Lied zu Ende ging, dachte der Kritiker: »Kein auffallendes Material, aber gut geschult, sehr gute Diktion und durchaus musikalisch.« Er schrieb etwas auf sein Programm und Frau Worlitschka bemerkte das.

Frau von Zeisel sang eine Liedergruppe. »Schubert«, so dachte der Oberst Seidel, »das habe ich immer gesagt, das deutsche Lied, unsterbliche Melodien. Schubert und Mendelssohn sind meine Lieblingskomponisten.

Man sollte in Konzerte gehen. Warum gehe ich nie in Konzerte? Musik und Schönheit, das macht das Leben lebenswert. Beethoven war auch ein großer Komponist. Und Wagner. Nur zu schwer. Musik muß leicht sein, Melodien müssen das Herz ergreifen.«

Frau von Zeisel sang, nach jedem ihrer Lieder war der Beifall stark, die Hofrätin konnte sich sagen, sie habe recht gehabt, und während das Lied vom Frühlingstraum den vollbesetzten Saal durchklang, sagte sich der Hofrat, der Abend könne nur Gutes bringen, setzte der Oberst seine Überlegungen fort, saß Marion in der Reihe der anderen Mädchen, den Kopf zur Seite geneigt, ihren Mund ein wenig offenhaltend.

In der Pause kam Herr Wiesner, der Bankdirektor, auf Herrn von Hölty zu. »Unsere Krone ist heute in Zürich um zwanzig Punkte tiefer angeboten worden«, sagte er leise, »wohin wird uns das führen?« »Vorübergehende Schwäche«, sagte Herr von Hölty, und etwas lauter fügte er hinzu: »Ich habe vollstes Vertrauen in unsere Heeresleitung.« Er war auf Schwächen und Begebenheiten vorbereitet, die vielleicht das Vorstellungsvermögen des Bankdirektors überstiegen, und was den augenblicklichen Kurs betraf, so konnte er sich sagen, er habe sein Rohmaterial günstig eingekauft.

Unter den Personen, die jetzt die Plätze des Statthalters und seiner Frau umstanden, waren auch der Hofrat und die Hofrätin zu sehen. Nikolas ging in den Vorraum zu den jungen Mädchen. »Wie gefällt es Ihnen?« fragte er. In der Tat, er hatte Marion angesprochen. Er bemerkte eine kleine Unebenheit in der Haut an ihrer linken Wange. Sie war über die Frage erstaunt und nach einer Weile sagte sie: »Oh, es gefällt mir sehr gut.« Sie sah auf einen jungen Mann, der gerade auf sie zukam. Der junge Mann sagte etwas wie »Schönheit und Symphonie in Weiß«, und Marion lächelte. Nikolas aber blieb ganz nahe neben ihr stehen, er spürte das Parfüm, das von ihr ausging, während sie mit dem jungen Mann sprach und oftmals lachte. Und er dachte sich: »Wer weiß? Der Tag wird einmal kommen.« Sie aber sah zu dem anderen auf, denn er war noch etwas größer als sie selbst, und schließlich sagte Nikolas: »Entschuldigen Sie, bitte«, und ging in den Saal zurück. Er bemerkte noch, wie Marion, der junge Mann und ein anderes Mädchen, das mit ihnen stand, einander rasch ansahen und dann lachten.

Was immer Rätselhaftes Marion mit ihrer Freundin und dem unbekannten jungen Mann sprach, ihr Vater, der Fabrikant, sprach mit dem Oberst Seidel. Der Oberst erklärte ihm die militärische Lage und auch, warum der Endsieg sicher sei. »Die Entscheidung«, sagte er, »wird im Südosten fallen.

Wir haben Rumänien, und die Russen mit ihrer Umwälzung im Innern sind jetzt schwächer denn je. Im übrigen kommen bei uns neue Aushebungen.« Der Fabrikant hatte nicht so bald mit einer neuen Aushebung gerechnet und überlegte, ob es besser sei, auf seinen Rheumatismus oder auf wirtschaftliche Unentbehrlichkeit zu bauen. Aber während er solches und ähnliches erwog, kündete ein Glockenzeichen den Schluß der Pause an.

Frau von Zeisel erschien. Von viel Applaus empfangen, lächelte sie jetzt freundlich und warf den Kopf ein wenig zurück. Jetzt sang sie eine Schumann-Gruppe. »Nußbaum«, »Mit Rosen und Myrten«, dann kam das Lied »Die Mondnacht«. Es setzte mit einer kleinen Klaviereinleitung an und Nikolas horchte auf. Er hörte dann die Melodie und den Text vom Sternenhimmel und dem nächtlichen Land, das, wie er wußte, das Land der Liebe war. Er sah auf Marion, sie spielte mit einem kleinen Armband.

Frau von Zeisel sang drei weitere Schumann-Lieder, und da der Beifall stark war, kam es zu mehreren Zugaben. So wurde es spät, einige von den Zuhörern brachen auf, viele aber blieben, es folgte die Klaviernummer, eine Sonate von Chopin. Das Mädchen, das heraustrat und sich an den Flügel setzte, hieß Amalie Bronsky.

Die Hofrätin sah prüfend auf das schlecht geschneiderte Seidenkleid. Amalie Bronsky spielte kräftig, und bald konnte der Kritiker denken: »Talentiertes Mädel! Ja, richtig! Ich hab sie schon gehört, sehr talentiert! Aber wird sie es zu etwas bringen? Glück und Erfolg, wovon hängt das eigentlich ab? Es ist mir noch nicht gelungen, die Kombination von Voraussetzungen zu erforschen.«

Der Hofrat war damit beschäftigt, das Gespräch mit dem Statthalter in allen seinen Phasen im Gedächtnis wieder herzustellen, seine Ansicht über die subversiven Elemente und die Überwachung, die er für nötig hielt, hatte sicherlich den besten Eindruck hinterlassen. Marions Vater dachte an die neuen Assentierungen, Herr von Hölty berechnete den Baumwollpreis zum neuen Kronenkurs, Nikolas hatte für Chopin nichts übrig.

In einer der hinteren Reihen saß der Leiter der Klavierklassen, saß der Professor. »Bravo«, dachte er, »sie ist wirklich die geborene Konzertpianistin. Wie sie das Klavier anpackt, wie es glänzt, wie sie musikalisch atmet, wie ihre Phrasen singen! Dieses, ganz genau dieses, ist meine Vorstellung von Chopin, so habe ich sie unterrichtet. Amalie Bronsky, du hast mich verstanden und du kannst es geben, denn du hast alles, Kopf und Herz und gesegnete Finger!« Und in einem Anflug von Sentimentalität, der er sich jetzt in der zweiten Hälfte seiner Sechziger hin und wieder ausgesetzt sah, dachte er: »Amalie Bronsky, Gott beschütze dich!« In jedem seiner Augen stand eine Träne, die dicke Dame neben ihm bemerkte das und sagte sich: »O Gott, sein Herz! Wenn er sich nur nicht aufregt!«

In der Mitte der ersten Reihe, in nächster Nähe und sozusagen zu Füßen der Amalie Bronsky, saßen der Statthalter und seine Gattin. Der Statthalter saß unbeweglich, sein aufgezwirbelter Schnurrbart war schwarz, aber die Haut in seinem Gesicht war fahl, sie zeigte viele Furchen und ein paar winzige Löcher. Was bedeutete ihm das Klavierspiel, das er hörte? Führte es ihn vielleicht zurück in seine Jugendzeit, da auf den nachbarlichen Schlössern die jungen Mädchen den Abend mit Klavierspiel und Gesang verbrachten, da er, der reiche junge Kavalier, die Reise um die Erde antrat, da alles Glück und jede Möglichkeit der Welt ihm zu Gebote stand? Jetzt saß er hier, der Stellvertreter des Kaisers, gewissermaßen Landesvater in Person. Lag es nicht alles jetzt auf seinen Schultern, das Leben, Glück, die Hoffnung jedes Untertanen? War es nicht seine Sache, sich um alles zu bekümmern, die Sorgen und die Leiden eines jeden? Wieviel Anteilnahme, welches Maß von Hilfe konnte man von ihm erwarten? Konnte etwa Nikolas Körner damit rechnen, daß er, der Statthalter des Kaisers, in einem freundlichen Gespräch dem Mädchen Marion das Maß von Glück und Leidenschaft, das sie erwarten konnte, klarmachen und sie zutiefst erschüttern würde? War es nicht seine Pflicht, den Bruder des jungen Nikolas, den Bruder an der Isonzofront, in seinen landesväterlichen Schutz zu nehmen? Nicht seine Pflicht, zumindest gegenüber einer Mutter, die bloß zwei Reihen hinter ihm saß und die trotz Komitee, Konzert und trotz Amalie Bronsky nur einen einzigen Gedanken hatte? Die Sorgen eines Statthalters sind mannigfaltig. Was dachte er in dieser Stunde? Gewiß nicht an den Knaben Nikolas und nicht einmal an seinen älteren Bruder. Was plante, überlegte er? War er ein Mitglied oder etwa gar ein Hauptbeteiligter der Gruppe, in deren Namen der Prinz Sixtus jetzt in Paris verhandelte und die Bedingungen des Separatfriedens besprach? Erwartete er nach der Rückkehr vom Konzert die Nachricht, die den Wendepunkt der Weltgeschichte ankündigen, die neue Morgenröte für das Reich bedeuten würde, dessen Ende er bis vor kurzem noch mit Sicherheit vorausberechnet hatte? Oder war es alles anders? Glaubte der Fürst an Deutschland und an Nibelungentreue? War es sein Ernst, wenn er von der Moral des Durchhaltens und der Glorie des Endsiegs sprach? Verfolgte er mit Pech und Schwefel was sich widersetzte? Hatte er des Hofrats Ansichten mit Wohlgefallen angehört? Oder saß er am Ende jetzt und lächelte im stillen über den Eifer und die beschränkten Fassungskräfte seines Schreibers? Wer weiß? Wer kannte die Gedanken, die ihm kamen? Wer weiß, ob es überhaupt sehr viel Gedanken waren? Wer konnte es auch von der Dame wissen, die zu seiner Rechten saß? Sie trug einen Anhänger mit einem großen Smaragd. Ihre Brust war mächtig, an einem Kettchen hing eine silberne Lorgnette. Sie atmete schwer, und jedesmal, wenn sich ihr Brustkorb hob, stießen die Lorgnette und der Edelstein zusammen. Ein dünner Klang, ein leises Glockenzeichen war darum von einigen Plätzen aus trotz dem Klavierspiel der Amalie Bronsky in gleichmäßigen Abständen zu hören.

Das Konzert war beendet, die Hofrätin wurde beglückwünscht, der Hofrat wartete schon, man ging nach Hause. Herr und Frau von Zeisel gingen mit, ebenso auch Frau von Zeisels Mutter, die in der Tat aus Graz gekommen war, man besprach das Konzert, es war ein freundliches Beisammensein, und falls der Hofrat und die Hofrätin es überhaupt bedachten, so mußten sie sich sagen, daß das Leben hin und wieder Erfüllungen bereitet.

Der Kritiker ging in die Redaktion. Da er den Konzertsaal verließ und auf die Straße kam, fand er den Abend warm. Er hatte nur die Absicht, ein kurzes Referat zu schreiben, und er beschloß, zu Fuß zu gehen. Er ging am alten Pulverturm vorbei, durch die gewundene Gasse, in der für die Straßenbahn nur ein Geleise lag, vorbei an den bekannten Portalen mit den großen Karyatiden, nur hier und dort war ein Fenster erleuchtet, er hörte den Widerhall seiner eigenen Schritte. Auch der große Ringplatz war leer, die Stunde war schon vorgerückt und überdies war man im Krieg. Ja, es war Krieg! Krieg an den nördlichen, östlichen und südlichen Grenzen und Krieg im Westen. Der Kritiker, dessen Amt es war, den Maßstab für das Künstlerische hochzuhalten, der die Regel, das Ideal vertrat, er hatte gewiß auch seinen Maßstab für das Menschliche im allgemeinen, sein Ideal für das Zusammenleben aller. Gemessen nun an diesem Maßstab, was war der Krieg? Wie konnte sich ein Kritiker zum Weltgeschehen äußern? Er hatte seine Direktiven. Die deutsche Kultur, die Musik von Bach, von Beethoven und Wagner, die edelste Blüte menschlichen Geistes war in diesem Krieg bedroht. Was aber das Konzertleben betraf, so mußte man es fördern, es stärkte die Moral des Hinterlandes.

Der Kritiker betrat die Redaktionskanzlei. Im Vorzimmer fand er eine

Gruppe von Kollegen. »Na also, da haben wir es«, sagte der Chefredakteurstellvertreter, »der amerikanische Präsident tritt morgen vor den Kongreß, und er verlangt die Kriegserklärung.« Der Kritiker erschrak. Gewiß, er hatte die Entwicklung längst vorausgesagt, und über die Worte der Schreier, der Patrioten konnte er nur lächeln. Und dennoch blieb sein Herz jetzt einen Augenblick lang stehen, sei es, weil angesichts des überseeischen Kolosses ihn plötzlich eine Furcht ergriff, eine Furcht vor Not und unbestimmtem Untergang, sei es, weil die Worte, die wir um uns hören und die wir selbst gebrauchen, dennoch Macht gewinnen und sich in einem Teilstück unseres Denksystems verankern.

»Werden wir die Nachricht bringen?« fragte der Kritiker. »Nein«, sagte ein anderer Redakteur, »aber die Order lautet: Publikum vorbereiten.« Der Kritiker ging in sein Zimmer. Er drehte die Lampe mit dem grünen Glasschirm an, er las einen Brief, dann nahm er ein Blatt Papier und schrieb:

»Unter dem Protektorat Ihrer Durchlaucht der Fürstin Reiffenstein fand gestern im Spiegelsaal des Deutschen Hauses ein Wohltätigkeitskonzert statt. Das Erträgnis des erfolgreichen und stark besuchten Abends ist dem Gründungsfonds eines neu konstituierten Vereines zugedacht, dem Hilfsverein für Kriegsbeschädigte. Den edlen Zweck des Unternehmens, das unter dem Präsidium der Frau Anna Klier ins Leben gerufen wurde, hat der Gatte der Präsidentin, Hofrat Alois Klier, in einleitenden Worten anschaulich und überzeugend dargelegt.«

Hier hielt er inne, er nahm eine Zigarette, er hörte aus dem Nebenzimmer das Diktat des Leitartikels. »Was können unsere Feinde hoffen? Die russische Armee ist daran, in Nichts zu zerfallen, die Moral der italienischen und der französischen Armeen hat einen unerahnten Tiefpunkt erreicht. Daß die Engländer nur bis zum letzten Franzosen kämpfen werden, ist bekannt. Bleibt noch Amerika. Amerika ist an sich als wirtschaftlicher Faktor nicht zu unterschätzen. Aber was hilft Amerikas Reichtum, da der so energisch und umsichtig geführte U-Boot-Krieg jede Verbindung zu unsren Feinden endgültig abgeschnitten hat? Wird Amerika noch weiterhin die Troglodyten des Ozeans mit Kriegsmaterial versorgen? Sollten nun die Kriegshetzer in Washington die Oberhand gewinnen und die Vereinigten Staaten tatsächlich zu einer formellen Kriegserklärung treiben, was würde das bedeuten? Praktisch gesprochen, gar nichts. Die Materialien würden nicht weniger torpediert, eine amerikanische Armee gibt es nicht, und sollten die Amerikaner auch ein paar Soldaten auf die Beine bringen, dann würden eben diese armen Teufel mitsamt den Kanonen und Geschossen in die Tiefe des Ozeans wandern müssen. Eine amerikanische Kriegserklärung kann nichts als eine leere Geste sein.«

Der Kritiker schrieb weiter: »Das Programm des Abends brachte erfreuliche Solistenleistungen. Herr Bernhard Zimmermann, in der Uniform eines Einjährig-Freiwilligen der Artillerie, spielte, von Kapellmeister Otto Schwarz begleitet, das Violinkonzert von Mendelssohn. Er spielte es mit Fertigkeit und mit Geschmack. Bemerkenswert waren die Liedvorträge der Frau Alberta von Zeisel. Hier haben wir eine Sängerin von wirklicher Kultur, stärker in der plastischen Gestaltung als im rein Emotionellen, stärker in Schubert als in Schumann, aber immer sehr gerundet und höchst musikalisch. Besondere Anerkennung verdient Amalie Bronsky. Sie spielte die höchst schwierige h-Moll-Sonate von Chopin mit echter Verve, mit unfehlbarer Sicherheit und mit melodischem Zauber.« Er zögerte einen Augenblick, dann fügte er hinzu: »Den Namen Amalie Bronsky muß man sich merken.«

Nikolas kam mit seiner Mutter nach Hause. Im Schlafzimmer, in einem Fauteuil saß der Papa. »Schlecht gelaunt«, dachte Nikolas.

»Es ist spät, du mußt schlafen gehen«, sagte der Vater, und Nikolas ging in sein Zimmer.

»Was ist geschehen?« fragte Frau Körner. Sie erkannte, daß ihr Mann nicht sprechen wollte. »Ich sehe, ich kann es nicht verheimlichen«, sagte er und reichte ihr einen Brief. Er fügte noch hinzu: »Vom Obersten seines Regiments, ein Urlauber hat ihn gebracht.« Sie las die Worte: »als Beispiel von Pflichterfüllung und Heldentum, betrauert von seinen Vorgesetzten und von seinen Kameraden«, und ließ das Schreiben sinken.

Nikolas, am anderen Ende der Wohnung, ging in seinem Zimmer auf und ab. Schließlich öffnete er die geheime Lade, er nahm sein Tagebuch heraus und schrieb: »Dieses Datum, der 5. April 1917, ist ein entscheidendes in meinem Leben. Ich habe ein Konzert besucht, von dem ich nichts erwartete. Aber ich bin einem Mädchen begegnet, und die Augen, in die ich sah, haben mir die Welt eröffnet. Jetzt erst verstehe ich, was die Dichter, das heißt, die wirklichen Dichter, und die Musiker, das heißt, die wirklichen Musiker, singen: das Leben, die Welt der Frau. Ich habe ein Lied gehört, »Die Mondnacht« von Schumann, und wie Schuppen fiel es mir von meinen Augen. Ich fühle es ganz wie der Komponist, der sehnsuchtsvoll an die Geliebte denkt, und der seinen Traum in Melodien umsetzt und in Harmonien, die uns entführen. O Schönheit! O Leben! O du Geliebte!« Er schloß das Schulheft schnell und sperrte es wieder in die Lade.

Dann ging er ins Nebenzimmer, er öffnete den Notenschrank und legte den Band mit Schumann-Liedern aufs Klavier. Das Lied »Die Mondnacht« war schwer zu spielen. Er sah vier Kreuze vorgezeichnet. Er spielte nur die Melodie, was ohnehin besser war, da er so ganz leise spielen konnte und die Eltern das gewiß nicht hörten.

Er ging dann ans Fenster und öffnete es. Der Wind war lau. »Ja«, dachte er, »das ist der Frühling.« Vor den Fenstern lag der Park. Am Rande der Hauptallee brannte eine Gaslaterne. Zwei Soldaten gingen durch den Park zum Bahnhof. Nikolas tat einen tiefen Atemzug.

F. C. Weiskopf

Der Traum des Friseurs Cimbura

Kleinbürger ist einer,
der in etwas hineingeschickt wird.
Maxim Gorki

1

Jedesmal, wenn Ladislaus Cimbura darüber nachdachte, wie er sich später einmal das Leben einrichten würde, kam ihm sein Vater selig in den Sinn.

Der galt als »alter Gauner, aber anständiger Kerl«, als einer von denen, die sich das Butterbrot immer auf beiden Seiten geschmiert haben.

Er arbeitete wenig, hatte niemals Sorgen, wußte mit jedem und allem richtig umzugehen, fand aus jeder Klemme einen Ausweg und verstand es, immer noch ein paar Sechser für ein allerletztes Bierchen und eine allerletzte Virginiazigarre aufzutreiben.

Mit einem Wort, er hatte die Kunst weg, sich »drin« richtig zu bewegen.

Drin – das war das Leben.

In seiner Jugend hatte er, im Jahre achtundsiebzig, die bosnische Okkupation mitgemacht. Als »Längerdienender Unteroffizier« bei der Sanität. Vor Dolni Tuzla war er von einem scheu gewordenen Maultier abgeworfen worden und hatte sich bei dem Sturz leicht am Hinterkopf verletzt.

Auf Grund dieser Verwundung bewarb er sich nach Beendigung des Feldzuges als Veteran und Invalide um eine Stellung im Staatsdienste und erhielt den Posten eines Schwimmeisters in der k. u. k. Militärbade- und Schwimmanstalt am alten Klettensteg in Prag.

Seither unterrichtete er während der wärmeren Jahreszeit die (bis auf weiteres) zum Besuche der Militärschwimmschule zugelassene Zivilbevölkerung im Schwimmen und Biertrinken »auf militärisches Kommando«. Nebenbei vermietete er Kähne und Paddelboote, sogenannte Seelentränker, rettete Ertrinkende und barg Ertrunkene. Die Rettungen brachten selten mehr ein als ein schäbiges Trinkgeld, verhinderte Selbstmordversuche zumeist gar nichts; für die Wasserleichen hingegen bezog er von der Flußpolizei einen Bergelohn von zwanzig Kronen pro Stück. Die Kähne vermietete er zu zwei Sechsern die Stunde, der ganze Tag kostete einen Gulden.

Im Winter bewachte Vater Cimbura die aufgestapelten Balken des an Land gebrachten Schwimmschulfloßes, besserte Boote aus und trank statt Bier Rum.

Nicht einmal mit dem Sterben hatte er große Plage. Der Tod ereilte ihn plötzlich; bevor er auch nur »Schuster« sagen konnte, war er hinüber.

Das kam so:

Eines Abends fischte Cimbura, schon im Weggehen, zwei Ertrunkene auf, Selbstmörder, die mit aufeinandergefesselten Armen ins Wasser gesprungen waren. Offenbar ein unglückliches Liebespaar.

Da es schon zu spät war, um noch zur Flußpolizei hinüberzurudern, band Cimbura die beiden Wasserleichen bis zum Morgen an einem Balken des Schwimmfloßes fest.

Dann ging er, wie allabendlich, in die Bierwirtschaft »Zum Montag«, wo er Stammgast war.

Er blieb diesmal etwas länger als gewöhnlich, weil er in Erwartung des doppelten Bergelohnes auf Vorschuß eine doppelte Zeche machte.

Als er wegging, war es schon nach Mitternacht, aber er machte doch den gewohnten Umweg an der Schwimmschule vorbei, um nachzusehen, ob dort alles in Ordnung sei.

Leider mußte er, als er sich über den Floßrand beugte, feststellen, daß jemand den Strick durchschnitten hatte, mit dem die zwei Leichen festgebunden waren!

Bei dieser Entdeckung traf den rüstigen Sechziger, dem jedermann noch fünfzehn oder zwanzig Lebensjahre gegeben hätte, jählings der Schlag.

Als Mitglied des Veteranenvereins und ehemaliger Kriegsteilnehmer wurde er mit allen militärischen Ehren bestattet, und sein Begräbnis war, was man eine »schöne Leich« nennt.

Er hinterließ eine Frau und zwei Kinder: den vierzehnjährigen Ladislaus und die doppelt so alte Lidunka.

Eigentlich war der Junge gar nicht sein Sohn, aber das nahm man in der Familie nicht so genau – dafür war wieder die Tochter nicht von Frau Cimbura.

Frau und Tochter konnten ungestört ihr bisheriges Leben fortsetzen: die eine verkaufte, wie schon zu Lebzeiten ihres Gatten, im Sommer »ausgelüftete Zuckerl« in den öffentlichen Anlagen und winters heiße Maroni in den Vorstadtstraßen; die andere erwartete in sicherer Stellung (bei der Post) ein Kind und die Ehe mit einem Zuckerbäcker, der nur auf das Abkratzen seines Großvaters lauerte, um sich selbständig zu machen und zu heiraten.

Cimbura junior dagegen wurde durch den Tod des Alten ganz aus dem Geleise geworfen.

Bisher hatte er dem Vater auf der Schwimmschule geholfen. Er brachte die Ruder aus dem Verschlag, in dem sie aufbewahrt wurden; er kettete die Kähne und Paddelboote los; er kontrollierte die Zeit, die jedes vermietete Boot draußen war. Nebenher bewachte er das Brett mit den Kabinenschlüsseln der Stammkundschaft und bereitete sich auch anderweitig auf seinen künftigen Beruf vor.

Leider hatte der Nachfolger des Vaters selbst einen Sohn, dem er die Schwimmeisterlaufbahn sichern wollte.

Außerdem erklärte er, Cimbura senior habe die Boote, die er vermietete, nie selbst besessen, sondern nur vom Fiskus gepachtet, und der Fiskus denke natürlich nicht daran, die Pacht jemand anderem als ihm, dem Schwimmeister, zu überlassen.

So fiel auch der Plan des Jungen, einen Bootsverleih zu eröffnen, ins Wasser.

Er kam in die Lehre zu einem Friseur.

Dieser Beruf wurde auf Anraten des Zuckerbäckers gewählt, der auf Grund seiner Lebenserfahrungen die Ansicht vertrat, daß nur solche Berufe einige Sicherheit für die Zukunft bieten, die »entweder mit der Liebe oder mit dem Magen etwas zu tun« haben.

Der Friseurberuf gehörte seiner Meinung nach zu den ersteren.

2

Ladislaus wurde Lehrling bei Herrn Wenzel Wejrostek, einem Vereinsbruder seines verstorbenen Vaters. Herr Wejrostek war Inhaber des Pariser Hygienischen Friseursalons auf dem Ziegenplatz in der Altstadt, »Spezialität: Korkzieherlocken für Bälle und Gesellschaften«.

Bei ihm lernte er, was so zum Handwerk gehört.

Zuerst einmal: Zigaretten holen; rasch um ein kleines Bier springen; verschiedene Gänge für die Kunden, den Chef und die Gehilfen besorgen.

Dann: fegen, Holz klein machen, einheizen.

Dann: richtig grüßen, wenn ein Kunde eintritt. Zum Beispiel: »Habediehre, Herr Rat! Gehorsamer Diener! Belieben Platz zu nehmen – Euer Wohlgeboren sind gleich an der Reihe!« Oder: »Kompliment, Herr Inspektor! Ergebenen guten Morgen! Verehrung! Hochachtung!«

Dann: einen Winterrock hübsch bequem hinhalten, damit der Kunde eins-zwei in die Ärmel hineinfindet; mit der Linken unter den Winterrock greifen und das Jackett zurechtzupfen; schließlich mit drei eleganten Bürstenstrichen über Schultern und Rücken fahren.

Dann: Kämme, Bürsten, Scheren reinigen und Rasiermesser abziehen.

Dann: kunstgerecht Einseifen und schließlich Haarschneiden und Rasieren.

Haarschneiden lernte er abends, nach Ladenschluß, an den Hausmeisterbuben, deren Vätern es nichts ausmachte, wenn ihre Söhne Stufen ins Haar geschnitten bekamen; dafür wurden sie selbst um den halben Preis rasiert.

Im Rasieren übte er sich an »besser aussehenden« Bettlern, denen man einen Sechser gab und sagte: »Und nachher, so um elfe, wenn keine Kunden da sind, kommen Sie noch einmal vorbei, Onkel – dann kann Ihnen der Junge da den Bart wegmachen...«

Ganz zuletzt wurde er in die Kunst des Anpreisens von Pomade, Haarwasser und anderen Schönheitsmitteln eingeführt. Diesen Unterricht erteilte ihm Herr Wejrostek persönlich: »Mit dem Anpreisen ist es nicht ganz einfach. Man muß da sehr geschickt sein. So ein Kunde ist oft wie ein krankes Kind, das darf auch nicht merken, daß es Medizin schlucken soll! Darum immer vorsichtig! Nicht einfach über den Mann herfallen, sondern zuerst einmal herausbekommen, was er ist und so. Und dann erst die Sache einfädeln! Ganz nebenbei nur, daß er's im Anfang gar nicht merkt! Verstanden?«

»Jawohl, Herr Wejrostek!«

»Soo-o? Dann können wir ja gleich mal eine kleine Probe machen – los!«

Und Ladislaus mußte sich in Positur stellen und Herrn Wejrostek, der einen vornehmen, unbekannten Kunden mimte, eine Flasche »Portugal mit Fettgehalt« oder eine Dose Nußölpomade »Old England« andrehen.

Herr Wejrostek spielte den vornehmen Unbekannten mit vollendeter Vornehmheit.

Hätte er es nicht selbst immer wieder betont, es wäre niemand auf den Gedanken gekommen, daß der Inhaber des Pariser Hygienischen Friseursalons, Obmann des Veteranenvereines und Beisitzer der Gewerbekammer, sich zu seiner jetzigen Stellung aus den kleinsten Verhältnissen emporgearbeitet hatte.

»Aus eigener Kraft!« vergaß er niemals hinzuzufügen, denn er war für »freie Bahn dem Tüchtigen«, kurz: amerikanischen Unternehmungsgeist.

In seiner Jugend wäre er beinahe »hinüber« ausgewandert; leider irrte er sich damals im Schiff und wurde infolgedessen nicht in New York, sondern in Ragusa aus seinem Versteck hervorgeholt.

Er blieb in Europa. Amerikanischer Unternehmungsgeist konnte sich auch hier betätigen. Er wurde zuerst Assistent eines Wunderheilkundigen, mit dem er von Jahrmarkt zu Jahrmarkt zog; dann eine Zeitlang Gehilfe eines südmährischen Nachtwächters, der im Nebenberuf »mit dem Faden« Zähne zog und Krampfadern kurierte, und lernte schließlich das Friseurhandwerk. Bei einem Dorfbarbier in der Slowakei, der seine Bauern noch mit Hilfe des Holzapfels rasierte, den jeder Kunde in den Mund bekam, damit sich die Wangenhaut richtig straffte.

Jetzt allerdings merkte man ihm diese Vergangenheit nicht an.

Jetzt ließ er seinen Sohn studieren und hatte ein hübsches Vermögen auf der Bank.

Ladislaus bewunderte ihn sehr.

Wenn er schon nicht Schwimmeister werden konnte, wie sein Vater selig, so wollte er es unbedingt zu etwas Ähnlichem bringen wie Herr Wejrostek.

Er lernte eifrig und machte gute Fortschritte.

Wer weiß, vielleicht konnte er... Der junge Herr Wejrostek würde ohnehin niemals das väterliche Geschäft übernehmen wollen... Und dann, Herr

Wejrostek war ja ein Vereinsbruder des Vaters gewesen, da war es nicht ausgeschlossen ... Also kurz und gut, es konnte durchaus geschehen, daß er selbst einmal Inhaber des Pariser Hygienischen Friseursalons wurde.

Er sah sich bereits im eleganten Chefkittel (gelb, nicht weiß, wie die der Gehilfen) durch den Laden tänzeln und die Stammkunden begrüßen.

Diese wiegenden Schritte, diese runden Handbewegungen mußte er noch lernen! Überhaupt das ganze weltmännische Benehmen!

»Ja, das kann er«, sagte Frau Wejrostek immer, »besonders bei Frauen. Es braucht bloß so ein Flitscherl hereinzukommen, und er weiß sich trotz seiner einundfünfzig Jahre in gewisser Beziehung immer noch zu benehmen!« Sie kam nicht gerade sehr häufig in den Salon, aber jedesmal, wenn sie kam, ärgerte sie sich von neuem über die Abteilung für Damenkundschaft.

»Ja, das kann er! – Bei mir allerdings nicht. Nämlich!« setzte sie dann jedesmal gereizt hinzu.

Worauf Herr Wejrostek regelmäßig erwiderte:

»Ach geh, das verstehst du nicht; das gehört zum Geschäft. Soll ich vielleicht die Fräulein von der Kastullusgasse zur Konkurrenz gehen lassen? Aber du hast eben keinen Horizont!«

Leider hatte auch eines der Fräulein aus der Kastullusgasse keinen Horizont und schüttete Herrn Wejrostek aus Eifersucht einen halben Liter Vitriol ins Gesicht. Das kostete Herrn Wejrostek beide Augen und die Ehrenstellung bei der Gewerbekammer und im Veteranenverein. Auch den Pariser Hygienischen Friseursalon mußte er aufgeben. Er verkaufte ihn an einen entfernten Verwandten und zog aufs Land.

Cimbura hatte damals gerade ausgelernt. Der neue Chef gefiel ihm nicht. Dieser Chef kündigte!

3

Verwöhnt durch die Vornehmheit, die im Pariser Hygienischen Salon geherrscht hatte, fiel es Ladislaus nicht leicht, eine passende neue Stellung zu finden.

Endlich, nach langem Suchen, entdeckte er etwas halbwegs Annehmbares.

Er las es in der Zeitung:

»Altrenommiertes Unternehmen in bester Stadtgegend, Tuchmachergasse, sucht anstelligen, jungen Gehilfen, erste Kraft, vertraut mit allen einschlägigen Verrichtungen.«

Tüchtigen Bewerbern mit guten Zeugnissen und bescheidenen Ansprüchen bot sich Aussicht auf eine Dauerstellung.

Cimbura ging in die Tuchmachergasse und stellte sich vor. Im ersten Augenblick gefiel es ihm ganz gut, freilich – als er sich näher umsah – merkte er den Unterschied zwischen Ziegenplatz und Tuchmachergasse. Zwar war alles sauber, gediegen und in Ordnung: die Tischplatten aus Marmor, die Spiegelrahmen aus Nußholz, die Kunden honett – aber es fehlte doch etwas... etwas...

Mit einem Wort: das hier war ein Laden und kein Salon. Von Paris und der Hygiene gar nicht zu reden! Schaum und Stoppeln wurden einfach auf den Handrücken gestrichen statt auf einen Patent-Schaumabstreifer, und eine Spezialität etwa in der Art der Korkzieherlocken gab es überhaupt nicht. (Das Fehlen dieser Spezialität war Cimbura übrigens nur recht – seit dem Vorfall mit dem Vitriol hegte er ein starkes Mißtrauen gegen Kundschaften aus den Reihen des schönen Geschlechts.)

Konnte man aber die beiden Etablissements noch zur Not miteinander vergleichen, so ging das bei den Chefs ganz und gar nicht.

Der aus der Tuchmachergasse war klein, unansehnlich, noch nicht dreißig Jahre alt und von unsicherer Hast in den Bewegungen. Überdies war er rothaarig.

Seine Freunde nannten ihn »kleine Paprika«. Mit dem richtigen Namen hieß er Vinzenz Kalivoda.

Cimbura gefiel ihm gut.

Er gefiel Cimbura zwar weniger gut... aber wie sagte Schwester Lidkas Zuckerbäcker, mit dem Ladislaus sich beriet, bevor er den Posten annahm?

»Na ja, sie sind eben alle das gleiche Gesindel, die Chefs, verlaß dich darauf! Aber den Kopf wird's schon nicht kosten, und verheiratet bist du ja mit dem Posten nicht.«

Das war ein Trugschluß.

Kaum fünf Monate später war Ladislaus mit dem Posten verheiratet.

Auf dem Weg über Amalie, die zweite Tochter des Herrn Pazourek, dem ehemals das Friseurgeschäft in der Tuchmachergasse gehört hatte und dessen Name – in kleinen Lettern und mit einem Kreuz hinter dem Endbuchstaben – noch auf dem Firmenschild stand:

Vinzenz Kalivoda
vormals Emanuel Pazourek †
Raseur, Friseur und
geprüfter Perückenmacher

Cimbura war mit dieser Tochter einmal unvorsichtigerweise beim Kaffee allein im Hinterzimmer geblieben, und da war es geschehen.

Das heißt – geschehen war eigentlich nichts.

Die Tochter war reizlos und wie verwaschen und Ladislaus bei aller Jugend sehr vorsichtig und jedem Abenteuer abgeneigt. Aber sie waren nun einmal allein im Zimmer, und die Situation verlangte gewissermaßen, daß etwas geschehe. Auch wollte Ladislaus um nichts in der Welt für unhöflich oder unerfahren gelten.

Er erhob sich also und trat an Amalie heran.

Die Mutter, verwitwete Pazourek, erschien im richtigen Augenblick.

Zwar hatte sich Cimbura an das Mädchen eben nur angelehnt, aber schon das genügte der Witwe.

Sie hatte Erfahrung in solchen Fällen und wußte genau, wie sich zu benehmen, hatte sie doch vor nicht ganz zwei Jahren ihre ältere Tochter unter ähnlichen Umständen an den Mann gebracht. An Kalivoda. Der hatte zwar auf den Laden gespitzt und war deshalb etwas weitergegangen als Ladislaus, aber die größere Zurückhaltung Cimburas störte die Witwe nicht. Sie pflanzte sich drohend vor ihm auf und sagte langsam, als seihe sie jedes Wort durch die falschen Zähne:

»Also sooo einer sind Sie! Da schau mal an! Einem jungen Mädchen... und noch dazu im Hause der Mutter... Na, was sagt man dazu!«

Cimbura sagte nichts dazu.

Er hob nur die Hand und machte eine Bewegung, als wolle er eine Fliege fangen, von der er aber im vorhinein wußte, daß sie davonfliegen würde.

Dann ließ er die Hand sinken und kicherte blöd.

»Was gibt's da zu lachen?« schrie die Witwe. »Auch das noch!... Aber da sind Sie bei mir an die Falsche geraten, mein Bester! Wissen Sie, was jetzt wird, junger Mann? Geheiratet wird, und zwar dalli! Still, ich will nichts mehr hören!«

Cimbura war ein anderer Mensch als beispielsweise Lidkas Zuckerbäkker.

Der hatte zwar inzwischen endlich seinen Großvater beerbt – aber Lidka hatte er einfach sitzenlassen.

»Weißt du, wenn das Mädchen nicht älter geworden wär«, sagte er zu Ladislaus in aller Freundschaft, »hätte ich sie ruhig bei mir behalten, sie ist nämlich sonst ein guter Charakter.«

Er war es nicht. Cimbura aber glich seiner Schwester. Cimbura heiratete Amalie.

4

Cimbura war kein Adonis. Er hatte wäßrig-blaue Augen, bräunliches Haar, eine stumpfe Nase, große Ohren und außer Sommersprossen und Plattfüßen keinerlei besondere Merkmale.

Cimbura war kein Adonis, aber er hätte ohne Zweifel eine Frau finden können, die etwas mehr vorstellte als Amalie.

Amalie war nämlich dürftig geraten. Nach dem Vater. »Der war auch immer wie ausgespuckt«, sagte man in der Familie, »ein rechtes Krepierl.«

Er hatte es auf der Lunge gehabt und war mit kaum fünfundvierzig hinüber. Jetzt lag er unter Efeu und Farnkraut und wurde von seiner Frau begossen. (Er hatte ihr schon immer Mühe gemacht!)

Gott sei Dank glich ihm Amalie nur äußerlich; sie hatte nichts auf der Lunge und war auch sonst ein durch und durch brauchbarer Mensch.

Dafür hatte ihre Mutter gesorgt; die war anders gebaut als ihr Seliger – in jeder Beziehung! Wenn sie vormittags über den Obstmarkt ging, um einzuholen, riefen die Gassenjungen ihr nach: »Gnädige, lassen Sie es sich tragen!« Dabei hielten sie sich die Hände vor die Brust und machten zittrige Bewegungen, als ob sie etwas Schwabbliges trügen.

Sie riefen es von weitem und rissen gleich aus, denn die Witwe war nicht schüchtern und friedlich wie ihr Verblichener, den man gefahrlos

»Armes Aaas,
beißt du bald ins Gras?«

nachsingen durfte; der Witwe saßen die Ohrfeigen locker in der Hand.

Sie war energisch. Wenn's drauf ankam – und es kam immer drauf an! – ging sie mit dem Kopf durch die Wand.

Sie war zu Hause der Herr und im Geschäft der Chef. Kalivoda war es nur auf dem Firmenschild. An der Kasse saß *sie*. Selbst die Trinkgelder mußten verrechnet werden.

Über Dinge und Menschen hatte sie ihre festen Ansichten:

»Zeitungen liest man nicht; sie sind ein Schwindel, es steht sowieso jeden Tag etwas anderes drin.«

»Kinder erzieht man mit der Hand, das nützt der Gesundheit.«

»Männer gehören knappgehalten, sonst werden sie üppig.«

Amalie war eine gelehrige Schülerin ihrer Mutter. Cimbura merkte das in seiner Ehe:

Zeitungen gab es nicht.

Das Kind, ein schwächlicher Siebenmonatsbalg, genoß die Erziehung mit der Hand.

Er selbst wurde äußerst knappgehalten: bei Tisch, mit dem Taschengeld und auch sonst.

Das »sonst« störte ihn nicht allzusehr; er war enthaltsam in solchen Belangen – aber das schlechte Essen ging ihm nahe.

Er liebte Fettes, Grieben zum Beispiel oder Schweinsbraten und dazu ein Pilsner. Aber das waren Genüsse, die es bei ihm zu Hause nicht gab. Man mußte sie sich hintenherum beschaffen.

Den Weg dazu zeigte ihm Kalivoda; er nahm den Schwager zu seinen Vereinsabenden mit.

»Es sind immer eine Menge Leute dort«, sagte er zu der Schwiegermutter, »ein paar von ihnen kann man sicher als Kunden bekommen. Cimbura soll mit und lernen, wie man das anfängt. Man muß sein Gärtchen begießen, sonst kommt man nicht weiter.«

Das leuchtete ein. Cimbura wurde zu den Vereinsabenden mitgeschickt: dienstags zu den Vorstandssitzungen des »Gegenseitigen Unterstützungsvereins mit Sterbegeldkasse Hoffnung« und freitags zu den Übungsabenden des »Ersten Altstädter bürgerlichen Männerchors Lyra«.

Beide Vereine tagten in der Gastwirtschaft »Zum Marienbild«, gegenüber dem Staatsbahnhof.

Es gab in dieser Gastwirtschaft ein berühmtes hausgemachtes Rauchfleisch, saftig und mürbe, dabei doch genügend durchwachsen. Cimbura hätte davon jedesmal drei Portionen gegessen; leider reichte sein Geld meistens nicht einmal für eine einzige. Er war gezwungen, einen schwachen Magen vorzutäuschen, während er dasaß und den andern beim Essen zusah.

Ab und zu hielt ihn Kalivoda frei, aber die schwägerliche Freigebigkeit ging nie über zwei Paar Würstchen und ein kleines Helles hinaus. Dabei fraß die kleine Paprika selbst wie ein Drescher und trank zu jedem Bier einen kleinen Sliwowitz. Weiß der Teufel, wo der Kerl das viele Geld hernahm! Wahrscheinlich beschwindelte er die Schwiegermutter bei der Verrechnung der Einnahmen während der Vormittagsstunden, in denen sie nicht an der Kasse saß; aber das konnte unmöglich so viel ausmachen, denn die Witwe wählte zu ihren Besorgungen die schwächste Geschäftszeit. Offenbar hatte Kalivoda noch andere Einnahmequellen. Aber welche? Von ihm selbst war nichts zu erfahren, er zuckte nur vielsagend mit den Achseln, wenn Ladislaus eine Andeutung machte und meinte:

»Ja, mein Lieber, man muß sich eben kümmern! Ohne Kümmern kommt man zu nichts, verstehst du?«

Ladislaus verstand nicht ganz, aber er kümmerte sich. Er tat es heimlich und vorsichtig (denn Amalie und die Schwiegermutter durften nichts ahnen); aber er kümmerte sich zäh und gewissenhaft.

Leider ohne Erfolg. Er kam zu nichts.

Schon war er ganz entmutigt, da bot sich unvermutet eine Gelegenheit. Ladislaus griff mit beiden Händen zu. Das heißt – eigentlich griff sie nach ihm. In Gestalt von Herrn Würfel, einem Stammkunden des Friseurladens.

Der fragte Cimbura eines Tages beim Einseifen:

»Sagen Sie mal, Herr Cimbura, Sie suchen doch einen Nebenverdienst, wie?«

Ladislaus erschrak. Er erschrak über diese Frage so sehr, daß er Herrn Würfel mit dem Rasierpinsel in den Mund fuhr. Wie konnte der Mann wissen, daß er...? War er vielleicht unvorsichtig gewesen? Er schielte zu der Kasse hinüber, aber die Witwe nestelte gerade an einem widerspenstigen Fischbein ihres Blusenkragens herum.

Da erst stotterte er: »Sie wissen? Wo... woher wissen Sie...?«

Herr Würfel lächelte. Dann sagte er mit zurechtweisender Nachsicht und amtlicher Freundlichkeit in der Stimme:

»Aber Herr Cimbura!... Wer sonst sollte es wissen, wenn nicht wir?«

Er war bei der Staatspolizei, Zivilagent dritter Klasse im Außendienst –

aber sonst ein ganz anständiger Mensch. Er genoß Vorzugspreise und ließ sich dreimal in der Woche rasieren, sonnabends auch mit »Kölnisch echt« nachwaschen. Ab und zu kaufte er für seine »ernste Bekanntschaft« Zweikronen-Toilettenseife und für eigenen Gebrauch Mundparfüm Marke »Peppermint Aromatic«. Kalivoda tat sehr dick mit ihm, doch tuschelten die nächsten Bekannten und Freunde, daß die Beziehungen zwischen den beiden mehr geschäftlicher als freundschaftlicher Natur seien (daher wohl die Nebeneinnahmen der kleinen Paprika?), aber Bestimmtes wußte man nicht darüber.

Herr Würfel war von Amts wegen gewohnt, rasch und energisch zu handeln; durchzugreifen, ohne Rücksicht auf Widerspruch oder Widerstand von seiten der betroffenen »Elemente«.

Er war auch jetzt, da er dem verdatterten Cimbura kurz und bestimmt eröffnete, daß er für ihn bereits einen Nebenverdienst gefunden habe, einen idealen Nebenverdienst, den einzig möglichen Nebenverdienst, er war auch jetzt fest entschlossen, keinerlei Widerspruch oder Widerstand zu dulden.

Aber Cimbura dachte gar nicht daran zu widersprechen. Cimbura dachte überhaupt an nichts. Er war noch immer vor den Kopf geschlagen und hörte sich stur und ergeben alles an, was der andere da vor ihm herunterschnurrte.

Es sei eine Gelegenheit, wie sie nie wiederkehre. Eine Nebenbeschäftigung, wie geschaffen für Cimbura. Bei einer prima Firma. Würfel kenne den Chef persönlich. Ein goldener Mensch. Aber das nur nebenbei. Hauptsache seien die Bedingungen. Und von denen lasse sich nur sagen: Alle Wetter, Hochachtung! Wenig zu tun, gute Bezahlung, kinderleichte Arbeit. Viermal oder fünfmal im Monat ein kleiner Spaziergang durch die Stadt, das sei alles.

»Und dafür bekommt man – na, was glauben Sie, daß man dafür bekommt? – Mindestens dreieinhalb Gulden im Monat; bescheiden gerechnet! Und was sagen Sie dazu, Herr Cimbura? Feine Sache, wie? Finden Sie nicht auch, daß Sie ein mordsmäßiges Glück haben? Ich habe nämlich schon zugesagt. In Ihrem Namen. Sie können gleich morgen …«

Da wagte Ladislaus die erste Einwendung. Er duckte sich, als ob er im nächsten Augenblick einen kalten Guß erwartete, und sagte: »Ja, aber …«

Weiter kam er nicht, denn Herr Würfel, sichtlich ungehalten über diese Unterbrechung, fuhr scharf dazwischen: »Was denn?«

Cimbura duckte sich noch mehr, aber er setzte den angefangenen Satz fort:

»... ich kann doch nicht ...«

»Was können Sie nicht?«

»Ich kann doch nicht ... ich meine, ich muß doch ...«

»Was müssen Sie? Kein Mensch muß müssen! Was sind das überhaupt für Sprünge, Herr Cimbura? Ich verstehe Sie nicht. Was können Sie nicht? Was müssen Sie?«

»... ja, ich müßte doch ... also gewissermaßen ... ich meine, ich müßte doch zuerst wissen, was für eine Arbeit müßte ich doch ...«

»Ach, Unsinn, Herr Cimbura! Wer wird denn so kleinlich sein? Lassen Sie sich doch ruhig überraschen; Sie werden es nicht bereuen.«

5

Schon am nächsten Tage hatte Cimbura, was er wollte: einen soliden Nebenverdienst. Als Aushilfsleichenbestatter bei der Firma »Marianum, christliches Beerdigungsunternehmen – Särge, Exhumierungen, Überführungen, Begräbnisse in allen Preislagen«.

Als Aushilfsleichenbestatter hatte er höchstens einmal in der Woche zu tun – bei Leichenbegängnissen erster Klasse und bei Galabegräbnissen, wenn mehr als vier Fackel- und Kranzträger benötigt wurden. Er erhielt pro Begräbnis neunzig Kreuzer Lohn, zwölf Kreuzer Straßenbahnfahrgeld und einen Trinkgeldanteil, im ganzen einen Gulden zwanzig bis einen Gulden fünfzig.

Dank einer besonderen Abmachung genoß er die Vergünstigung, nicht an Begräbnissen mitwirken zu müssen, die in der Tuchmachergasse oder in der Nähe stattfanden.

Es war eine Nebenbeschäftigung, wie er sie sich nicht besser wünschen konnte: leicht, einträglich und gut vereinbar mit dem Hauptberuf. Vor allem ließ sie sich ausüben, ohne daß Frau und Schwiegermutter davon Wind bekamen. Einmal in der Woche fand sich immer ein glaubwürdiger Vorwand, um auf eine »kleine Stunde« zu verschwinden.

Kalivoda, ins Vertrauen gezogen, half ihm dabei. Gegen eine kleine Gewinnbeteiligung, versteht sich.

Sobald draußen der Signalpfiff des Laufburschen vom »Marianum« ertönte, sagte Kalivoda zu seinem Schwager:

»Was mir gerade einfällt, Ladislaus: geh, schau doch mal bei den Seifenfritzen nach, warum sie uns noch immer nicht die Rasiercreme liefern; es ist schon ein Skandal, wie lange das dauert.«

Oder:

»Wenn du mit dem Herrn da fertig bist, mußt du zu Oberbaurats hinüberspringen; ich glaube, der alte Herr will sich heute zu Hause rasieren lassen.«

Cimbura verduftete dann immer so schnell wie möglich, traf an der nächsten Straßenecke den Laufburschen und erfuhr von ihm die Adresse des Trauerhauses, von dem der Leichenzug ausging.

Hierauf begab er sich – es war alles aufs beste organisiert! – in die Toilette des nahegelegenen Staatsbahnhofs, wo er von der Abortfrau, einer Tante des Laufburschen, den Schlüssel zu einer Retirade erster Klasse in Empfang nahm, dazu das Paket mit seiner Leichenbestatteruniform: silberbetreßter Rock, Hosen mit breiten Biesen und schwarzsilberner Zweimaster (bei Galabegräbnissen mit Helmbusch).

Zehn Minuten später fuhr er schon zum Trauerhaus, wo er seine Kollegen und die Musik um den Leichenwagen versammelt fand.

Man wartete noch ein Weilchen, bis Hochwürden erschien, brachte dann den Sarg aus der Wohnung herunter und setzte sich endlich unter den Klängen von

»Ach Gott, ach Gott, ach Gott!
Ist schon wieder einer tot!
Tschiribum, bum, bum!«

langsam in Bewegung.

An der Grenze des »Weichbildes« angelangt, machte man halt. Die Musik spielte noch einmal

»Um stil-les Bei-leid
Wird ge-be-ten.
Tschiribum, bum, bum!«

Dann wurden die Kränze auf den Sarg gelegt, die vier ständigen Leichenbestatter kletterten auf Bock und Rücksitze des Leichenwagens, Hochwürden und die nächsten Verwandten und Freunde nahmen in den Droschken und Fiakern Platz, worauf die Wagenkolonne davonrollte. Die Zurückbleibenden – Aushilfsleichenbestatter, Musikanten, Schutzleute, Trauergäste und Neugierige – machten kehrt und marschierten, während die Kapelle einen beliebten Marsch oder ein bekanntes Lied spielte, beschwingten Schrittes in die innere Stadt zurück.

Zu seinem größten Leidwesen konnte sich Cimbura an diesen schönen Rückmärschen nie beteiligen. Er hatte keine Zeit. Kaum war er seinen Kranz oder seine Fackel los, sprang er auf eine Straßenbahn und sauste dem Staatsbahnhof zu. Bei der vorvorletzten Haltestelle öffnete er den Rockkragen, bei der vorletzten knöpfte er die Hosenträger los. Das Umkleiden dauerte keine fünf Minuten. Die Abortfrau hatte das »Zivilzeug« immer schon vorsorglich zurechtgelegt, er brauchte nur hineinzufahren. Dafür gab er ihr, so gut es die paar Minuten erlaubten, über die Kabinenwand hinweg einen gedrängten Bericht von der »heutigen Leich«, ob und wie viele weißgekleidete Jungfrauen dagewesen waren, welcher Pfarrer mitkam, ob viel geweint wurde und so weiter.

In die Tuchmachergasse begab er sich ohne Hast, fast schlendernd.

»Nun, Ladislaus?«

»Ach, der alte Oberbaurat hat mich wieder einmal versetzt. Erst läßt er mich eine geschlagene Stunde warten, und dann kommt er heraus und sagt, ich soll doch lieber abends kommen.«

Es ging alles wie am Schnürchen.

6

Für Cimbura begann jetzt ein Leben, wie er es sich immer gewünscht hatte.

Auch in seiner Tasche klimperten (allerdings nicht sehr laut) die Gulden; auch er konnte im »Marienbild« einhauen wie ein Drescher und brauchte nicht mehr einen schwachen Magen vorzutäuschen; auch neben seinem Bierglas stand ein kleiner Sliwowitz.

Nur dauerte die Herrlichkeit nicht lange.

Es gab auf einmal einen Knacks, und alles hatte ein Ende: der kleine Sliwowitz, das gute Essen, die Vereinsabende, der Nebenverdienst.

Nicht, daß die Schwiegermutter hinter seine Schliche gekommen wäre und ihre Hand auf das geheime Nebeneinkommen gelegt hätte; nicht, daß das christliche Beerdigungsunternehmen über Nacht zusammengebrochen wäre; nein, das Unglück kam von ganz anderer Seite. Das Unglück kam vom Krieg.

Der war nämlich, entgegen allen Voraussagen der Witwe Pazourek, doch ausgebrochen. Die hatte bis zum letzten Augenblick Gift darauf nehmen wollen, daß es nicht losgehen werde; was die Leute da von Serbien und Rußland und dem Ultimatum redeten, das hatten sie aus der Zeitung, und was in der Zeitung stand, war bekanntlich ein Schwindel, Punktum!

Als es dann aber doch so kam, wie die Zeitungen geschrieben hatten, empfand das die Witwe als persönliche Beleidigung. Aus Rache dafür zeigte sie dem Krieg und allem, was drum und dran war, die kalte Schulter. Dieser dreckige Krieg war für sie nicht da. Sie übersah ihn einfach. Er imponierte ihr nicht!

Um so mehr ihrem ersten Schwiegersohn, Herrn Kalivoda.

Sein Interesse für den Krieg war ein durchaus wohlwollendes. Schon deshalb, weil er dank seiner Hühnerbrust und seinem viel zu kleinen Wuchs »Staatskrüppel« war und daher nicht einrücken mußte; dann aber – und das war der Hauptgrund –, weil seine Geschäfte noch niemals so glänzend gegangen waren. Im Laden gab ihm der Krieg an Kunden in Uniform wieder, was er an Kunden in Zivil nahm, und »nebenher« hatte er überhaupt so viel zu tun wie nie zuvor. Herr Würfel überhäufte ihn mit Aufträgen. Fast jeder zweite Mensch war verdächtig, jeder dritte oder vierte ein »subversives Element«. Sie alle mußten beobachtet und überwacht werden.

Einen Augenblick lang dachte Kalivoda daran, seinen Schwager zu dieser Arbeit heranzuziehen, doch gab er den Gedanken sogleich wieder auf. Nein, dazu war Ladislaus nicht schlau genug. Leichen bestatten, ja, dazu langte es bei ihm gerade noch, aber lebendige Menschen überwachen, das verlangte denn doch ein wenig mehr Grips! Schade, der Junge hätte dabei eine hübsche Stange Geld verdienen können. Übrigens mußte jetzt auch das Leichenbestatten viel rentabler werden. Natürlich! Selbstverständlich!

Aber ob Ladislaus diese günstige Gelegenheit sah?

Er sah sie nicht. Kalivoda mußte ihn erst mit der Nase daraufstoßen. Er sagte zu ihm:

»Du, Ladislaus, paßt du auch gut auf, ob für dich nichts zu machen ist, jetzt, wo wir Krieg haben? Ein Krieg ist nicht so ohne, sag ich dir, da läßt sich für unsereins schon was herausschlagen. Man muß sich nur dazuhalten... zum Beispiel bei deinen Begräbnissen...«

»Bei den Begräbnissen? Wie meinst du das? Ich versteh nicht recht...«

Herrgott, war dieser Ladislaus begriffsstutzig! Alles mußte er zweimal erklärt bekommen. Kalivoda war froh, daß er ihn nicht zu der Arbeit für Würfel herangezogen hatte. Da wäre ja was Schönes herausgekommen, na, danke!

Er erklärte Cimbura die Sache mit den Begräbnissen: So und so... im Kriege starben doch die Leute schneller und häufiger, nicht wahr... und dabei gab es doch weniger Leichenbestatter als im Frieden, weil so viele eingezogen waren... da konnte man doch Lohnaufbesserung verlangen oder zur Konkurrenz gehen!

Endlich schien Cimbura zu begreifen.

Ob ihm die Sache jetzt klar sei?

Jawohl, das sei sie. Kalivoda habe wirklich immer die besten Gedanken. Wie er das nur anstelle? Ein feiner Kopf! Immer treffe er das Richtige...

Diesmal traf er es allerdings nicht.

Diesmal irrte er sich.

Zwar vermehrten sich die Begräbnisse wirklich sehr beträchtlich, aber dieser Zuwachs brachte Cimbura gar nichts ein – es waren alles Militärbegräbnisse, bei denen ausschließlich Soldaten als Leichenbestatter verwendet wurden. Und später, als die Zahl der Zivilbeerdigungen endlich wuchs, hatte Cimbura auch keinen Gewinn davon. Ganz im Gegenteil: je mehr Leute begraben wurden, desto schäbiger ging es bei den Leichenbegängnissen zu. Galabegräbnisse gab es fast überhaupt nicht mehr, und die Beerdigungen erster Klasse verdienten kaum noch diesen Namen: Es gab keine anständigen Gäule, es gab keine Fackeln, es gab keine Kerzen; die Musikanten waren schlecht und teuer, die Kränze desgleichen.

Es war eine regelrechte Pleite. Zu guter Letzt wurde Ladislaus auch noch »einrückend gemacht«. Trotz seiner Plattfüße und trotz der guten Beziehungen seines Schwagers, der zwei Mitglieder der Musterungskommission persönlich kannte.

Immerhin wurde Cimbura nur für tauglich ohne Waffe befunden.

Als gelernter Handwerker kam er zuerst in ein Proviantdepot, später zu einem Eisenbahnschwellen-Kader. Schließlich wurde er in ein Lazarett abkommandiert – ganz zufällig und nicht etwa deshalb, weil man dort seine Fachkenntnisse verwerten konnte.

In dem Lazarett machte sich bereits ein rangälterer Friseur breit. Der bediente die zahlungskräftigen Verwundeten. Den Rest und die Leichen mußte Cimbura schaben.

Leichen wurden hier nämlich ohne Ansehen des Ranges durch die Bank barbiert, nicht wie in anderen Lazaretten erst vom Feldwebel aufwärts. Der Lazarettkommandant war ein verkappter Pazifist und Miesmacher und sah streng auf gleiches Recht für alle. Es war lediglich die Materialnot, die ihn zwang, der militärischen Rangordnung doch eine Konzession zu machen: Leichen ohne Charge wurden nicht mit Seife rasiert, bei ihnen kam nur Wasser in Anwendung. Manchmal allerdings auch bloß Spucke, was jedoch in der Instruktion nicht vorgesehen und stets nur eine Folge besonderer Eile oder Arbeitsüberlastung war.

(Nach dem Krieg, als eine republikanisch-umstürzlerische Vergangenheit zum guten Ruf gehörte, gab Cimbura sein Ehrenwort, daß er sogar einen adeligen Major von den Windischgrätz-Dragonern mit Spucke rasiert habe. Seine Freunde behaupteten allerdings, es sei nur ein bürgerlicher Trainleutnant gewesen.)

Im dritten Kriegsjahr gelang es ihm, einen angenehmeren Dienst zu ergattern. Durch Zufall entdeckte der Rechnungsfeldwebel seine Fähigkeiten auf dem Gebiete der Leichenbestattung und nahm ihn in die Kanzlei. Er bekam das Gefreitensternchen und wurde mit der Führung der Totenliste betraut. Bei jedem Sterbefall hatte er die notwendigen Papiere auszustellen und aus den Beständen des Lazarettmagazins einen Pappsarg, ein Papierhemd und einen Papierlorbeerkranz auszugeben. Er wachte über die »widmungsgemäße Verwendung« der ausgegebenen ärarischen Gegenstände und traf alle Anordnungen für die Bestattung der »Abgänge von Personen aus dem Mannschaftsstande«.

Nie zuvor hatte er bei so vielen Leichenbegängnissen, noch dazu in so leitender Stellung, mitgewirkt. Indessen trug dieser schöne Posten so gut wie nichts ein.

Das und der Umstand, daß der Krieg allzulang dauerte, verärgerte selbst einen so ruhigen und geduldigen Menschen wie Cimbura derartig, daß auch er im letzten Kriegsjahr die weitverbreitete Ansicht vertrat:

»Nur Schluß, nur Schluß mit dem Krieg – selbst um den Preis, daß wir ihn gewinnen!«

7

Endlich wurde der Friede bekanntgemacht.

Aber dieser Friede war nicht viel mehr wert als der Krieg.

Alles ging drunter und drüber, die Geschäfte stockten, die Lebensmittel waren knapp, die Aussichten für die Zukunft trübe. Die Demobilisierten rasierten sich zu Hause und ließen sich dritter Klasse begraben.

Es war ein wahrer Jammer. Nur wenigen gelang es, sich ins Fett zu setzen.

Zu diesen wenigen gehörte natürlich Kalivoda, der dank seiner im Kriege angeknüpften Geschäftsverbindungen (er hatte ein wenig in Seife geschoben) jetzt die Partei des gewerblichen Mittelstandes im Gemeinderat vertrat.

Zu diesen wenigen gehörte auch Herr Würfel, dem es gelungen war, nach dem Umsturz rechtzeitig Anschluß an die Republik zu gewinnen, und der wieder – wie im alten Österreich – bei der Staatspolizei diente.

Zu diesen wenigen gehörte nicht – Ladislaus Cimbura.

Was er auch versuchte, er kam auf keinen grünen Zweig. Auch dann nicht, als das Leben ins alte Geleise zurückzukehren schien und bessere Leute wieder die Gewohnheit annahmen, zum Friseur zu gehen und sich halbwegs nobel begraben zu lassen.

Zwar begab er sich bei den ersten Anzeichen der Wiederkehr geordneter Zustände sofort zu seiner alten Firma »Marianum«, erfuhr aber dort, daß Aushilfsleichenbestatter nicht gebraucht wurden. Jetzt nicht und auch in Zukunft nicht mehr. Der technische Fortschritt in Gestalt eines eleganten Leichenautos mit auswechselbaren elektrischen Fackeln in verschiedener Ausführung (je nach Begräbnisklasse) und versilberten Haken zum Aufhängen der Kränze machte die Fackel- und Kranzträger ebenso überflüssig wie die Gäule, die bisher den Leichenwagen gezogen hatten. Das alles wurde Cimbura ausführlich und mit höflichem Bedauern auseinandergesetzt. Dann zeigte man ihm das neue Leichenauto, und er durfte gehen. Vorher schenkte man ihm noch zwei Zigarren.

Draußen griff er sich an den Kopf.

Wie? Ein Galabegräbnis ohne Pferde und Fackeln?

Und die Musik auch abgeschafft, weil angeblich der Großstadtverkehr keine langsamen Trauerzüge mehr gestatte? Was waren das für lächerliche Ausreden? Was waren das für faule Witze!

Er glaubte kein Wort von alldem, was ihm die Leute vom »Marianum« gesagt hatten. Zornig steckte er die Zigarren in die Tasche und ging zur Konkurrenz.

Aber überall die gleiche Antwort: »Bedauern sehr... Tut uns sehr leid... Aber die neue Technik...«

Cimbura war ein bescheidener Mensch. Seine Wünsche waren billig, seine Träume mager. Seine Bäume wuchsen nicht in den Himmel. Er hätte sich mit der Hälfte, mit einem Drittel, mit einem Viertel seines früheren Nebenverdienstes zufriedengegeben – aber das Leichenauto ließ ihm nicht einmal das. Es nahm ihm alles.

Da begann er es zu hassen. Gründlich und gewissenhaft. Sein Haß wuchs von Tag zu Tag. Das schwarzlackierte Gefährt wurde ihm allmählich zu einem Rieseninsekt, zum Inbegriff alles Bösen. Es war schuld an allen Schicksalsschlägen, die ihn getroffen hatten: an dem Tod des Vaters, an dem Vitriolattentat auf Herrn Wejrostek, an seiner Heirat mit Amalie, am Krieg, an allem.

Er verbrachte die halben Nächte damit, Rachepläne auszuhecken. Bald dachte er daran, die Garage des christlichen Beerdigungsunternehmens in Brand zu stecken, dann wieder hielt er eine Höllenmaschine für wirksamer. Einmal verirrte er sich sogar in eine kommunistische Protestversammlung, weil er gehört hatte, die Kommunisten seien für die radikale Abschaffung aller gegenwärtig herrschenden Zustände. Als er jedoch nach Schluß der Versammlung von einigen Herren in blauen Sakkoanzügen und schwarzen Melonen verprügelt und verhaftet wurde (zu spät erkannte er in einem von ihnen Herrn Würfel, der ihn dann großmütig freiließ), verlor er die Lust an Gewaltplänen und sann auf gewaltlose Rache.

Lange wollte ihm nichts Rechtes einfallen, aber endlich kam ihm doch ein guter Gedanke: Er gedachte, sich an einer Straßenkreuzung, wenn gerade das rote Signallicht aufflammte, vor das Leichenauto zu werfen und von dem verhaßten Vehikel »entgegen der Verkehrsordnung« überfahren zu lassen!

Jawohl, das plante er: bei rotem Signallicht vor das sausende Auto. So würde er, dem das Leben ja doch nichts mehr zu bieten hatte, wenigstens im Tode noch den Feind treffen.

Lange lauerte er auf eine günstige Gelegenheit, um seine Absicht auszuführen – zu früh raffte ihn eine Wurstvergiftung hinweg.

Das schwarze Insekt fuhr leise summend vor und holte ihn.

Friedrich Torberg

Mit Genuß und Belehrung gelesen

Nie wieder ist mir auf so kleinem Raum eine so große Zahl von Käuzen und Originalen begegnet wie im alten ›Prager Tagblatt‹, nie wieder eine so einzigartig aus Witz und Wachheit, aus Begabung und Können gemischte Atmosphäre. Max Brod hat sie in seinem Roman ›Rebellische Herzen‹ festzuhalten versucht. Es ist ihm, fürchte ich, nicht ganz geglückt. Und es wird wohl auch mir nicht glücken. Denn ein fundamentaler Wesenszug dieser Atmosphäre lag ja eben in der unnachahmlichen unverwechselbaren persönlichen Note derer, die sie schufen, im Gehaben eines jeden einzelnen, in seinem Tonfall, seiner Terminologie... es ist immer das gleiche Dilemma: all das eignet sich weit besser zur mündlichen als zur schriftlichen Wiedergabe, für deren Unzulänglichkeit ich wieder einmal um Nachsicht bitten muß.

Außer dem ›Prager Tagblatt‹ erschien in Prag noch eine Reihe anderer deutschsprachiger Tageszeitungen: die an Jahren beträchtlich ältere ›Bohemia‹, deren absurd gemischter, nämlich großdeutsch-jüdischer Leserkreis nach 1918 empfindlich zu schrumpfen begann; die regierungstreue ›Prager Presse‹, die zum Ausgleich für ihren langweiligen offiziösen Teil ein paar literarisch erstrangige Mitarbeiter beschäftigte (vorübergehend auch Robert Musil als Wiener Theaterkorrespondenten); die unverhohlen deutsch-nationale, zur Henlein-Bewegung tendierende ›Deutsche Presse‹; und in späteren Jahren der als Boulevardblatt aufgezogene ›Prager Mittag‹. Von dieser erstaunlich reichhaltigen Garnitur besaß jedoch einzig das ›Prager Tagblatt‹ überregionale Bedeutung. Es galt jahrzehntelang, vom Beginn des Jahrhunderts bis zum blutigen Ausbruch der Hitler-Ära, als eine der besten Zeitungen deutscher Sprache.

Und dieses gewichtige, gediegene, hochangesehene und, kurzum, seriöse Presseerzeugnis kam Tag für Tag auf eine Weise zustande, die mit dem Begriff »seriös« so gut wie nichts zu tun hatte. Seriosität figurierte im internen Sprachgebrauch der Redaktion als »tierischer Ernst« und war streng verpönt. Jeder wußte, worauf es ankam, und hatte seinen Spaß daran, das Seinige zum täglichen Gelingen beizutragen. Was an Arbeit und Einsatz dahintersteckte, sollte möglichst unbemerkt bleiben, ja man wollte sich's nicht einmal vor sich selbst eingestehen. Ehrgeiz wurde bereits als eine Unterabteilung des verpönten tierischen Ernstes betrachtet und tarnte sich, wofern er überhaupt vorhanden war, als spielerische Freude am Handwerk. Daß da gelegentlich auch etwas Zynismus mit einfloß, ließ sich nicht vermeiden. Aber weil er immer noch rechtzeitig in Selbstironie überging, wurde er niemals peinlich. Redaktionskonferenzen, langfristige Planungen, Ressortstreitigkeiten und ähnliche Wichtigtuereien gab es nicht. Sie wurden durch Improvisationstalent und ein nicht näher definierbares »Blattgefühl« ersetzt.

»Kinder«, wandte sich eines Nachts, mitten im Ersten Weltkrieg, der legendäre Chefredakteur Karl Tschuppik an die heftig Trinkenden und laut Debattierenden, die sein Zimmer besetzt hielten, »Kinder, es ist schon nach Mitternacht – in zwei Stunden erscheint das Blatt – laßt mich endlich arbeiten!«

Höhnische Zurufe wiesen ihn zurecht, die Diskussion ging weiter, Tschuppik kaute an seinem Schnauzbart und wurde allmählich nervös. Nach einer Weile nahm er aufs neue das Wort:

»Jetzt wird's aber höchste Zeit, Kinder. In einer halben Stunde umbrechen wir, und ich muß noch etwas schreiben!«

Es klang so dringlich, daß aus dem Kreis der ihn Umlagernden immerhin die Erkundigung kam, was er denn zu schreiben hätte.

»Einen Leitartikel«, sagte Tschuppik. »Der Kaiser ist gestorben.«

(...)

Eine andre dieser Geschichten handelte von Dr. Raabe-Jenkins, dem riesenhaften, in jeder Hinsicht ungefügten Chef der Sportredaktion, der nicht zuletzt für die chaotische Unordnung in seinem Zimmer berühmt war. Sie soll während der wirren Umsturztage des Jahres 1918 bewirkt haben, daß das Gebäude des ›Prager Tagblatts‹ von der Plünderung durch eine Horde tschechischer Radau-Nationalisten verschont blieb. Die Eindringlinge rissen als erstes die Tür zu Raabes Zimmer auf und machten angesichts des wüsten Bildes, das sich ihnen bot, mit den Worten »Hier waren wir schon« wieder kehrt.

Als Herausgeber des ›Prager Tagblatts‹ zeichnete Dr. Rudolf Keller, der dieses Amt jedoch als lästige Nebenbeschäftigung zu empfinden schien. Sein Hauptinteresse galt einem schwer zugänglichen Gebiet der Biochemie, auf dem er sich durch eine grundlegende Arbeit größeres Ansehen verschafft hatte, als er es unter seinen Redakteuren genoß. Daß er hinter den Kulissen sehr wohl zu walten und besonders zu schalten wußte, ahnte man, bekam es aber kaum zu merken. Er mischte sich nur ganz selten in redaktionelle Angelegenheiten ein, noch seltener schrieb er einen Leitartikel, und wenn er in einem Redaktionszimmer erschien, geschah es fast immer zum Zweck einer liebenswürdigen Privatplauderei – die er so unvermittelt abbrechen konnte, als wäre ihm plötzlich innegeworden, daß er in diesem Zimmer eigentlich nichts zu suchen hatte. Man nahm ihm den abrupten Abgang nicht übel. Man wußte, daß er mit seinen Gedanken anderswo war.

In der Tat: Zerstreutheit gehörte zu Dr. Kellers hervorragenden Eigenschaften. Fast hätte er – auch äußerlich, mit seiner hohen, immer ein wenig vorgebeugten Gestalt und dem von einem wirren Haarkranz umrahmten Gelehrtenkopf – eine Vorlage für die Witzfigur des »zerstreuten Professors« abgeben können. Nur daß die Gedankensprünge, zu denen seine Zerstreutheit ihn trieb, sich bei näherem Zusehen als völlig logisch und folgerichtig erwiesen.

Ein leuchtendes Beispiel dafür ergab sich im Februar 1934, als er den mißglückten Aufstand der österreichischen Arbeiterschaft gegen das Dollfußregime zum Anlaß eines seiner seltenen Leitartikel nahm und den sozialdemokratischen Führern unverblümt vorwarf, sich in die Tschechoslowakei abgesetzt zu haben, während die von ihnen verlassenen Schutzbündler in aussichtslosem Kampf auf den Barrikaden standen und starben. Das waren schärfere Töne, als man sie vom ›Prager Tagblatt‹ gewohnt war und als sie der politischen Linie des Blattes entsprachen. Am nächsten Tag erschien denn auch eine Abordnung der im Parlament vertretenen Deutschen Sozialdemokratischen Partei bei Dr. Keller, um Beschwerde zu führen. Keller, längst wieder mit anderen Dingen beschäftigt, lauschte den maßvollen, jedoch entschiedenen Vorwürfen des Delegationsführers ohne Widerspruch, lauschte (nun schon ein wenig abwesend) noch einem zweiten und dritten Delegierten, dann holte er Atem und brachte seine Entschuldigung vor:

»Meine Herren, Sie wissen doch, wie es in einer Redaktion zugeht – besonders an einem so aufregenden Tag – da herrscht ein entsetzliches

Durcheinander – die Meldungen überstürzen sich – man weiß gar nicht, wo man zuerst hinhören soll – meine Herren: da kann es schon passieren, daß man einmal die Wahrheit schreibt.«

Ein ähnlich folgerichtiger Gedankensprung, der ihn in ein ähnlich unkontrolliertes Fazit ausgleiten ließ, erfolgte – freilich aus keinem prekären Anlaß – in meinem Arbeitszimmer. Dr. Keller war, wie er das häufig tat, grußlos eingetreten, die Linke am Rücken, in der Rechten das neueste Heft der ›Fackel‹, in dem er noch minutenlang auf- und abgehend las.

»Schreibt ausgezeichnet, der Kraus«, murmelte er vor sich hin. »Wirklich ausgezeichnet.« Mit einemmal blieb er stehen und wandte sich zu mir: »Von dem müßte man etwas fürs Blatt bekommen. Ich höre, Sie kennen ihn. Versuchen Sie's doch!«

Und er entfernte sich, schon wieder in die Lektüre der »Fackel« vertieft – der er nichts andres entnahm, als daß der Kraus ausgezeichnet schrieb. Daß er niemals »fürs Blatt« schreiben würde, sondern höchstens gegen, hatte der Dr. Keller nicht bemerkt.

Als im Hause ruchbar wurde, daß Harry Klepetář, einer der jüngeren politischen Redakteure, vor der Verehelichung stand, öffnete sich plötzlich die Türe zu seinem Zimmer, Dr. Keller steckte den Kopf herein und sagte:

»Sie heiraten, Klepe? Sie werden sich wundern!«

Damit schloß er sowohl die Türe als auch die Gratulation.

Was nämlich seine eigene Ehe betraf, so schien sie nicht gerade eine Liebesehe zu sein. In einem jener Selbstgespräche, zu denen er sich gelegentlich in ein Redaktionszimmer verirrte, hatte Dr. Keller errechnet, daß angesichts des finanziellen Aufwands, den seine Gattin ihm abverlangte, und angesichts der Seltenheit, mit der er seine Ehe konsumierte, jede Konsumation ihn ungefähr 20000 Kronen kostete; das aber, so befand er, sei zu viel und lasse ihn zweifeln, ob die Ehe als eine sinnvolle Institution zu betrachten sei.

Außerehelichen Vergnügungen war er hingegen bis ins hohe Alter zugeneigt; sie durften allerdings mit keinem übergroßen Zeitverlust verbunden sein. Als eine Dame seiner Bekanntschaft, um die er sich eines Abends vehement bemühte, ihm zu verstehen gab, daß sie eine rein freundschaftliche Beziehung vorzöge, wandte er sich bedauernd ab:

»Gnädige Frau«, sagte er, »für platonische Liebe bin ich impotent.«

Mit diesem Verhalten glich er sich aufs kollegialste der vom Redaktionsstab geübten Einstellung zum Geschlechtsverkehr an. Sie entsprach der schon geschilderten Einstellung der Prager Männerwelt im allgemeinen, wurde von den Redakteuren nicht nur ideologisch geübt, sondern auch praktisch, und die Verheirateten unter ihnen hatten den Vollzug dieser Übung vorsorglich gegen unliebsame Zwischenfälle abgesichert: in der am Hofeingang gelegenen Portiersloge befanden sich die Photographien sämtlicher Redakteursgattinnen, und wenn eine von ihnen vorbeikam, war der Portier gehalten, den betreffenden Gatten durch ein eigens verabredetes Telephonsignal vor der nahenden Gefahr zu warnen.

Dem Handelsredakteur Ginsberg widerfuhr es einmal, daß seine Frau, nachdem sie in der Mitte des Hofs angelangt und das Warnsignal bereits gegeben war, sich's anders überlegte, wahrscheinlich zum Zweck irgendwelcher Einkäufe kehrtmachte und eine Viertelstunde später abermals erschien, womit sie ein neuerliches Warnsignal auslöste. Ginsberg, der das erste – nach Überwindung einiger Schreckminuten – für einen Irrtum gehalten und sich inzwischen wieder ans Werk gemacht hatte, ließ ab davon, riß verzweifelt die Türe auf, und seiner Brust entrang sich einer der absonderlichsten Klagerufe, die jemals in den Korridoren des ›Prager Tagblattes‹ widerhallten:

»Ich vögel auf einem Vulkan!«

Überflüssig zu sagen, daß auch die Gespräche im Oktogon wie in den einzelnen Zimmern sich hauptsächlich um diesen Gegenstand drehten. Bei Rudi Thomas, dem führenden Lebemann der Redaktion, war dieses Brauchtum so notorisch, daß Frau Milada Kratochvil – eine behäbige Tschechin mittleren Alters, die seltsamerweise der Inseratenabteilung vorstand – das Zimmer des Vizechefs nie anders als mit den stereotypen Worten betrat: »Von was wird geräädet? Vom Väägeln!« Sie sagte es ohne aufzublicken, sie sagte es auch, als einmal im Fauteuil gegenüber dem Schreibtisch eine distinguierte Dame saß, in der sie zu spät die Gräfin Nostitz erkannte, Tochter des Verlagsgründers Heinrich Mercy, Mitbesitzerin des Betriebs und somit auch ihre, Milada Kratochvils, Brotgeberin. Thomas erbleichte, die dicke Milada entfloh kreischend, die Gräfin gab sich den Anschein nichts gehört zu haben, und der Zwischenfall blieb ohne Folgen.

Ich selbst kam mit dem ›Prager Tagblatt‹ Ende der zwanziger Jahre in Berührung, beinahe von der Schulbank weg, einige Jahre nachdem ich mit meiner Familie aus Wien nach Prag übersiedelt war und knapp nach meinem Durchfall bei der Matura. Die Leitung der Kulturredaktion lag damals in den Händen Max Brods. Er hatte ein paar Gedichte und Kurzgeschichten von mir angenommen, lud mich zu einer Besprechung ein und stellte mich dem Chefredakteur Dr. Blau vor, der an meinen Beiträgen Gefallen fand und mich zur ständigen Mitarbeit aufforderte (sie gedieh nach und nach zu einer regelrechten Redaktionstätigkeit und später zum Posten eines Wiener Kulturkorrespondenten).

Rudi Thomas, der geschäftsführende Stellvertreter Dr. Blaus, dem ich zur weiteren Verwendung übergeben wurde, wollte mir offenbar die Lyrik und die ganze Literatur abgewöhnen und einen Reporter aus mir machen. »Auf Rotationspapier gehört sich keine Kunst«, pflegte er zwischen halbgeöffneten Lippen hervorzusäuseln. Er sprach immer sehr leise, aber mit unüberhörbarem Nachdruck und in ebenso unüberhörbarem Pragerisch, also unter sorgfältiger Umgehung jeglichen Umlauts. Die Wendung »gehört sich« war übrigens kein transitiv verstümmeltes »gehört«. Thomas wollte nicht etwa sagen, daß Kunst nicht auf Rotationspapier gehört. Er meinte tatsächlich, daß dergleichen eine Ungehörigkeit im Sinne schlechter Manieren sei, und er meinte das im Interesse des Rotationspapiers, nicht der Kunst. Für die hatte er nicht viel übrig. Der Journalismus ging ihm über alles, und vollends vor den Jüngern der Literatur empfand er keinerlei Hochachtung.

Sie waren – was dem Niveau und dem Ansehen des ›Prager Tagblatts‹ nicht geschadet hat – unter den Angehörigen der Redaktion zahlreich vertreten, jeder zweite konnte sich mit einer Buchpublikation ausweisen, auch ich durfte mich mit meinem Erstlingsroman vom ›Schüler Gerber‹ alsbald zu ihnen zählen, und schließlich war es auch bei Otto Rosenfeld soweit, dem schon erwähnten Neffen des gleichnamigen Kaffeehändlers. Nachdem er den Senf aus seinem Namen eliminiert hatte, veröffentlichte er unter dem Pseudonym Otto Roeld einen Roman und stellte sich mit einem Widmungsexemplar bei Thomas ein.

»Du darfst aber mit mir auch in Zukunft wie mit deinesgleichen verkehren«, ließ er sich nach der Überreichung leutselig vernehmen.

Thomas maß ihn mit einem geringschätzigen Blick:

»Das könnt dir so passen«, sagte er.

In Wahrheit sagte er, wie es das Prager Deutsch erheischte, nicht »könnt«, sondern »möcht«, ja er sagte, genaugenommen, »mecht« und fügte noch ein halblautes »du Bleedian« hinzu.

Mit geradezu pedantischer Korrektheit wurde die Vermeidung der Umlaute von Professor Ludwig (»Lutz«) Steiner betrieben, dem hauptamtlichen Leitartikler des Blattes, einem Mann von immensem Wissen und integrer Geistigkeit. Er erfreute sich der persönlichen Zuneigung des großen Zeitungshassers Karl Kraus, der wohl um seinetwillen dem ›Prager Tagblatt‹ eine gewisse Schonung angedeihen ließ und in vertrautem Kreis die Sprechweise Professor Steiners hinreißend kopieren konnte.

Was diese Sprechweise betraf, so hatte es mit ihr eine eigene und keineswegs oberflächliche Bewandtnis. Ihre komischen Effekte standen in unverkennbar selbstparodistischem Gegensatz zu der preziösen, barock verschnörkelten Terminologie des Sprechers, der einerseits durch übertriebenen Phrasengebrauch, andererseits durch denkbar ausgefallene Redewendungen gegen die Verödung und Sinnentleerung der Umgangssprache Front machte. Alltäglichem begegnete er mit langen, genüßlich skandierten Zitaten aus den Werken lateinischer und griechischer Autoren, wußte auch die deutsche Literatur von den Merseburger Zaubersprüchen bis hin zum »heheren Verwaltungsbeamten Geethe« jederzeit einzusetzen und alliterierte aus eigenem drauflos, daß es eine Lust war. Seine Lieblingsfloskeln lauteten: »Wie man zu sagen pflegt«, »... betone ich« und »... mechte ich einflechten«, und er gebrauchte sie grundsätzlich nur dort, wo sie nicht hinpaßten. Wenn er etwas »betonte«, war es eine Grußformel oder die Mitteilung, daß heute schönes Wetter sei; wenn er etwas »einflocht«, stand das vorgeblich Eingeflochtene allein auf weiter Flur; und wenn er einer Aussage sein »Wie man zu sagen pflegt...« nachschickte, handelte es sich mit größter Wahrscheinlichkeit um etwas nie zuvor Gesagtes.

Auf seine Grußformeln verwendete er nuancierten Bedacht. Angehörige des Setzerei-Personals begrüßte er mit einschlägigen Fachausdrücken: »Fette Garmond, betone ich!« oder »Einzug links!«, den für die Titelei zuständigen Redakteur mit »Vier Cicero dreispaltig!«, und für die Verfasser der im jeweils heutigen Blatt erschienenen Beiträge hatte er ein anerkennendes: »Mit Genuß und Belehrung gelesen!« Auf Kriegsfuß stand er mit dem in Österreich und den Nachfolgestaaten populären Gruß »Habe die Ehre«, nachlässig »Habbedjehre« ausgesprochen und meistens zu einem bloßen »Djehre« verkürzt. Das kränkte ihn. Im Bestreben, den zu kurz gekommenen Anfang des Grußes wieder in Geltung zu setzen, grüßte er seinerseits nur mit einem barsch hervorgestoßenen »Habbe«, das vom Begrüßten durch ein automatisches »Djehre« ergänzt wurde.

Zu einer versöhnlicheren Haltung den Umlauten gegenüber ließ er sich auch in fremden Sprachen nicht verleiten. Eines frostigen Wintertages kam er aus seinem Zimmer herausgestürzt, schüttelte die Fäuste gen Himmèl und rief:

»J'accuse! Bei mir ist nicht geheizt!«

Selbstverständlich rief er »J'akkies«, und daß er zur Bekanntmachung eines so banalen Tatbestands das pathetische Anklagewort Emile Zolas heranzog, gehörte schon wieder zu seinen selbstironischen Tendenzen.

Die Geschichte, wie er zum ›Prager Tagblatt‹ kam, ist für beide Teile gleichermaßen typisch. Professor Steiner hatte am Heinrichsgymnasium, einer der wenigen nach dem Ersten Weltkrieg noch übriggebliebenen deutschsprachigen Mittelschulen, Latein und Griechisch unterrichtet. Die Seitenfront des Gymnasiums lag parallel zur Seitenfront des ›Tagblatt‹-Gebäudes, mit einem schmalen Quergäßchen dazwischen, und wenn die wärmere Jahreszeit begann, öffnete man in beiden Häusern die Fenster. So kam es, daß die Insassen der günstig gelegenen Redaktionsräume auf den seltsamen Pädagogen aufmerksam wurden, der da in einem nah gegenüberliegenden Klassenzimmer seiner Lehrtätigkeit oblag, und sie taten, was sonst nur Sache der Schüler war: sie folgten dem Unterricht. Bald hatten sie heraus, daß jeder Schüler mit einem Spitznamen versehen war, daß immer wieder wilde Heiterkeitsausbrüche erfolgten und daß es der würdigen Lehrperson auf dem Katheder weniger um Würde ging als vielmehr (eigener Aussage zufolge) darum, »nicht nur zu belehren, sondern auch zu unterhalten«.

Dieses Prinzip erstreckte sich sogar auf die sonst so gefürchteten »Klassenbuch-Eintragungen«, schriftlich festgehaltene Rügen, die dem mangelnden Wohlverhalten des Schülers galten; sie konnten zu einer schlechten, das Jahreszeugnis verunstaltenden Betragensnote, zu Karzerstrafen und im Häufungsfall zum Ausschluß aus der Anstalt führen. Bei Professor Steiner taten sie nichts dergleichen, da er sie lediglich vortäuschte und den Text der fiktiven Eintragung unter lautem Jubel vorlas:

»Die Schielerin Natscheradetz beschäftigte sich mit der Lektiere fragwirdiger Gazetten« (sie hatte unter der Bank ein Modejournal gelesen), »wird von mir ertappt und versucht durch teerichtes Winseln meiner gerechten Empeerung zu entrinnen.«

Oder es vollzog sich die Einführung Ovids in den Lateinunterricht etwa folgendermaßen:

»In unserem Lehrplan erscheint nunmehr Publius Ovidius Naso, wahrlich ein bedeitender Publizist und mit Genuß zu lesen. Es beginne... in gemächlichem Plaudertone... aus beiden Backen Bleedheit blasender Bloch!«

Als die an den Fenstern versammelten Redakteure das hörten, stand es fest, daß man Professor Steiner »ins Blatt« bekommen müsse, und kurz darauf vertauschte der das Katheder mit einem Redaktionsstuhl.

Weder er selbst noch das ›Prager Tagblatt‹ hatten es je zu bereuen. Seine weithin beachteten, auch im Ausland vielfach zitierten Leitartikel waren Musterbeispiele einer – wie man zu sagen pflegt – »sorgfältig ausgewogenen Gesinnung: halb revolutionär, halb reaktionär« (und in Wahrheit von echtem Liberalismus geprägt). Er schrieb sie auf eigens zugeschnittenem Papier, in gestochener Kurrentschrift und immer genau auf die Zeile lang genug, um die linke Spalte der ersten Seite zu füllen.

Eines Tages jedoch wurde die jahrelang erprobte Berechnung an einer neuen Setzmaschine zuschanden, deren Bleileiste für den Schriftgrad »Petit auf Borgis« um eine Kleinigkeit breiter geraten war als üblich – was sich im Satz zu einem Überschuß von sechs Zeilen summierte.

Verstört und verschreckt vom Noch-nicht-Dagewesenen, kam aus der Setzerei der Oberfaktor angekeucht:

»Herr Professor... etwas Furchtbares... der Leitartikel ist um sechs Zeilen zu lang... was machen wir da?«

Professor Steiner wußte augenblicklich Rat:

»Die sechs Zeilen im Iebersatz stehnlassen und fir den morgigen Leitartikel aufheben!«

Zu seinem umfassenden Bildungsgut gehörten nicht nur die ständig zitierten Klassiker (bis tief ins Altertum hinein) – er war auch ein Liebhaber und wohlbeschlagener Kenner der deutschen Volksmärchen, aus denen zu zitieren er allerdings nur selten Gelegenheit fand. Eine solche bot ihm der als Redaktionsvolontär beschäftigte Leo Baum, Sohn des zu Unrecht in Vergessenheit geratenen Dichters Oskar Baum und seiner geringen Körpergröße wegen »der kleine Baum« geheißen (einen andern kleingewachsenen Externisten, der auf den ähnlich klingenden Namen Flaum hörte, nannte Professor Steiner, schon um Verwechslungen vorzubeugen, den »niedrigen Flaum«). Leo Baums Tätigkeit bestand vor allem darin, die vielen einlaufenden Zeitungen auf etwa zu recherchierendes oder anderweitig interessantes Material zu lesen, die betreffende Nachricht auszuschneiden und die kontrollierten Exemplare in den für sie vorgesehenen Regalen abzulegen. Eines Nachmittags fehlte plötzlich ein großer Teil des Einlaufs und war trotz Baums lärmender Suche auch am nächsten Tag nirgends aufzufinden – bis Professor Steiner den irrtümlich in sein Zimmer geratenen Stoß entdeckte. Er eilte spornstreichs ins Oktogon und trompetete:

»Wo ist das Beimchen, daß die gestrigen Blätter hat gewollt?«

Ich habe den Ausdruck »trompeten« nicht allein deshalb verwendet, weil er im vorliegenden Fall die Stimmlage Professor Steiners am besten charakterisiert, sondern weil er auch in seiner konkreten Bedeutung zum Betrieb des ›Prager Tagblatts‹ gehört hat. Einer der Redaktionsdiener, Bečvár d. Ä., hatte einstmals beim k. u. k. Infanterieregiment Nr. 28, dem Prager Hausregiment, als Kompanietrompeter gewirkt und liebte es, sich während der schwachen Redaktionsstunden dieses Wirkens – vielleicht auch der alten Zeiten überhaupt – in melodischen Träumereien zu erinnern. Wer am Vormittag die Redaktion betrat, durfte nicht überrascht sein, wenn ihm statt eines stilvollen Geklappers von Schreibmaschinen Fučíks berühmter Achtundzwanzigermarsch entgegenklang, von Vater Bečvár auf der Trompete geblasen.

Als späterhin Sohn Bečvár für den Redaktionsdienst abgerichtet wurde, lautete der erste väterliche Ratschlag (den er mir aus gegebenem Anlaß verriet):

»Laß dich nicht hetzen, Josef. Wenn einer wirklich was braucht, wird er's auch zweimal und dreimal sagen. Nur beim Würstelholen – da muß es gehen ruck-zuck!«

Ebensowenig wie Bečvár darf sein dienstälterer, noch aus der Ära Tschuppik stammender Kollege Reisner übergangen werden, ein Veteran von stiller, nachdenklicher Wesensart, den man mehrmals beim Lesen von Büchern und sogar bei Theaterbesuchen beobachtet hatte. Das mochte dazu geführt haben, daß Tschuppik, als er sich einmal vom damaligen Direktor des Deutschen Theaters despektierlich behandelt fühlte, auf einen ungewöhnlichen Racheakt verfiel; zur nächsten Premiere, Lessings ›Minna von Barnhelm‹, entsandte er den Redaktionsdiener Reisner als Kritiker. Reisner zog sich mit Anstand aus der Affäre und schloß seine Besprechung (die unverändert im Druck erschien) mit dem denkwürdigen, alsbald zum Zitat avancierten Satz:

»Solche Stücke sollten öfters geschrieben werden.«

Wie man sieht, standen die Redaktionsdiener des ›Prager Tagblatts‹ an schrulliger Eigenart kaum hinter den Redakteuren zurück – unter denen Professor Steiner zwar ganz gewiß das größte, aber bei weitem nicht das einzige Original war.

Egon Erwin Kisch

Vom Kleinseitner Deutsch und vom Prager Schmock

Vor hundertundachtzig Jahren reiste der Benediktinerpriester Anselm Desing als Mentor des jungen Grafen Franz Xaver von Wahl durch die Welt, und jene peripathetischen Lektionen haben in einem mächtigen Buche ihren Niederschlag gefunden: »*Auxilia historica* oder *Historischer Behulff* und Bequemer Unterricht von denen darzu erforderlichen Wissenschaften... Verfasset von P. Anselmo Desing O. S. B., Ensdorffii. Mit Erlaubnuß der Obern und Kayserl. sonderbarem Privilegio. Verlegts Johann Gastl, Buchhändler zu Stadt am Hof, nächst Regensburg 1741.« Auf Seite 601 des zweiten Bandes, wo er »Von Beschaffenheit des Landes und der Einwohner in Böhmen« spricht, singt er das hohe Lob des Prager Deutsch: »Ihre Sprach ist Sklavonisch; obwollen wenige seind, so nicht auch Böhmisch (Druckfehler, muß heißen: Teutsch) verstunden, und die es nicht verstehen, heißen wir Stockböhmen. Es wird aber besser teutsch hierinnen gesprochen, als in vil andern teutschen Landen: welches Lob sonderlich dem Frauenzimmer auf der kleinen Seithen zu Prag zugelegt wird...«

Die Tatsache, daß man in Prag hochdeutsch, keinen Dialekt spricht, mögen den bayerischen Professor dazu veranlaßt haben, uns eine bessere Note aus deutscher Sprache auf das Zeugnis zu setzen als den Stammesgenossen der anderen Länder. Aber wir würden uns dieser Anerkennung, die auch in der zweiten Hälfte des achtzehnten Jahrhunderts und im neunzehnten Jahrhundert mehrere Reiseschriftsteller von Desing übernahmen, noch mehr freuen, wenn nicht das (allerdings in der Reiseliteratur vereinzelt gebliebene) Lob des Kleinseitner Deutsch daneben stünde, uns mißtrauisch machend. Das »Kleinseitner Deutsch« – es wird beileibe nicht bloß auf der Kleinseite gesprochen – bespötteln wir Prager ja selbst am meisten. »Er spricht kleinseitnerisch«, sagen wir euphemistisch, wenn wir Prager einem Prager vorwerfen wollen, daß er – pragerisch spreche. Besonders wenn die Aussprache gerügt werden soll, die Betonung der ersten Silbe (was besonders schön ist, wenn die Wörter mit Partikeln oder Vorwörtern anfangen), die offene Aussprache der Vokale, die Verwandlung der harten Konsonanten in weiche und der weichen Konsonanten in harte:

> Tie gleine Kretl wißte kern
> Andword auf tie Frak
> Wie woll tie Gavalleriegaserne...

So dekliniert man in Prag: Ich pin, du pist, er is, wir ssind, ihr sseid, ssie ssind... Daß man einen Einspänner nicht Droschke, sondern »Drotschke« benennt, und das Wort »Teppich« der Kürze halber »Teebich« ausspricht, gehört zu unserem Hang zur Umkehrung von weichen und harten Lauten. Und wenn jemand dort, wo er »Klinke« sagen sollte, »Klicke« sagt, weil er an das tschechische »klika« denkt (das aus dem deutschen »Klinke« kommt), so haben wir ihn auszubessern. Damit er uns besser verstehe, können wir es ihm ja pragerisch sagen: »Sprech orntlich!«

Auch Formen der Satzbildung und Begriffsbezeichnungen haben die Prager Deutschen von ihren tschechischen Anrainern übernommen, und so entstanden hier Lokalismen, die nicht überall verstanden werden, wo die deutsche Zunge klingt.

In Süddeutschland, insbesondere in Wien, und dem ehemaligen Österreich versteht man und gebraucht man sogar die meisten Pragismen; darf man doch nicht »daran« vergessen (wörtliche Übersetzung von »pamatovati na něco«) und muß man doch »darauf« denken (falsche Übersetzung des Wörtchens »na«), daß dort überall tschechische Kleingewerbler, Dienstboten, Arbeiter leben und die Sprache der Ureinwohner derartig durchdringen, daß man sich leicht »darauf« gewöhnt, so zu sprechen wie die Eingewanderten. Die Phrase »es steht dafür« – statt: »es lohnt sich«, »es ist der Mühe wert« – ist nichts weiter als eine allzu wörtliche Übersetzung des »to stoji za to«. Und jener tschechische Kamerad, der in der Offiziersmenage diese Wendung mit »es kostet dafür« richtig zu übersetzen vermeinte, hat sich viel weniger blamiert, als jene Deutschen, die ihn lachend ausbesserten.

(...)

»Auf was brauchst du das?« Diese Frage werden wir in Prag nicht bloß von Schulkindern hören. Man geht auch »auf ein Bier« oder »auf ein Nachtmahl«, man ist »auf eine Tasse Kaffee geladen«, man hat »Geld auf eine Bluse« bekommen. Der Fremde, der vermeinen würde, daß wir Künstler seien, die auf Bier zu gehen vermögen, oder Verschwender, die ihr Abendbrot mit den Füßen treten, würde sich täuschen. Unsere Kunst besteht bloß darin, die tschechische Präposition »na« an falscher Stelle richtig zu übersetzen. In der Polemik gegen einen linguistischen Artikel von mir hat Professor Reiniger (»Bohemia«, Nr. 84, S. 3, vom 16. Oktober 1917) zur Entschuldigung dieser mißbräuchlichen Anwendung des Vorwortes »auf« angeführt, daß sie durch richtige Fügungen erleichtert worden sei, wie »auf die Post, aufs Land gehen«, er hat auch Goethe hervorgezogen: »Ich will morgen auf Gotha reisen.« Selbst wenn diese Analogien augenfälliger wären, müßte ich doch fragen: »Auf was« (na co) braucht *Ihnen* ein hiesiger Sprachschöpfer diesen Umweg auf die Post, aufs Land und auf Gotha (wo Goethe gewiß nie auf ein Bier gegangen wäre) zu machen? Er ist gewiß schon selbst »auf das« gekommen.

Leichtfertige Menschen sind wir, die am Balkon stehen, statt uns auf den Balkon zu stellen. Wir kaufen am Obstmarkt ein, obwohl wir doch auf dem Obstmarkt bei den Weibern viel mehr Auswahl hätten. Wir gehen am Belvedere spazieren, und wenn sich jemand wundert, daß wir es also vorgezogen haben, entlang der Lehne spazierenzugehen, statt auf dem Plateau selbst, dann belehren wir ihn (vorausgesetzt, daß er es nicht »zu Fleiß« gesagt hat, um »sich einen guten Tag aus uns zu machen«, weshalb wir schtante pede »bös auf ihn« wären) eines Besseren: »Wir waren doch am Belvedere *oben*!« All das hat das unglückselige Wörtchen »na« am Gewissen oben.

Natürlich die tschechische Präposition »na« und nicht die deutsche Interjektion »na«, die in Prag »no« ausgesprochen wird. Was den Vorteil hat, daß kein Mensch an Zolas Roman erinnert wird, wenn man ein unwilliges »Na, na« sagen will und ein »No, no« spricht.

(...)

Die zwei Buchstaben des rückbezüglichen Fürworts »se« haben im Sprachgebrauch nicht weniger Verheerungen angerichtet, und mehr als ein Zeitwort wird nach dem Tschechischen rückführend gebraucht. Die Kinder, die »sich spielen«, sind zwar nach Prag heimatzuständig, aber schon längst in alle Winde zerstreut. Dagegen sind alle Leute unverfälschte Prager, welche solche Sätze sprechen: »Er hat sich das sehr gelobt.« – »Ich hab mich erschrocken.« – »Ich hätte eine Wohnung in der Weinberge haben können, aber es wollte sich mir nicht so weit.« Oder gar: »Wir haben *sich* unterhalten.« – »Was ich mich angelaufen hab, wegen dem Stückl Seife.« Du kennst solche Sätze viele, lieber Leser, »nicht wahr, daß ja«?

Die Wendung »ich bin gern« wird statt der richtigen »ich bin froh« gesetzt, weil für die beiden Worte »froh« und »gerne« im Tschechischen nur ein Ausdruck besteht: »rád«. Für die Verben »legen, setzen, stellen, abnehmen« et cetera hat der Tscheche zwar eine gleiche Zahl von Bezeichnungen, aber er begnügt sich zumeist mit dem Verbum »dáti«, geben. Von ihm hat es der Deutsche übernommen zu sagen: »Gib den Hut hinunter« – »Gib die Gabel wieder hin.« Und nur ein Eingeborener kann den Satz verstehen: »Wenn er geglaubt hat, daß ihm die Frau geben wird, hat er sich schön gegeben«, was – nicht allzu frei! – folgendermaßen ins Deutsche zu übersetzen wäre: »Wenn er glaubte, daß ihm die Frau ihre Gunst schenken werde, hat er sich stark verrechnet.«

Den Conjunktiv imperfecti pflegen wir durch ein »würde« oder gar durch ein »möchte« abzuschwächen. Statt »ich läge«: »ich würde liegen«; statt »das Haus bräche zusammen«: »das Haus möchte zusammenbrechen« et cetera, was auf die tschechische Bildung dieser Form durch »bych, bys, by« zurückzuführen ist.

Eine feine Konjunktivbildung pragerischer Prägung ist die Anhängung eines t oder te an das Verbum: »Ich ginget gerne hin« oder »Ich lasset mir auch eine Bluse machen...« statt »ich ginge«, »ich ließe«. Der berühmte Sprachforscher August Schleicher, der wegen nationaler Angriffe im Jahre 1857 Prag verließ, hat im ersten Jahre seiner Prager Lehrtätigkeit eine Abhandlung über die Einwirkung des Tschechischen auf die deutsche Sprache geschrieben (Herigs Archiv, 1851), worin Wörter – welche im Tschechischen immer ungetrennt bleiben, wenn ein Objekt hinzutritt – auch im beeinflußten Deutsch ihr Vorwort behalten. So sagt man »den Fluß übersetzen« statt »über den Fluß setzen«. Schleicher führt auch die Redensart an: »Er hat sich überzogen«, die richtig zu lauten hätte: »Er hat die Kleider gewechselt«. Heinrich Teweles, der die Forschungen Schleichers fortgesetzt und popularisiert hat, fügt in seinem nicht sehr beachteten und sehr beachtenswerten Buche »Der Kampf um die Sprache« (Leipzig 1884, Verlag Reißner) an diese Bemerkung vom Umkleiden die Beobachtung an, daß man häufig vom »Ausziehen« spricht, wo man »ablegen« sagen soll; die Handschuhe zieht man aus, den Hut legt man ab. Die Weglassung des Fürwortes vor dem Zeitwort (nach dem Tschechischen) ist recht häufig: »Leben wohl«, »Bleiben wohlauf« und sogar das interösterreichische »Küss' die Hand« – statt: »Ich küsse die Hand« – können auf diese Beeinflussung des Tschechischen zurückzuführen sein. Aus Sealsfields »Kajütenbuch« ist zwar ersichtlich, daß die mexikanischen Generale gleichfalls das Pronomen vor dem Verbum verächtlich fortgelassen, aber sie sprechen portugiesisch, und der, der diese Sprachunart in seinem deutschen Roman getreulich wiedergibt – ist ein ehemaliger Prager Kreuzherr.

(...)

Am besten hat Gustav Meyrink den Prager Ton getroffen, zum Beispiel in seiner Groteske »Tut sich, macht sich, Prinzeß«. Dort steht: »Die – die kennen Sie nicht? Das ist doch die Frau Syrovatka, die, was die Witwe ist...« Diese Umschreibung der Relativpromina durch »der, was...« oder »die, was...« ist wohl das markanteste Kennzeichen des Prager Deutsch neben dem viel verspotteten »hör ich« (sprich »heerich«), das übrigens an sich grammatikalisch unanfechtbar ist. Aus dem sächlichen Geschlecht, dem das Wort »ráno«, die Frühe, im Tschechischen zugehört, oder aus einer gedanklichen Attraktion mit einem Synonym, dem männlichen Hauptwort »Morgen«, läßt es sich erklären, daß man bei uns »jeden Früh« einen Sprachfehler begeht. Ähnlich ist es mit *der* Frost, *die* draußen herrscht: man weiß nicht, ob ihre Weiblichkeit durch Anpassung an die der Kälte, an die der zima entstanden ist.

Viele Vokabeln, die nicht Prager Eigenbau und nicht durch Einfluß der tschechischen Umwelt entstanden sind, haben sich in Prag konserviert, während sie in den größten Teilen des deutschen Sprachgebietes nicht geläufig sind. »Almer« ist die lokale Bezeichnung für das, was man – wenn man sie vermeiden und hochdeutsch sprechen will – einen »Kasten« nennt, während es richtig »Schrank« heißen soll. Ob das Wort »Almer« das tschechische »almara« ist oder umgekehrt, mag strittig sein; sicher ist jedenfalls, daß »Almara« auch kein tschechisches Wort ist, ebensowenig wie das synonyme »šifonér«, das sich – man weiß das aus dem Lied vom Einsturz der Karlsbrücke – auf »pionér« reimt. Es ist nicht erstaunlich, daß das »armarium«, aus dem im mittelalterlichen Latein durch Dissimulation »almaria« wurde und eine Truhe für geistliche Urkunden bedeutet hat, auch in unseren Kirchen und Klöstern vorhanden war. Wie kommt es aber, daß es gerade in Böhmen so profaniert worden und bodenständig geblieben ist?

In Prag fließt niemals Eiter aus einer Wunde, sondern: Materie. Wieso man hierzulande für das unangenehme Sekret jenes Wort gewählt hat, mit dem die abstrakte Philosophie nichts Geringeres als das substantielle Substrat der Körperwelt im Gegensatz zu den wechselnden, sinnlich wahrnehmbaren Erscheinungen bezeichnet, ist schwerer für den Metaphysiker, leichter für den Mediziner zu begreifen: »Materia purulenta« heißt »eitriger Stoff«. Aber nirgendwo wie in Prag drang die Abkürzung dieses Terminus bis in die untersten Schichten der Laienwelt.

»Ich werd' dich schon lernen«, wird oft als typisch pragerisch gerügt. Da muß ich die Tadler denn »lernen«, daß gerade hier ein deutscher Dialektausdruck vorliegt; in der bayerisch-österreichischen Mundart bedeutet lernen ebensoviel wie lehren, der Lerner heißt ebenso der Lehrling wie der Lehrer.

Vokabeln, die aus dem Tschechischen oder überhaupt aus dem Slawischen und in die deutsche Sprache auch außerhalb des Prager Polizeirayons Eingang gefunden haben, gibt es genug: die »Haubitze« ist aus der hussitischen Steinschleuder »houfenice« entstanden, die allerdings von einem Kriegerhaufen mitgeführt wurde. Der »Hallunke« soll weder vom isländischen »halloka«, das ist Knecht, noch vom französischen »haillon«, das ist Lumpen, noch vom englischen »lounger«, das ist Faulenzer, Lungerer, und auch nicht vom italienischen »alocco«, das ist Tölpel, sondern vom tschechischen »holy«, das ist nackt, von »holomek«, nackter Bettler, stammen. Ob »Popanz« wirklich aus »bubák« entstanden ist und nicht aus dem »Pöpel« (aus dem lateinischen »peplus«), worunter in oberdeutschen Gegenden noch heute ein Schleier, eine Kappe verstanden wird, womit man sich das Gesicht verhüllt, ist ebenso fraglich wie die Behauptung, daß »Peitsche« nicht eine einfache Lautnachahmung des zischenden Peitschentons oder dem Griechischen »bissa« entlehnt ist, sondern dem Tschechischen »bič«! »Pomeranze« kommt »po moře«, vom Meere her, der »Schmetten« von »smetana«, »Gasche« (Kasch) statt Brei, »Kren« statt Meerrettig, »Pawlatsche« statt Altan, aus dem Tschechischen. Die Umschreibung »einen Affen haben« für »betrunken sein«, soll der Übersetzung des Wortspiels opice (der Affe) und opit se (sich betrinken) ihre Existenz im Deutschen verdanken. Das dialektisch gebrauchte Zeitwort »nappizen« für dösen, halbschlummern, stammt nicht aus der Judensprache und nicht aus dem Tschechischen »na peci« (auf dem Ofen liegen), sondern aus dem mittelhochdeutschen »chnappizon«. Kollege Kufner hat einige hundert deutsche Worte aus dem Tschechischen abzuleiten versucht und gibt seinem Buche selbst den skeptischen Titel »Věda či báchorka?« – »Wissenschaft oder Märchen?«

Aber ein Wort, das aus Prag stammt, will ich hier, wo ich die erste Erwähnung des Kleinseitner Deutsch festgestellt habe, nicht fehlen lassen: das

Wort »Schmock«. Wie es entstanden ist, kann ich nicht sagen, aber seine erste bücherliche Eintragung konstatiert es in Prag, und die Behauptung der Lexika, daß es von der tragikomischen Figur in Freytags »Journalisten« stamme, ist falsch. Wirklich wird der Begriff »Schmock« im Sprachgebrauch nicht (trotzdem Brockhaus und Meyer dies behaupten) im Sinne von »skrupelloser, käuflicher Journalist« gebraucht, sondern für einen närrischen, verschrobenen Menschen. Und auch die Herkunftsbezeichnung wird noch oft angewendet, wovon sich der Prager Schmock im Auslande häufig überzeugen kann... Also, die erste Erwähnung findet sich in einem anonymen Buche »Bilder aus Österreich 1848 bis 1849. Von einem deutschen Reisenden«, das 1851 in Leipzig bei Friedrich Ludwig Herbig verlegt wurde. Dort schreibt der Autor auf Seite 15, von Prag sprechend: »Ein gewisser Elles begegnete mir hier, einer von den regsamen, aber phantastischen Köpfen, die in der durch Religion, Sprache und Sitte dreifach von der Außenwelt abgesonderten Ghettosphäre zu Dutzenden wachsen. Man hat für die eigentümliche Verschrobenheit dieser Ghettokinder den lokalen Spitznamen ›Schmöckerei‹ erfunden. Solch ein geistreicher Schmock war Elles. Durch die Taufe hatte er sich seinen orthodoxen Angehörigen entfremdet und suchte dafür Ersatz unter den ›Schmöcken‹, an denen es auch außerhalb der Judenstadt in Prag nie gefehlt hat.«

Und so wie mit manch anderem Prager Ausdruck ist es auch mit dem Schmock gegangen: Er lebt heute überall.

Max Brod

Das Wunderkind

Es gibt eine Stufe im Jahr, nur wenige Tage, da scheint alles in Klarheit zu erstarren. Du mußt sie bemerkt haben, fühlender Freund, wenn du durch die erfrorenen Parkanlagen mit langsamem Nicken schreitest, wenn dein Herz urplötzlich der Seltsamkeit dieser einzigen Stunden so hingegeben ist, daß es in entfernte Gegenden entrückt scheint, auf kostspieligen Eisenbahnfahrten... Der Herbst ist vorbei. Der Winter hat alles zerstört, entlaubt, verwühlt. Und auch dein Ach, mit dem du notwendig diesen Untergang akkompagniert hast, verhallte schon, du Lieber. Aber zum Vorfrühling ist noch weit, zu diesen nach allgemeiner Übereinkunft schicksalsvollen Erweckungen. Denn du siehst noch den Schnee in soliden, beinahe ewigen Flächen über die Wiesenbeete gehüllt, schollig aufgeschaufelt zu beiden Seiten des Parkweges und ein wenig angeschmutzt, ganz weiß aber in den Ästen. Er scheint flockig vor lauter Frische, du greifst ihn an, da pocht er dir steinhart in die Hand. Zwischen Winter und Vorfrühling trifft dich dieser Schlag wie mit Klang einer Glocke. Und nun verstehst du es: alles ruht ringsum, eine Pause von unendlicher Bedeutung ist eingetreten. Wenn du auch im wissenschaftlichen Bewußtsein hast, daß die Säfte in diesen Stämmen weiterkreisen: du siehst es nicht, nichts geschieht, weder verfällt etwas noch lebt es wieder auf, der Tod ist vorüber und die Auferstehung noch nicht einmal angekündigt. Was will die Sonne? Sie strahlt gelblich zwischen Schatten der Zweige hindurch, etwas geht von ihr aus, was man eisige Wärme nennen möchte. Aber nicht vermag sie, und nicht vermag die milde, schnobernde Luft diesen harten, stillen Baumstämmen irgendwie Leben zu entlocken. Fremdartig, wie ein körperlicher Gegenstand an einen anderen Gegenstand fällt, so fällt das Sonnenlicht, mit Luft gemischt, an den hölzernen Baum, ohne Reizung. Baum und Sonne haben einander nichts zu sagen... O einzige Stunde im Jahr, reinste, keuscheste, unausgesprochenste! Und auch du, Freund, halte die Tränen nicht länger zurück, geh' in Rührung den schräg geneigten Weg herab, der heute, da nichts wirkt, da auch die Schwerkraft aufgehoben scheint, deine

Schritte nicht um ein Gran beschleunigen wird. Wie an einem kleinen schwachen Luftballon befestigt, schreitest du herab, im Gleichgewicht. Vergiß es niemals, wie deutlich heute alle Dinge waren, innerlich ohne Zweck, ohne Beziehung aufeinander, wie ähnlich Kristallen. Daß eine Amsel vorbeihüpft, ist ein bloßes Naturschauspiel. Denn sieh, sie frißt nichts, sie sucht nichts, sie will nichts, sieht nicht ihr braunes Weibchen nebenan. Mit einem sauberen Schnitt hat sich jedes Wesen heute aus dem Gemenge der Welt losgelöst, einzeln nun und friedlich blickt es in den lauteren wolkenlosen Himmelsäther, entschlossen, für eine Zeit unverändert so zu bleiben.

Der zwölfjährige Klaviervirtuose Széll springt aus der Kulisse, förmlich befreit von etwas, was ihn dort festgehalten hat. Er ähnelt einem kleinen, aber festen Fußballspieler. Seine Schenkel in den kurzen Hosen sind dick. Eine Hand wirft er im Gehen vor und zurück wie ein Pendel, die andere wie ein Quirl beschreibt enge Kreise am Körper. Kaum kann er es erwarten, am Klavier zu sitzen, den Sessel in die richtige Höhe aufzukurbeln. Wie sehr kennt man diesen Eifer an wohlgeratenen Kindern bei ihren Spielen und Hetzen, wie natürlich dies alles... Und nun, während das Orchester schon dem feurigen Schmerze des F-Moll-Konzerts von Chopin sich preisgibt, hält er sich mit den Fingern heftig an dem gekrümmten Holzprofil unterhalb der Klaviatur fest, förmlich um nicht gegen seinen Willen ins Spiel zu kommen. Den Kopf bewegt er im Takt, und sein Gesicht ist so zart und weiß, daß man es in der Luft verschwimmen sieht, nur von den blonden Haaren zurückgehalten... Nun setzt er ein, fröhlich wie ein Kind, dem endlich in Gesellschaft Erwachsener zu reden erlaubt wird. Seine Läufe rutschen gesund und klar aus dem Gelenk... Jemand flüstert neben mir: »So soll Chopin gespielt werden.« Nein, das ist natürlich falsche Begeisterung. Aber ich denke mir: »So soll von Kindern Chopin gespielt werden.« Oder noch deutlicher und wahrhaftiger wird es zum Gefühl: »So mag Chopin, als er noch ein Knabe war, wie dieser hier, in kurzen weißen Hosen, so mag er die Keime seiner zukünftigen Musik, seines zukünftigen Leidens mit ahnungsvollen Regungen in sich gespürt haben.«... Der zerlegte Dreiklang, mit dem das Adagio beginnt und schließt, wie breitet er so sehnsüchtig die Arme aus nach einer Geliebten, die ihm immer ferner ins Höhere entschwindet. Noch einen Ton, noch einen gibt er zu, klettert zögernd empor, vergebens... So pflege ich diese Stelle zu spielen, manchmal an Abenden,

wenn die ganze mühevolle Erfahrung meiner Jahre sich in mir angesammelt hat. Ich übertreibe es vielleicht und bleibe minutenlang bei diesen süßen Noten... Keine Spur davon heute. Und recht so, und bravo, lieber Széll, wackerer Knabe, du bringst das vorgeschriebene Diminuendo und das vorgeschriebene Ritardando, aber ist es deine Sache, vergiftete Tropfen von Liebe den zerlegten Dreiklängen zu injizieren, die musikalische Figur am Ende durch Überschwang zu zerstören? Und du springst im letzten Satz tapfer und richtig auf die weit entfernte F-Taste, aber ohne wahnsinnigen Zorn, denn wer sollte dich in deinem talentierten Leben gekränkt haben? Kurz, du spielst das ganze Stück so vorzüglich sauber, so freundlich und durchaus nicht ohne die angemessenen Betonungen, daß es mir heute in großen Formen entgegentritt und über allem Dampf menschlicher Leidenschaften. Ja, man sollte sich alle Musikwerke einmal von Wunderkindern vorspielen lassen. Das ist etwas ganz anderes als das Spiel erwachsener Virtuosen, gereifter Männer, die ihre eigenen Erlebnisse kommentierend in die Akkorde einflechten, deren zerrissenes Herz schreit, getröstet wird und wieder schreit... Heute erinnert mich das Konzert an die hellen kühlen Tage, die weder dem Winter noch dem Vorfrühling gehören. Wie im Park draußen die Sonne wirkungslos um die Baumstämme steht, so kann die Hitze dieser Komposition nicht in die Hand des kleinen Spielers dringen. Die Hitze ist hier, und die Hand ist hier, aber zwischen den beiden gibt es keinen Zusammenhang, sie grenzen aneinander, aber sie berühren einander nicht. Und gerade dadurch entstehen so genaue reine Konturen, eine Freude für jeden Menschen, der das Seltene liebt... Er ist zu Ende. Er verbeugt sich vor dem applaudierenden Publikum und, wie man ihn belehrt hat, leitet er einen Teil des Beifalls, indem er die drei-, viermal kurz zusammenschlagenden Hände erhebt, dem Orchester zu. Auch diese Form des nervösen Maestro, den man gejagt durch alle Länder, alle Orchester der Großstädte sich vorstellt, heute hier, morgen dort, erfüllt er mit schöner fremder Sicherheit, ohne Selbstüberwindung oder etwas derartiges Nervöses durch sie äußern zu wollen. Er setzt sich wieder und, da man weiter applaudiert, steht er wieder auf, um mit einem Ruck sich zu bücken. Während aber andere, die Gereiften, während des Beifalls im Sitzen so tun, als beschäftige sie schon wieder das Klavier und ihr nächstes Stück und als schrecke sie nur der gesteigerte Lärm zu noch einer Verbeugung auf, sitzt der Knabe ruhig da, die Arme über die Brust gekreuzt, schaut dem klatschenden Publikum ins Gesicht, wartet in dieser Stellung eine passende Weile, ehe er wieder vortritt. Man hat ihn eben belehrt, er solle zwischen den Verbeugungen warten. Vielleicht zählt er inzwischen bis dreißig.

Hugo Sonnenschein

Verkündigung

Es sind Großstadtteile, enge Gassen,
armer Mensch, sehr arm und kleingebückt,
Judenviertel, in die lange lange
nicht ein einziger Strahl der Sonne blickt.
Ach, die Menschen, die da wohnen,
wissen nicht von Licht und Blütenhauch,
im dunkeln Viertel der Huren und Juden
singt kein Vogel, blüht kein Fliederstrauch.
Manchmal (o, an gottgeweihten Tagen
in hundert Jahren einmal nur vielleicht)
bringen Frühlingswinde Duft zu diesen Menschen
und ein Sonnenstrahl sieht her – entweicht.
Und der Strahl wird einstens einen Jüngling
finden, dem er zündend in die Seele fällt,
daß darin die Sonnensehnsucht werde –
und die Sehnsucht bringt den Maschiach der Welt.

Hugo Sonnenschein

Der Verfluchte

Schließe die Augen und blicke tief
in deiner Seele sturmbewegtes Chaos hinein!
Fest schließe die Augen! Auf daß du dich erschauest!
Grau ist die Stimmung über der Landschaft.
Du findest Klüfte, schwarze Schluchten,
sturmzerrissene Gebirge,
Eis und Schnee darauf – nicht weiß
noch unbefleckt wie sonst auf hohen Bergen.
Doch grau und schmutzig, wie an Frühlingstagen im Tal.
Und Pflanzen findest du ohn Blatt und Blüte,
und Wesen – kleingebückt – die wie die Schatten schleichen
nach ihren düstern Höhlen.
So findest du das Land in deiner Seele.
Grau und düster. Alles. Grau und dunkel.
Und keinen einzigen Sonnenstrahl.
So findest du das Land in deiner Seele,
Ichgott, Geuse Einsam:
Judenjunge, Slowakenkind,
Kulturbastard.

Johannes Urzidil

Ein letzter Dienst

An einem Frühlingsvormittag, kaum zwei Wochen bevor ich meine Heimatstadt für immer – wahrscheinlich für immer – verließ, begegnete ich in einem der vielen Winkel der alten Theingasse einem Mann mittlerer Jahre, der mit einem Stelzfuß über das Pflaster hinklapperte und eine Zigarrenschachtel mit Streichhölzern und Schnürsenkeln vor sich hertrug. Dieser Mensch spielte in meinem Leben eine merkwürdige und, wie sich zeigen sollte, sehr wichtige Rolle.

Ich kannte ihn aus den Tagen meiner Kindheit. Er hieß Svatopluk Janda und war mit mir in der Volksschule auf der gleichen Bank gesessen. Schon damals fehlte ihm das rechte Bein. Bei unvorsichtigem Ballspiel war er von einem Straßenbahnwagen erfaßt worden. Er humpelte auf einem hölzernen Ersatzpfeiler, was ihm unter den sechs- und siebenjährigen Mitschülern einen gewissen Respekt eintrug, der an Bewunderung grenzte. Er war auch keineswegs bedrückt oder schwermütig, sondern eher temperamentvoll und herrisch. Und wegen seiner ungewöhnlichen Körperkraft, die durch das fehlende Bein keineswegs beeinträchtigt, sondern offenbar in den übrigen Gliedern nur noch gesteigert wurde, war er sogar gefürchtet.

Ich besuchte eine Prager Vorstadtschule mit deutscher Unterrichtssprache, in die fast ausschließlich Kinder armer Familien eingeschrieben waren. Obschon der Sohn eines gering besoldeten Beamten, galt ich bereits als wohlhabend und verzärtelt, wenn ich auch täglich nicht mehr als zwei Kreuzer Taschengeld erhielt und mein Vater meine Bitte um Erhöhung dieses Betrages auf drei Kreuzer mit der Erklärung beantwortete: »Was fällt dir ein? Ich bin kein Dukatenscheißer. Ein Kreuzer täglich mehr wäre drei Gulden fünfundsechzig in einem Jahr. In zehn Jahren wären das mit Zinsen und Zinseszinsen mehr als vierzig Gulden. Wie stellst du dir vor, daß ich so ohne weiteres mehr als vierzig Gulden entbehren kann?«

»Aber Vater, du trinkst doch täglich ein paar Glas Bier, und der Liter ist um einen Kreuzer hinaufgegangen...«

»Das ist etwas ganz anderes«, erklärte mein Vater. »Bier ist flüssiges Brot. Und übrigens werde nicht frech, sonst wirst du etwas erleben.«

Ein Erlebnis bestand, wie mir wohlbekannt war, in derartigen Fällen aus ein paar Ohrfeigen.

So also war es um die Wohlhabenheit bestellt, um derentwillen mich meine Mitschüler weniger beneideten als verachteten. Svatopluk Janda verachtete mich am entschiedensten. Er verachtete eigentlich alle, den Lehrer Petrak mit inbegriffen. Svatopluk erinnerte an den schrecklichen einbeinigen Seeräuber Long John Silver aus der »Schatzinsel«. Er konnte einen Schulranzen mit solcher Wucht schleudern, daß der Getroffene der Länge nach hinflog, und der Blick seiner dunkelbraunen Augen nahm mitunter etwas derart Drohendes und Unheimliches an, daß niemand gewagt hätte, Svatopluk zu widersprechen, auch nicht der Lehrer. Heimtückisch oder bösartig war er in keiner Weise. Gefährlich wurde er, wenn er irgendeine Ungerechtigkeit zu wittern glaubte. Als ein in früheren Jahren vom Schicksal Mißhandelter hatte er allerdings eine stärkere Witterung für Unrecht als wir anderen. Unter seiner Anleitung erkannten wir bald, daß es viel mehr Unrecht gebe, als wir je geglaubt hätten.

Vier Jahre lang saß ich mit Svatopluk in einer Klasse. Dann kam ich ins Gymnasium, ein Umsturz, der in meinem Fall bedeutsamer war, als sonst dieser Übergang zu sein pflegt. Denn aus einer Umwelt armer abgehärteter Kinder kam ich plötzlich in einen Stadtteil und eine Anstalt zumeist reicher Muttersöhnchen, die seidene Halstücher gegen Zugluft umgewikkelt bekamen und denen man wohlverpackte Zehnuhrbrote in die Tasche steckte, behütete Kinder gut gestellter Leute. War ich in der Volksschule verächtlich »der Reiche« genannt worden, so wurde ich im Gymnasium, anfangs jedenfalls, verächtlich als »Armer« behandelt. Aber die Mitschüler der Volksschule hatten mich wenigstens in ihre armen Haushalte eingeführt, die vollgestopft waren mit zahllosen aufbewahrten Dingen, für die man irgendeinmal noch eine Verwendung erhoffte. Später sollte ich wahrnehmen, daß die reichen Haushalte im Gegensatz hierzu leer erschienen, noch später, daß sie immer ein wenig langweilig, altmodisch und lächerlich sind.

Svatopluk Janda kam mir nach der Volksschule durch mehr als drei Jahrzehnte abhanden. Freilich erinnerte ich mich seiner während dieser Zeit gelegentlich. Ich sah ihn neben mir in der Bank, das Holzbein horizontal gegen die Lade gestemmt, den funkelnden Blick wachsam rund durch die

Klasse sendend; ich sah ihn vor mir, wie er während der Unterrichtspausen im Schulhof Wurfball spielte und sich mit bemerkenswerter und bewunderter Fertigkeit herumbewegte; ich sah ihn, wie er beim Raufen zuschlug, mit seinem Stelzbein blitzartig Tritte austeilend und durch unerwartete Griffe und Wendungen jeden Gegner zu Fall bringend; ich hörte ihn, wie er aus dem Lesebuch für das dritte Schuljahr vorlas, einen höchst denkwürdigen Text, der den Unterschied zwischen verschiedenen Bezeichnungen deutlich machen sollte:

»Der Herr Minister hat eine Gemahlin.
Der Herr Direktor hat eine Gattin.
Der Herr Postoffizial hat eine Frau.
Der Arbeiter hat ein Weib.«

Ich sah ihn, wie er, mit den anderen eine Kette bildend, einen grausig humpelnden Kreistanz rund um mich vollführte, wobei alle grölten:

»Hahaha,
Was macht die Frau Mama?«

(Dabei hatte ich gar keine Frau Mama, wie sie dachten, sondern doch nur die »Stief«. Meine Mitschüler sagten daheim jedenfalls niemals »Mama«, sondern eben »Mutter«.) Ich sah Svatopluk Janda auch vor mir, wie er auf der Anhöhe hinter der »Fliedermühle« (einem Wirtshaus am Stadtrand unweit der Schule) mit einem Mädel seines Alters herumwirtschaftete. Er war der erste von uns, der sich mit Mädeln herumtrieb. Von ihm lernten wir allerlei.

Er war der Sohn eines Taglöhners, der mehr trank als arbeitete, und einer Mutter, die noch auf sechs andere Kinder aufzupassen und daher wenig Zeit für psychologische Untersuchungen hatte. Wie durch ein Wunder war Svatopluk nach dem Straßenbahnunfall am Leben geblieben. Ob seine Eltern sehr glücklich darüber waren, steht dahin. Durch vier Schuljahre hatte ich ihn täglich neben mir. Dann war er durch drei Jahrzehnte nur gelegentlich in mein Bewußtsein getreten.

»Janda«, sagte ich, »Svatopluk! Wie geht's dir?« Angesichts des Bildes, das er darbot, war dies eine überflüssige Frage. Er beantwortete sie auch nicht, sondern blickte mich eine Weile mit seinen dunklen, unverändert unheimlichen Augen an. Prüfend wanderte sein Blick dann meinen Anzug hinunter bis zu den Schuhen.

»Ich weiß schon«, sagte er, »du bist der reiche Urzidil.«

»Hör doch auf mit diesem Unsinn. Ich bin nicht reich. Ich bin auch niemals reich gewesen. Das habt ihr euch alle nur eingebildet.«

»Also du bist nicht reich? Trägst du vielleicht nur eine Verkleidung und gehst sonst auch wie ich mit Schuhbandeln und Zündhölzern in den Gassen herum?«

»Das nicht gerade«, sagte ich verlegen. »Aber nur ganz zufällig nicht. Zwischen mir und einem Reichen ist aber trotzdem noch ein gewaltiger Unterschied.«

»Ist er so groß wie zwischen mir und dir?... Antworte! Ist er so groß wie zwischen mir und dir?« Seine Augen wetterleuchteten, und ich duckte mich, als hätte ich einen Tritt von seinem Stelzfuß befürchten müssen.

»Vielleicht hast du recht«, antwortete ich ängstlich. »Aber ich kann doch nichts dafür.«

»Das kann wahr sein«, bemerkte er nachdenklich. »Außerdem bist du ja blöd und hast wahrscheinlich deshalb irgendeinen guten Posten.«

Ich überging diese Äußerung. Ich kannte zu viele dumme Menschen mit erheblichem Einkommen. Es war mir sogar schon öfters der Verdacht aufgestiegen, daß es eigentlich nicht gar so schwer sein könne, viel Geld zu verdienen, in Anbetracht der Einkünfte mancher Leute, die mir als unzweifelhafte Dummköpfe bekannt waren. Übrigens war ich meiner eigenen Intelligenz gerade damals nicht so unbedingt sicher. Ich antwortete also nicht. Ich getraute mich aber auch nicht, Geld hervorzuziehen und es Svatopluk anzubieten. Daß meine Unterredung mit ihm auf offener Straße Vorübergehenden oder gar Bekannten auffällig erscheinen mußte, kam mir nicht in den Sinn. Vielleicht, ich muß es zu meiner Schande gestehen, hätte ich zu anderen Zeiten ein solches Gespräch vermieden. Aber in jenen Tagen des Zusammenbruchs der Dimensionen, in jenen letzten Tagen im alten Prag, war das anders geworden.

»Steh ich dir für ein Mittagessen?« fragte er und überhob mich so meiner Verlegenheit. »Ich esse nämlich gern«, setzte er augenzwinkernd hinzu.

»Selbstverständlich«, beeilte ich mich zu sagen, »selbstverständlich. Ich auch. Wohin wollen wir gehen?«

»Zu mir natürlich«, sagte er. »Ich wohn hier ganz nahe. Ein feines Herrchen wie du kann sich doch nicht mit mir in einem Gasthaus zeigen. Wo ich außerdem noch vorbestraft bin. Macht dir das etwas?«

»Nein. Gewiß nicht. Ich meine, heutzutage sind viele... Also warte ein wenig. Ich werde rasch etwas einkaufen.«

»Einkaufen? Ganz überflüssig. Ich habe genug zu Hause. Ich habe Brot und eine Masse Wurst. Es ist allerdings Pferdewurst. Hast du schon einmal Pferdewurst gegessen?«

»Pferdewurst? Ich glaube nicht.«

»Also, da haben wir's. Und du sagst, daß du kein Reicher bist. Nicht einmal Pferdewurst hast du gegessen. Ich kann dir sagen, daß sie besser schmeckt, als du glaubst.« – Er humpelte vorwärts durch das enge Theingäßchen, in dem man jetzt gegen Mittag nur wenige Menschen sah. Vor einem der alten kleinen Häuser blieb er stehen, stieß mit dem Ellbogen die Tür auf und trat vor mir her in einen dunklen, muffigen Hausflur, an dessen Ende eine Kellertreppe zu einem Raum führte, der nur durch ein niedriges, vergittertes und noch dazu blindes Fenster von einem darüberliegenden Hof aus spärliches Licht empfing.

»Hab nur keine Angst. Es ist ganz gemütlich«, bemerkte er. »In Pankraz war es allerdings etwas besser.«

Pankraz hieß, nach dem gleichnamigen Stadtteil, die Prager Strafanstalt. Hier bei Svatopluk sah es freilich aus wie in einem Verlies. (Ich dachte an den »Grafen von Monte Christo«.) Es roch säuerlich nach alten Abfällen. Mich gruselte, aber ich überwand mich. Svatopluk zündete eine kleine Petroleumlampe an, und ich konnte jetzt unterscheiden, was die Einrichtung des Raumes bildete, dessen Mauerverputz zur Hälfte abgefallen war. Ich erkannte eine aus Kisten zusammengeschobene Lagerstätte mit ein paar angefetzten Pferdedecken und einem gebauschten Zwilchsack, der vermutlich mit Lumpen gestopft war und als Polster diente. Eine größere Kiste fand als Tisch Verwendung, zwei kleinere als Sitzgelegenheiten.

Auf einem dreibeinigen, in zweifelhafter Balance schwebenden Gestell standen alte Teller, Gläser, eine Blechkanne und einige in Zeitungen verpackte undefinierbare Objekte.

»Ein feines Quartier«, erklärte Svatopluk. »Ich hab schon schlechter gewohnt. In Pankraz war es, wie gesagt, besser.«

»Weshalb hat man dich denn eingesperrt?« fragte ich.

»Lächerliche Frage. Weil ich einmal etwas mitgenommen habe, was für niemand anderen als mich einen Wert hatte.«

Ich vermied es, mich nach den näheren Umständen dieser Strafsache zu erkundigen.

»Das ist nämlich so«, begann er von selbst zu erläutern. »Menschen wie du verstehen so etwas nämlich nicht. Leute wie ich werden früher oder später immer wegen Diebstahls bestraft. Eher früher als später. Uns kann man nichts stehlen, folglich müssen wir diejenigen sein, die den anderen etwas abluchsen. Das ist doch klar wie Stiefelwichs. Nicht?«

Gegen diese Logik ließ sich schwer etwas einwenden.

»Gibt es denn niemanden, der etwas für dich tut?« fragte ich. »Du mußt doch Geschwister haben.«

»Ja. Die hab ich. Aber etwas für mich tun? Zwei sind noch da. Die Vlasta hat vier uneheliche Kinder. Die könnt ich noch selbst unterstützen. Und einen Bruder hab ich auch noch. Kolossal! Der ist Bahnangestellter. Dem darf ich gar nicht nahe kommen. Schau, daß du verschwindest, sonst verlier ich noch meine Stellung, hat er mir gesagt. Willst du einen Schnaps?«

»Nein, ich trinke keinen Schnaps«, sagte ich vorbeugend, obzwar dies nicht ganz der Wahrheit entsprach.

»Das ist gut«, sagte er und schüttelte die Kümmelflasche. »Es ist nämlich auch gar keiner mehr da.«

Die Pferdewurst hatte an der Schnittfläche einen metallisch irisierenden Schimmer und schmeckte süßlich. Das Brot war vertrocknet. Ich aß, denn ich wollte um nichts in der Welt das Mißfallen oder gar den Zorn meines Gastgebers hervorrufen. Ich fühlte mich wie in der Höhle Polyphems, ängstlich erwartend, was nun als nächstes geschehen würde. Svatopluk aß herzhaft und schweigend große Wurststücke. Mit Schrecken bemerkte ich, daß auch seine linke Hand verstümmelt war.

»Jetzt wäre ein Bier gut«, sagte er, nachdem er zu Ende gegessen hatte.

»Ich könnte ja welches holen«, schlug ich vor.

»Nicht nötig. Ich werd schon eines verschaffen. Das heißt: wenn du es bezahlst. Geld hab ich nämlich nicht.«

Ich reichte ihm meine Geldbörse, die er mit seiner rechten Hand öffnete. Er betrachtete eingehend den Inhalt, schüttelte den Kopf, nahm dann so viel heraus, als ihm nötig schien, und reichte mir die Geldbörse zurück. Dann humpelte er zur Tür.

»Frau Dobrohlawek, Bier!« rief er in den Hausflur. – »Erst Geld«, kam eine scheppernde Frauenstimme zurück.

»Gieriges Luder«, knurrte Svatopluk, schleppte sich hinaus und kam nach kurzem mit einer Flasche wieder. »Sogar eine Einlage für die Flasche hat sie mir abgenommen. Die hat's nämlich zu Haus. In den Ausschank geht sie nicht. Und ich schon gar nicht. Nusler Bier. Trinkst du Nusler?«

Ich bejahte. Er tat einen tiefen Zug und bot mir dann die Flasche an, nachdem er ihren Hals an seinem Ärmel abgewischt hatte. Ich trank.

»Ja, das ist einmal ein Festtag«, sagte er zufrieden. »Wie bei Matthäi.« (Matthäi war eine alljährliche Prager Kirchweih.) »Ich hab da auch noch saure Zwiebeln von meinem Hoflieferanten, der das Kaffee Kandelaber am Ring betreibt.«

(Kaffee Kandelaber nannte man einen Würstelstand am Altstädter Ring. Die Würstel, so sagte man, veranstalteten im Magen ein Wettrennen, was ihre Herkunft kennzeichnete.)

»Erinnerst du dich an den Lehrer Petrak?« begann er nach einer Weile. »Ein anständiger Mensch. Ich habe ihn später noch ein paarmal getroffen. ›Janda‹, sagte er, ›kannst du dir denn gar nicht helfen?‹ – ›Wie soll ich mir helfen‹, sage ich, ›mit meinem einen Bein?‹ – ›Aber du hast doch zwei Hände‹, sagt er. ›Du könntest doch irgend etwas arbeiten. Ich werde dir einen Platz in einer Fabrik verschaffen.‹ Das hat er auch wirklich getan. Und ich bin sogar hingegangen. Das ist jetzt zwanzig Jahre her. Und das hier ist das Resultat.« Er schüttelte seine linke Hand vor meinen Augen. Es fehlten zwei Finger.

»Wie ist denn das geschehen?« fragte ich.

»Es ist eben geschehen«, sagte er. »Ich hab gesehen, wie die zwei Finger fortgeflogen sind vom Zahnrad. Wie Holzschnitzeln sind sie fortgeflogen. Schwupp, weg waren sie. Ich hab ein paar Kronen ausgezahlt bekommen. Eigene Unvorsichtigkeit, hat man gesagt. Der Lehrer Petrak hat mir eine Zeitlang auch etwas geschickt. Dann ist er gestorben. Ein anständiger Mensch. Aber sein Rat war nicht gut.«

»Er hat es gut gemeint.«

»Gut gemeint? Natürlich hat er's gut gemeint. Aber man soll Menschen in Ruhe lassen. Denen, die's böse meinen, kann man wenigstens einen Tritt in den Hintern geben. Aber gegen die, die's gut meinen, kann man sich nicht helfen. Die meinen es so gut, bis man dran kaputtgeht.«

Ich zog vor, den guten Willen von Menschen nicht zu verteidigen, nicht unter den gegebenen Umständen. Svatopluk hatte sich auf seinem Kistenlager ausgestreckt. »Und was für eine Art von Unsinn treibst du?« fragte er dann.

Ich konnte keine klare Antwort geben. Im Augenblick war ich berufslos. Es war ein Glück, daß ich nichts angeben konnte. Ein Hinweis auf Erwerb und irgendeine Tätigkeit hätte ihn doch nur bitter oder vielleicht gar zornig machen müssen. Ich war damals drauf und dran, aus dem Lande zu fliehen, auf irgendeine Weise, die mir vorderhand noch nicht klar war.

»Ich muß fort von hier«, sagte ich. »Ich meine: von Prag oder vielmehr aus dem Lande.«

»Aha«, sagte er. »Wahrscheinlich bist du so irgendein Politischer. Von solchen Sachen hab ich auch schon gehört. Na, mich geht das alles ja nichts an.« Er setzte sich auf, betrachtete mich eine Weile und sagte dann: »Also da hast du's! Du hast doch bestimmt gar nichts angestellt. Du hast sicher nicht einmal irgendeinen dreckigen Hunderter gestohlen, nein, du siehst mir nicht so tüchtig aus. Und trotzdem lassen sie dich nicht in Ruh, deine eigenen Leute.«

Es waren zwar durchaus nicht meine eigenen Leute; aber ich schwieg.

»Siehst du«, fuhr er fort, »deine eigenen Leute! Und sie lassen dich auch nicht in Ruh. Ich hab hier wenigstens mein Zuhause. Da kann mich niemand wegjagen. Den möcht ich sehn! Davonlaufen muß ich vor niemandem.« Er faßte mich scharf ins Auge. »Mir scheint, du bist wirklich ein armer Hund. Na, wenn du etwas brauchst, ich helf dir. Ich kann noch mit meinen acht Fingern manche Sache drehen. Geld hab ich freilich nicht...«

»Janda«, sagte ich, »wenn du Geld brauchst, ich meine, für dich selbst...«

»Untersteh dich«, rief er, »du hast das doch nötiger als ich, du Trottel. Das soll keine Beleidigung sein.«

Er stand auf, ging zu dem dreibeinigen Gestell und wickelte eines der in Zeitungspapier gehüllten Pakete auf.

»Das ist mein Archiv«, sagte er dann. »Da will ich dir etwas schenken. Ich hab nämlich noch etwas von dir aus der Schulzeit.«

»Was? Jetzt nach dreißig Jahren?«

»Ja. Komisch, nicht wahr? Es hat sich mit mir herumgeschleppt. Da, ein Zettel von dir. Den hat dir der Petrak einmal aufgesalzen. ›Vom Vater unterschrieben bringen: Ich soll nicht schwätzen und nicht einsagen.‹«

Es war wirklich ein Zettel, auf dem ich die besagten Gebote zwanzigmal hintereinander hatte aufschreiben müssen. Die Unterschrift meines Vaters aber, dessen entsann ich mich genau, die Unterschrift hatte ich gefälscht.

Selbstverständlich hatte das der Lehrer Petrak sogleich erkannt und hatte meinen Vater in die Schule kommen lassen. »Unterschriftfälscher«, schrie mein Vater und schmierte mir eine ins Gesicht, »Unterschriftfälscher, das Ärgste, was es auf Gottes Erdboden gibt!« Ich war damals zehn Jahre alt.

»Warum hast du dir denn diesen Zettel aufgehoben?« fragte ich staunend.

»Warum? Du hast doch mir eingesagt und geschwätzt hast du auch mit mir. Petrak hat den Zettel nachher fortgeworfen, und ich hab ihn aufgeklaubt. Warum, weiß ich nicht. Seither hab ich ihn. Da hast du ihn jetzt, zum Andenken. Damals hast du dich wenigstens getraut, etwas zu machen.« Ich nahm den Zettel und steckte ihn ein.

»Na also«, sagte Svatopluk. »Jeder hat irgend etwas für jeden. Jetzt will ich aber meinen Nachmittagsnatzer machen.« Er streckte sich wieder auf seinem Lager aus. Ich stand auf.

»Wenn du etwas brauchst, so komm«, rief er mir noch nach, und es schien mir, daß ich noch nie im Leben eine ehrlichere Einladung erhalten hatte.

Ich wunderte mich, daß es noch für irgend jemanden einen Nachmittagsschlaf geben könne in jener beklemmenden Phase der Besetzung. Auch der Schlaf der Nächte hatte sich auf eine ganz kurze Spanne zusammengedrängt. Nur die wenigsten schliefen von selbst ein oder erwachten von selbst. Der Zustand der Furcht ist die niedrigste und beklagenswerteste Stufe der Seelenverfassung, durch das Erregen von Furcht seine Zwecke zu erreichen, das ärgste Verbrechen an der Menschenwürde. Denn Furcht, selbst in ihren leisesten Äußerungen, ist der Ansatz des Irrsinns. Dies ist Urerkenntnis. Der Heiland selbst hatte die Gradeinteilung aufgestellt.

»Von alters her ward euch gesagt: Du sollst nicht töten; wer aber tötet, möge dem Gerichte verfallen. Ich jedoch sage euch: Wer seinem Bruder auch nur mit Groll begegnet, der soll dem Gerichte Rede stehen; wer ihn aber zum Narren macht, dem gebührt das Feuer der Hölle!«

Ich hielt mich in jenen Tagen wenig zu Hause auf; denn Heim bedeutete Erreichbarkeit für gefährlichen Zugriff. Auf meinen Wegen vermied ich die Hauptstraßen; denn viele, die mich kannten und nun der Gewalt dienten, mochten mir begegnen und mich preisgeben. Aber auch in kleinen Gassen war ja Gefahr. Ich hielt mich in den Wohnungen anderer auf, aber auch sie waren nicht sicherer als ich, ja ihre Unsicherheit mochte durch meine Anwesenheit noch größer sein. Auch sie schraken zusammen, wenn die Türklingel tönte oder das Telephon läutete. War man allein, suchte man Gemeinschaft; war man mit anderen, wollte man allein sein. Man ging zu Menschen, zu denen man früher nie gegangen wäre, zu flüchtigsten Bekannten, nur um nicht daheim sein zu müssen. Das Heim hatte eben aufgehört und fluktuierte von Stunde zu Stunde. Einmal in der Nacht, als ich von einem solchen Besuch fortging, schleppte man gerade einen Menschen aus einer Nachbarwohnung ab. Das Treppenlicht spiegelte sich in den polierten Schaftstiefeln der schwarzen Kohorte, die rund um den Mann die Stockwerke hinuntertrampelte. Er sah zu mir herüber, aber ich stand und regte mich nicht.

Ich ging auf Friedhöfe. In ihren Labyrinthen von Grüften und Gräbern mochte man noch am ehesten unbeachtet bleiben. Die Heere von Toten, die schon alles erlitten hatten, wirkten besänftigend. Ich begleitete fremde Menschen auf ihrem letzten Weg, stand mit Trauergästen vor fremden Gräbern, und als gehörte ich mit dazu, warf ich dem Toten wohl auch eine Schaufel Erde nach.

Ich ging in die Kinos, wo man für zwei Stunden im Finstern zwischen ein paar hundert Menschen anonym bleiben konnte. Mickey Mouse als Tennisspieler. Fahrradrennen in Dänemark. Walfischjagd bei den Eskimos. Heinrich VIII. frißt einen Braten, den er mit beiden Händen hält; der Saft trieft fettig auf seine brokatenen Ärmel. Er wird nachher eine seiner Gattinnen köpfen lassen.

Wie kommt man aus der Falle? Zahllose warteten naiv in langen Reihen vor Amtstüren auf Erlaubnisscheine, die sie niemals erhielten. Einige schlugen sich über einsame Grenzhalden, durch Grenzwälder oder auch durch Bergwerke, deren Stollen jenseits der Grenzen mündeten; manche schwammen durch Grenzflüsse, andere schwindelten sich mit gefälschten Papieren durch, etliche wurden erwischt und mit hämischem Triumph wieder eingebracht. Manche blieben auf dem Weg. Manche wieder waren zu erschöpft, die Mühsal auch nur zu versuchen, und endeten freiwillig. Ein grausiger Totentanz wirbelte rundum in grotesken Rhythmen. Manche suchten Zuflucht in Irrenhäusern. Wer seinen Bruder zum Narren macht, dem gebührt das Feuer der Hölle.

Mit anderen zusammen beschwor man die Vergangenheiten; oder man erzählte uralte Witze, denn man lechzte nach ablenkender Heiterkeit. Sagte Professor Komma einmal: »Bäumel, sind Sie nicht der Bruder von Friedländer aus der Quarta?« Noch besser: »Sagte Komma zu Bäumel: Sie haben gestern Ihr Unvorbereitetsein in Griechisch mit der plötzlichen Erkrankung Ihrer Frau Großmutter entschuldigen wollen. Nun, ich habe mich erkundigt. Und da erfahre ich denn zu meiner größten Bestürzung, daß sich Ihre verehrte Frau Großmutter, Gott sei Dank, bei bestem Wohlsein befindet.« Lachsalve. Draußen geht der Aufzug. Beklommene Stille. »Weiß noch jemand eine Komma-Geschichte?« Der Aufzug ist am Stockwerk vorbeigefahren. »Ich hab zerrüttete Nerven«, sagt die Hausfrau.

Angst erfand sich die widersinnigsten Kalkulationen. In den Toiletten der Kaffeehäuser wucherte der Schleichhandel mit falschen Pässen. Familienschmuck, Wertpapiere, Kostbarkeiten übergab man wildfremden Personen. Wer Briefe schrieb, hatte mit den Adressaten einen Geheimcode vereinbart. Die Briefe ähnelten dadaistischen Gedichten. »Die Aktentasche ist im Badeofen... Die Katze ist in der Nähmaschine.« Das hieß dann etwa: Mein Mann ist schon draußen, aber meine Tochter hat man geschnappt. Wer hoffte, entkommen zu können, lernte noch rasch fremde Sprachen. »Mr. Brown is proud of his green house... Mrs. Brown has an inkstand.« – »Nous sommes à Paris. Voilà le tombeau de Napoléon! Voilà l'école de Berlitz!« Das würde man vielleicht noch gut brauchen können. Das Tragische bediente sich der lächerlichsten Masken. Das Lächerliche wandelte auf tragischen Kothurnen umher. Viele packten Koffer, um sie rasch noch ins Ausland zu senden. Wahllos, wie bei einer Feuersbrunst, rafften sie die abstrusesten Dinge zusammen. Silberne Leuchter, sinnlose Briefbeschwerer, gerahmte Blumenstücke, auf Glanzpapier aus den Haaren einer alten Tante gebildet, mit der Umschrift »Zur Erinnerung« (ebenfalls aus Haaren). Andere, die sich besonders klug dünkten, legten alte Kupferstiche in die Koffer. Chodowiecki! In Amerika soll er sehr gesucht sein.

Nicht nur der rundum drohenden Gewalt, nicht nur der Tyrannei des Unrechts, sondern auch dem chiliastischen Höllenbrueghel des Irrsinns rings suchte man zu entfliehen. Wo war eine Stelle frei von diesem Hexensabbat? Auch nicht einmal von den Kirchen konnte das gelten. Ich sehe noch meinen alten Freund Alfred König vor mir. Es war in der Kleinseitner Niklaskirche. Ich war eingetreten, nicht gerade aus Frömmigkeit, sondern um mich in der Stille des geweihten Raumes von der Qual der Außenwelt abzusondern. Ich versuchte zu beten. Der Gedanke an Gebet war mir eigentlich erst gekommen, als ich Alfred vor mir auf der Bank knien sah, den Kopf auf die gefalteten Hände gestützt. Er war ein Mensch aufrichtigen Glaubens, der erst spät, aber mit inbrünstiger Überzeugung sich der Kirche angeschlossen hatte. Er war Schriftsteller und nach seinem Übertritt Autor einiger kirchengeschichtlicher Werke. Wir hatten einst viele Abende miteinander verbracht, und ich hatte ihn immer bewundert. Und als ich ihn knien und beten sah, dachte ich, daß er vielleicht einer der sehr wenigen wäre, die im Stande der Gnade lebten und ihren Weg und ihre Wahrheit gefunden hätten. Riesenhaft wölbte sich oben die Barockkuppel mit ihrer schwebenden Gloriole von Heiligen und Märtyrern, zu denen sein leises Beten emporzusteigen schien längs der Strahlen, die schräg und steil durch die Fenster einsprangen. So begann auch ich zu beten. »Zukomme uns Dein Reich.« Dann sah ich zwei Männer hinter Alfred treten, von denen einer ihm ganz leicht auf die Schulter tippte. Alfred erhob sich, als hätte er dieses Tippen längst erwartet. Er schickte sich an, mit den zwei Männern davonzugehen. Dabei traf mich sein Blick. Er hatte helle, blaue Augen. In ihnen schien mir in dieser Sekunde alles Leid, aber auch alles Erbarmen des Daseins vereinigt. Er ging zwischen den zwei Männern durch die Bankreihen davon gegen die helle Öffnung des Portals in ein Licht und in ein Dunkel, aus dem er nicht mehr zurückkehrte.

Ich ging nun auch nicht mehr in Kirchen. Ich wußte schließlich nur noch von einer Stelle, die das Zeitalter nicht erreichen konnte.

Daß der Mauerverputz halb abgefallen war, störte mich nicht. Das erzeugte geographische Ornamente an den Wänden. Eine Stelle sah aus wie Arabien, eine andere wie Südamerika. Am unteren Ende rechts erkannte man deutlich die Gruppe der Falklandinseln. Der Anblick der Mauer erinnerte mich an alte Verseleien aus der Schulzeit.

Mich erschüttert die große Landkarte mit dem Gewoge der Staaten.
Strichwerk bezeichnet Tiefebenen. Weiß blitzt auf Alpengraten.
Blau sind die Ozeane, gelb ist die Mongolei,
Rostrot brennt die Sahara, eisgrün die Hudsonbai.
Stiergefecht in Sevilla, Trankneipe der Eskimos,
Lianen am Amazonas, Tee aus Isländermoos,
Überall auf der Karte, überall bin ich zugleich,
Durch alle Breitengrade dehnt sich mein herrliches Reich.

Svatopluk, der einigermaßen dem von mir mitgebrachten Kümmel zugesprochen hatte, grölte unaufhörlich ein Chorlied aus der »Verkauften Braut«, offenbar sein Lieblingslied, das ja auch als Volkslied in aller Munde war:

»Warum sollen wir uns nicht freuen, uns nicht freuen,
Wenn uns Gott Gesundheit schenkt, Gesundheit schenkt...«

»Da schau her«, rief er, »bin ich vielleicht nicht gesund? Ein Bein ist tschari, und eine halbe Hand ist futsch. Aber sonst bin ich doch großartig beisammen.«

Im Kellerloch war es diesmal wirklich ganz gemütlich. Svatopluk hatte mir das Zwilchsackpolster untergeschoben. Auf der Tischkiste waren sogar Teller ausgelegt und ein paar Alpaka-Bestecke mit der Aufschrift »Hotel Monopol«.

»Das ist nämlich *mein* Hotel«, erklärte Svatopluk. »Der rote Zimmerhackel ist dort Küchenchef. Der gibt mir zweimal in der Woche einen ganzen Haufen Fressalien. Heute ist es Faschiertes. Erinnerst du dich noch an den roten Zimmerhackel?«

Ich mußte gestehen, daß ich den roten Zimmerhackel vollständig vergessen hatte.

»Aber doch der rote Zimmerhackel«, rief Svatopluk erstaunt, »der dem Schulinspektor das Bein gestellt hat. Ein großartiger Kerl! Jeder hat doch den roten Zimmerhackel gekannt.« Er entnahm einem Zeitungspapier eine ganze Menge Schnitten faschierten Bratens und einem anderen, von mir beigesteuerten Paket Brote, Würste und saure Gurken.

»Jetzt brauchen wir nur noch Bier und Zigaretten«, sagte er, wobei er mich fragend ansah. Ich reichte ihm meine Geldtasche.

»Aber ich muß heute die Dobrohlawek mit einladen«, setzte er hinzu, »sonst ist sie beleidigt. Heut ist nämlich ihr Tag. Immer, wenn ich aus dem ›Monopol‹ komm.«

Frau Dobrohlaweks etwas verwittertes Gesicht zeigte immerhin noch Spuren einstmaliger Reize. Ihr wasserstoffentfärbtes Kräuselhaar war an den Wurzeln dunkelbraun nachgewachsen. An ihrem sonst hageren Leib protzte ein ausfälliger Busen, der bei jeder ihrer unaufhörlichen Bewegungen autonom herumpendelte. Ihr Gesicht hatte einen lächelnden Ausdruck, ohne daß man wußte, ob sie wirklich lächelte.

»Wenn ich nicht wär, wär der Svatopluk längst zugrund gegangen, sag ich Ihnen. Wer sorgt für seine Sachen? Wer hält Ordnung? Wer verschafft etwas? Wenn ich nicht wär...«

»Halt's Maul«, unterbrach Svatopluk, »und tratsch keinen Blödsinn.«

»Blödsinn«, rief Frau Dobrohlawek entrüstet, »Ordnung braucht ein jeder einmal in der Zeit. Aber er möcht am liebsten nur fressen und saufen. Ich, ich bin ganz anders. Mein Vater war...«

»Ich weiß genau, was dein Vater war«, warf Svatopluk ein, »ich bin mit ihm ein halbes Jahr in Pankraz gesessen.«

»Das war ein Mißverständnis«, widersprach die Dobrohlawek. »Er ist nur aus Freundschaft Mauer gestanden. Angestellt hat er gar nichts. Hineingefallen ist er.«

»Das ist es ja«, rief Svatopluk, »eingesperrt werden und nicht einmal etwas angestellt haben, das soll man vielleicht noch besonders bewundern. Noch dazu bei einem Ruzicka.«

(Die Ruzickas waren eine weitverzweigte Kesselflickerfamilie, die in Böhmen und Mähren, auch im Slowakischen von Ort zu Ort zogen.)

»Ein Handwerker war mein Vater«, wehrte sich die Dobrohlawek. »Jeden zerbrochenen Topf hat er so zusammengedrahtet, daß man noch gute zehn Jahre darin kochen konnte. Ich hab heute noch einen. Und meine Mutter war eine berühmte Spiritistin.«

»Sie hat aus dem Kaffeesatz gelesen«, erklärte Svatopluk.

»Das ist nicht wahr. Sie hat aus der Hand geweissagt«, schrie Frau Dobrohlawek empört. »Jeder Mensch weiß, daß man aus der Hand wahrsagen kann und daß alles drin ist in der Hand, Vergangenheit, Gegenwart und Zukunft.«

»Hör auf, von Händen zu quatschen«, brauste Svatopluk auf.

»Ich hör ja schon auf. Aber wahr ist es trotzdem. Ich bin auch Spiritistin.«

»Besonders wenn du Kümmel trinkst. Das ist dein Spiritismus«, sagte Svatopluk.

»Du hast zu reden«, sagte sie wegwerfend, während sie zu einer Flade des Faschierten einen tiefen Schluck nahm. »Meine Mutter hat sogar der Gräfin Chotek, wie sie noch ganz jung war, ihre Zukunft vorausgesagt. Machen S' nur ja keine Reise, hat s' gesagt. Das kann bös ausfallen, Fräulein. Fahren S' nicht im offenen Wagen. Da könnten Sie sich was zuziehn, Fräulein. Bleiben S' schön daheim. No, und was ist passiert?«

»Was ist denn passiert?« fragte ich geistesabwesend.

»Was passiert ist? Du lieber Gott! Umgebracht haben sie s' doch, in Sarajewo, im offenen Wagen, zusammen mit dem Franz Ferdinand. Das war doch der Anfang vom ganzen Wirbel. Und wer hat's vorausgesagt? Meine Mutter.«

Es trat eine kurze Stille ein nach der Art des Schweigens bei Trauerkundgebungen.

»Ja, das waren noch Zeiten«, sagte dann Svatopluk. – »Was denn für Zeiten?« fragte die Dobrohlawek etwas beirrt.

»No, es waren eben Zeiten«, sagte Svatopluk. »Heutzutage, das sind keine Zeiten mehr.«

»Du meinst, weil draußen wieder ein Wirbel ist?«

»Mit dem Wirbel wisch ich mir den Hintern aus. Das sind Sachen für Leute, denen's viel zu gut geht. Erzähl lieber etwas Lustiges, damit wir was zu lachen haben. Sie kann nämlich erzählen. Also erzähl eine Geschichte. Aber eine wahre.«

»Was heißt wahr? Alles, was ich erzähl, ist wahr.« Frau Dobrohlawek kreuzte die Beine und steckte sich eine Zigarette an. »Also, was soll ich erzählen? Vielleicht das mit den Kralowitzer Gänsen. Hab ich's schon mal erzählt?«

»Du erzählst es doch jedesmal anders. Und jedesmal sagst du, es ist wahr.«

»Das ist es auch. Also die Kralowitzer Gänse. Das war noch vor der Geschichte mit der Chotek. Ich war damals ein Mädel von dreizehn Jahren. Bei Kralowitz am Waldrand, da gab es Gänse. Wie wir vorbeikamen, liefen uns die Gänse nach. Die Kralowitzer kamen gerannt und schrien: ›Ihr habt unsere Gänse gestohlen!‹ Aber das war nicht wahr.«

»Wird schon was dran gewesen sein«, meinte Svatopluk.

»Es ist nicht wahr! Sie sind uns ganz freiwillig nachgelaufen bis in den Wald. Die Kralowitzer trieben die Gänse fluchend wieder ins Dorf zurück. Und wir zogen weiter nach Roslowitz. Wir hatten nämlich einen Planwagen mit einem Gaul, der hieß Kosak. Meine Mutter hat immer aus seinem Wiehern die Zukunft vorausgesagt, besonders an Silvester. Am nächsten Tag waren die Kralowitzer Gänse wieder da. Gänse wissen nämlich, wo sie hingehören. Aber es hatten sich auch Roslowitzer Gänse unter sie gemischt. Da kamen nun die Roslowitzer Bauern gelaufen und brüllten: ›Her mit unseren Gänsen!‹ Wir schrien zurück, daß auch Kralowitzer Gänse dabei sind.

Die Roslowitzer schrien: ›Es sind unsere Gänse, und ihr seid gottverfluchte Diebe! Sie holten die Gendarmen, und mein Vater sagte, sie sollten nur nach Kralowitz gehen, da würde es sich schon herausstellen, daß es nicht bloß Roslowitzer Gänse sind. Die Gendarmen gingen und kamen wieder mit den Kralowitzer Häuslern, die ihre Gänse suchten, aber sie konnten sie in dem durcheinandergemischten Gänsevolk nicht unterscheiden. Wir sagten: ›Wir können nichts dafür, wenn uns Gänse nachlaufen.‹ Die Kralowitzer und die Roslowitzer begannen aufeinander zu schreien und sich wegen der Gänse herumzuprügeln. Die Gänse schnatterten und zischten dazwischen. Eine davon flog auf die Plane unseres Wagens und war nicht herunterzukriegen. Man lockte sie und zerrte an ihr von beiden Seiten, bis unser Pferd, der Kosak, scheu wurde und mit dem Wagen samt der Gans durchging. Als wir ihn einholten, war die Gans verschwunden. Weil man uns nichts beweisen konnte und wir ja auch wirklich unschuldig waren, ließen uns die Gendarmen weiterziehen. Aber am nächsten Abend war die Gans plötzlich wieder bei uns.«

»Das glaub ich«, sagte Svatopluk.

»Unterbrich nicht«, sagte die Dobrohlawek. »Die Gans war bei uns, aber nicht für lange. Denn mein Vater sagte: ›Bevor wir uns deinetwegen einsperren lassen, werden wir dich lieber braten!‹ Was hätte man auch anders mit der Gans machen sollen?«

»Natürlich. Das war dein Vater. Unschuldig wie ein neugeborenes Kind«, warf Svatopluk ein.

»Entweder du willst die Geschichte hören, oder du willst sie nicht hören! Wir rupften also die Gans, packten sie in Lehm ein und steckten sie an den Spieß. Das ist die richtige Art, Gänse zu braten. Das haben die Gänse gern. Der Lehm wird hart wie ein Hochofen, die Gans wird drinnen regelmäßig goldbraun, und der Saft hält sich innen. Die Gans war beinahe fertig und wir schmatzten schon mit den Lippen. Indem erschien plötzlich einer von den Gendarmen, roch herum und sagte: ›Was bratet ihr da? Eine gestohlene Gans.‹ Mein Vater sagte: ›Wir braten keine gestohlene Gans. Es ist die Gans, die uns gestern nachgeflogen und dann verschwunden, aber heute wiedergekommen ist.‹ – ›Es ist jedenfalls nicht eure Gans‹, sagte der Gendarm, ›und ich muß sie konfiszieren.‹ Was sollten wir machen? Die Mutter sagte: ›So warten Sie doch wenigstens, bis die Gans zu Ende gebraten ist. Eine halb gebratene Gans ist doch überhaupt wertlos.‹ Das sah der Gendarm ein und wartete also, bis die Gans gar geworden war und meine

Mutter mit einem Stein die Lehmkruste herunterschlug. ›Sie sollten das einmal kosten‹, sagte sie zum Gendarmen, ›so was Gutes haben Sie bestimmt noch nicht gegessen.‹ Der Gendarm wollte zwar erst nicht. Es roch aber derart gut, daß er sich schließlich nicht mehr beherrschen konnte, zumal meine Mutter auch noch Kraut und Knödel im Kessel hatte. Das Kraut, das will ich gern zugeben, hatten wir am Weg von einem Feld genommen, aber das Mehl für die Knödel hatte, meiner Seel, so wahr ich leb, mein Vater von einem Bauern fürs Zusammendrahten eines Weitlings bekommen. Der Gendarm fraß fast die halbe Gans auf. Dann sagte er: ›Es ist besser so, wie es ist. Denn man weiß ja nicht einmal, ob es eine Kralowitzer oder eine Roslowitzer Gans war.‹. – ›Das ist ja auch jetzt egal‹, sagte meine Mutter. Sie hat ihm dann auch noch gratis seine Zukunft vorausgesagt.«

»Und was war die Zukunft?« fragte ich.

»Na, so das Übliche. Was Zukunften halt sind. Es ist gar nicht so schwer, die Zukunft vorauszusagen. Was geschieht schon Besonderes mit den Leuten? Sie kommen zusammen und gehn wieder auseinander. Jeder hat sein Packel Unglück oder hat auch mal ein Glück. Trinkt einer zuviel kaltes Wasser, dann kriegt er halt Läuse im Bauch. Sagt er zuviel die Wahrheit, bekommt er den Fiedelbogen ums Maul geschlagen. Wenn man sich die Leut ein bissel anschaut, da kann man schon voraussagen, was mit ihnen geschehen wird. Man muß nur das Schwarze und das Weiße durcheinandermischen. Irgend etwas stimmt dann immer.«

»Und was sagen Sie mir denn voraus?« fragte ich.

»Da müssen S' erst mal ein Fünfkronenstück auf Ihre Hand legen.«

»Laß dich von ihr nicht auch begaunern«, warnte Svatopluk.

»Also, so ist er«, brach die Dobrohlawek los. »Das hab ich davon, daß ich ihm immer aushelf. Wer schafft dir die Zündhölzer und die Schuhbandeln? Wer hat dir unlängst sogar ein Dutzend Bleistifte mitgebracht?«

»Unlängst? Damit zieh ich doch schon seit drei Jahren herum.«

»Beklag dich noch! Dir geht's ja viel zu gut! Statt daß er froh ist, daß die Leut ihm was zahlen und dabei nichts abnehmen.«

»Was nehmen s' dir denn ab, wenn s' dir zahlen?«

»Immer ein Stückel nehmen s' mir ab. Immer ein Stückel, das kannst mir glauben. Also zeigen S' Ihre Hand her. Es geht auch ohne die fünf Kronen.«

»Das glaub ich«, sagte Svatopluk.

Frau Dobrohlawek betrachtete meine Hand.

»No ja, was soll man da sagen? Vielleicht haben S' ein Glück und werden eine weite Reise machen. Es kann aber auch hübsch schiefgehen mit Ihnen. Jedenfalls ist noch viel zuviel da zum Schiefgehen. Machen S' ein bissel weniger aus Ihnen, dann wird Ihnen auch weniger passieren. Je kleiner das Sandkörndel, um so machtloser die Straßenwalze.«

»Jetzt hör aber schon auf mit deinen Weisheiten«, knurrte Svatopluk.

»Ich muß sowieso gehen«, sagte sie. »Ich hab noch meinen Rundgang zu machen.« Sie warf mir einen prüfenden Blick zu. »Ihnen steht ja der Kopf auch nicht auf ein Frauenzimmer«, sagte sie dann und ging.

»Ich sollte eigentlich jetzt auch gehen«, sagte ich zu Svatopluk.

»Wohin denn?« fragte er.

Ich wollte sagen: »Nach Hause«, aber das Wort ließ sich schlecht aussprechen. Es war so inhaltslos geworden, daß die Lippen keinen Anhalt hatten, es zu formen. Ich blieb bei Svatopluk. Es war bei ihm heimelig und still.

»Meinetwegen mußt du überhaupt nie weggehen«, sagte er, während er sich auf seinem Kistenlager ausstreckte.

»Ein komisches Frauenzimmer, die Dobrohlawek, mit ihren Geschichten. So was fein Zigeunerisches hat sie. Zum Beispiel die Geschichte mit den Gänsen.«

Er begann zu lachen, und ich lachte mit.

»Mich freut's, daß du lachst«, sagte er. Dann kehrte er sich zur Wand, und fast im gleichen Augenblick mischte sich in sein glucksendes Lachen ein Schnarchen, das allmählich die Oberhand behielt und immer regelmäßiger wurde.

Ich blickte in die flackernde Petroleumlampe, deren Zylinder zur Hälfte schwarz angerußt war, und lauschte nach diesem festen, unbekümmerten Schnarchen, inmitten der Lautlosigkeit, die bloß von Zeit zu Zeit von der Turmglocke der Theinkirche unterbrochen wurde. Einmal vernahm ich vom Flur her auch Stimmen, offenbar die Dobrohlawek, die mit irgendeiner Begleitung von ihrem Rundgang zurückgekommen war. Dann war es wieder still, und nur die Schnarchtöne Svatopluks waren zu vernehmen wie das Geräusch eines Wassers in einem Cañon. Mein Blick verlor sich in den Landkartengebilden des zerfallenen Mauerverputzes. Ich sah die Prärien und die Felsengebirge,

sah den Dampf des dunklen Urwalds
und den Kräuselrauch der Wigwams,
hört' das Brausen breiter Ströme
und den Donner in den Bergen.

Unter den letzten und daher besten Diensten, die ein Mensch einem anderen erweisen kann, steht das Lachen, das er bewirkt, als tiefe Befreiung von Bürden und Kümmernissen. Ein anderer Dienst liegt in der wachgerufenen Erkenntnis, daß es immer noch Zonen gibt, die selbst dem unerbittlichsten Zugriff der Zeitereignisse standhalten können, Asyle, in denen eine Zuflucht findet, wer die Kraft hat, die Bedeutungslosigkeit all dessen wahrzunehmen, was sich über dem Kern des Daseins in schillernden Schichten angesetzt hat und worunter dieser Kern vergessen wurde.

Ein hastiger Tag trieb mich nach jener letzten Nacht zwischen den Netzen umher, die nicht immer sichtbar, aber stets fühlbar quer über Straßen und Plätze und durch den Gang der Stunden gespannt waren, so daß nur, wer die heimlichen Passagen der Durchhäuser kannte, dazwischen durchglitt. Die Stadt war, wie vieles damals, mittelalterlicher geworden denn je; sie hatte plötzlich bewachte Wälle und Tore bekommen, wo es galt, durchzudringen. Daß Trug und Täuschung die Waffe der Besten werden mußte, darin lag vielleicht eine der tiefsten Erniedrigungen jener Tage.

Man muß Menschen zum Lachen bringen; oder auch zum Weinen. Nur dann sind sie menschlich und beglaubigt. Die, vor denen man sich zu retten hatte, waren nicht zum Weinen zu bringen. Die Tränen hatte man ihnen ausgelaugt. Wie mochte es um das Lachen stehen?

Der Zug rollte aus dem Bahnhof, und die Schatten vertrauter Häuser fielen endgültig in sich zusammen. Wer wird, wenn ich nicht da bin, das Lied der Häuser und Gassen singen, den späten Sonnenblitz in den Turmknäufen, die Nachdenklichkeit der Karyatiden, wer das leise Summen der alten Brezelweiber im Park, die Schicksale der beiden Ufer und die Hoheit ihrer Brücken? Der Zug arbeitete sich durch die Nacht gegen die Grenze. Ich kannte dieses Grenzland; ich kannte die sanften Berge und die mütterlichen Wälder, die Hänge, die jetzt schwarz dalagen, aber deren Farbigkeit ich wußte und die sich jetzt für ihren Sommer rüsteten wie jedes Jahr. Schlaf lagerte schwer in den Tälern. Wer begreift, wenn ich nicht da bin, das goldene Aufspringen der Morgenknospen, wer den Drosselschrei und das Leuchten der Quarze? Wer wird die wilde Wirtschaft des Windes in den

Wipfeln feiern und die endlosen Regengüsse, wer die Verzweigungen des Bärlapps am Waldgrund enträtseln, mit den Wegwarten Zwiesprache halten und den kupferroten Wanderkäfern folgen? Sei ruhig! Irgend jemand wird es tun. Noch viele werden es tun. Wer bist denn du?

Der Zug hielt mit einem Ruck. Es war drei Uhr früh. Die Grenze! Um diese Zeit ist vielleicht auch der hartnäckigste Grenzbeamte schläfrig. Um diese Zeit mag er möglicherweise übersehen, daß etwas nicht stimmt. Darauf hoffte ich. Aber es kann auch sein, daß er besonders übellaunig ist wegen seines Nachtdienstes, besonders scharf auf alles und böse auf jeden, mit dem er zu tun hat.

»Grenzkontrolle! Ausreisegenehmigungen!«

Ich griff in die Tasche und zog meine Papiere hervor. Der Beamte war ein älterer Mensch. Er blickte auf die Papiere.

»Was? Das soll eine Ausreisegenehmigung sein?«

Jetzt hatte er es bemerkt. Jetzt ging es an den Kragen.

»Ja«, sagte ich mit angenommener Festigkeit, »das ist die Genehmigung, die man mir erteilt hat.«

»Sie sind wohl nicht ganz recht im Kopf«, sagte er. »Ich will nicht schwätzen und nicht einsagen? Was soll denn das heißen?«

Erschrocken blickte ich auf den Zettel.

»Entschuldigen Sie«, sagte ich dann, »da ist mir ein alter Zettel unter die Papiere geraten. Ein alter Zettel aus der Schulzeit.« Ich suchte in meinen Taschen. »Hier, hier ist der Ausreiseschein.«

Die Augen des Beamten leuchteten auf. »Natürlich«, sagte er, »das ist er«, und er begann zu lachen. »Ich soll nicht schwätzen und einsagen, so was hab ich auch einmal abschreiben müssen, fünfzigmal sogar, das gibt's immer wieder«, und er schüttelte sich vor Lachen, daß ihm die Tränen kamen, während er auf meinen gefälschten Ausreiseschein seinen Stempel setzte. »Ich soll nicht schwätzen und einsagen! Na, so was! Und mitten in der Nacht.« Und er lachte sich in den Waggongang.

Der Zug fuhr an. Die Grenze wich zurück. Die Nacht löste sich von den Gebilden.

Die Sonne stieg auf und tönte nach alter Weise. Ich blickte in das einzige Buch, das ich mitgenommen hatte. »Wer ist es, der den Ratschluß verdunkelt mit Worten ohne Verstand? Wo warst du, da ich die Erde gründete? Sage an, bist du so klug? Da mich die Morgensterne priesen und alle Engel jubelten.«

Der Zug stieß vor in beleuchtetes Flachland. Fachwerkhäuser sprangen hoch und vorüber; Wege glitten heran und huschten hinweg ins Unbekannte; Menschen und Fuhrwerke bewegten sich in den Tag. Es lebte ringsum.

»Haben sich dir die Tore des Todes je aufgetan, oder sahest du jemals die Tore der Finsternis?«

Bei dieser Frage schloß ich das Buch.

Rudolf Fuchs

Das Haus »Zur Sonne«

Ich habe zu lang in der Fremde geweilt,
da ist manches Bild mir vorübergeeilt,
hat mit sich genommen, was in mir geruht;
nur selten noch zeigt mir's im Traume mein Blut.
Süß duftet der Flieder, ich wart auf der Bank,
und gehe Schlag elf jene Straße entlang,
da eilt aus dem Hause »Zur Sonne« ein Kind,
ist selber nur Sonne und Flieder und Wind…

Oft, wenn mich der Weg dort vorübergeführt,
hab ich eine Qual in der Seele verspürt.
Ich ging auf den Zehen und sah nicht zurück,
damit nicht erwache das schmerzliche Glück.
Doch hätt' ich gestampft mit dem Fuß wie ein Pferd,
es hätte die Straße gewiß nicht gestört.
Und käm mir mein Mädchen entgegengerannt,
ich hätt' die Verwandelte nicht gleich erkannt.

Ich blieb, der ich war. Doch die Schläfen sind grau.
Ich hab eine liebe und herrliche Frau.
Viel hat sich ereignet, wir nahmen es hin.
Vielleicht komm ich heim und der Flieder wird blühn.
Dann lauf ich hinauf und hinab durch die Stadt
und seh mich nach Jahren an Prag wieder satt;
geh bis nach der Vorstadt, von Hemmung nicht frei,
am Hause »Zur Sonne« ganz leise vorbei.

Friedrich Torberg

Golems Wiederkehr

Es wird berichtet:

An den Rabbi Jehuda Löw von Prag, Sohn des Rabbi Bezalel von Worms und genannt »der hohe Rabbi Löw«, erging die Stimme und wies ihn an, daß er dem Golem, den er aus Lehm geschaffen und durch Einhauchen des Gottesnamens zum Leben erweckt hatte, den göttlichen Atem wieder aus dem Mund nehme. Er tat's, und brachte den leblos erstarrten Klotz ins Dachgestühl der Altneuschul, und legte ihn hin, und bedeckte ihn mit alten Gebetsmänteln und zerschlissenen Büchern. Sodann erließ er ein strenges Verbot für alle künftigen Zeiten und Geschlechter: nie dürfe ein Mensch den Raum betreten, in dem der Golem lag. Dieses geschah am Ausgang des sechzehnten Jahrhunderts.

Es wird ferner berichtet:

Als Rabbi Ezechiel Landau von Prag, Sohn des Jehuda ben Zwi Segal Landau und ob seiner großen Gelehrsamkeit weithin berühmt als »der Prager Raw«, eines Nachts dem Verbot des hohen Rabbi Löw zuwiderhandelte und ins Dachgestühl der Altneuschul eindrang, sei er »zitternd vor Angst und Grauen« wieder hervorgekommen und habe das Verbot auf der Stelle erneuert. Dieses geschah zweihundert Jahre später.

Und schließlich wird berichtet:

Unter der Führung eines, der sich »der Führer« nannte und mit »Heil« begrüßt wurde, brachten die Deutschen große Teile Europas – darunter auch das Land Böhmen samt der Hauptstadt Prag – für etliche Jahre in ihre Gewalt, und fingen die Juden ein, die in den eroberten Ländern wohnten, und brandschatzten ihre Gotteshäuser und plünderten ihr Gut und töteten ihrer sechs Millionen. Dieses geschah nach weiteren hundertfünfzig Jahren, in unsrer Zeit.

Nun hat es aber mit der Stadt Prag von altersher besondere Bewandtnisse, und mit ihrer Judengemeinde erst recht, und das wußten auch die Deutschen, als sie die Stadt in ihre Gewalt brachten. Einer der Höchstrangigen von ihnen – so hoch war sein Rang, daß er den Titel »Reichsführer«

führen durfte, »Reichsführer SS« – hegte schon seit langem den Plan, an einem einzigen Ort alles zusammenzutragen, woraus das schädliche, das schändliche, das menschheitsgefährdende Treiben der Juden ersichtlich würde und womit bewiesen wäre, daß sie nun endlich ausgerottet werden müßten und daß die Deutschen, indem sie sich dieser Aufgabe unterzögen, im Dienste der Menschheit handelten. Prag schien ihm – nicht ohne Grund – für seinen Plan besonders geeignet. Hier sollten alle im deutschen Machtbereich auffindbaren Beweisstücke gesammelt und späterhin zur Besichtigung ausgestellt werden: all die vorgeblich religiösen Bücher und Schriften, die in Wahrheit nichts andres enthielten als geschickt verhohlene Ratschläge, wie der ahnungslose Nichtjude zu betrügen sei; all die vorgeblich für fromme Verrichtungen bestimmten Gerätschaften und Gefäße, die in Wahrheit nur dazu dienten, unschuldige Christenkinder zu schlachten und ihr Blut bei der Herstellung von Osterbroten zu verwenden; all die geheimnisvollen Dokumente, auf die sich die weltumspannende Macht der Juden stütze; und all die anderen Unterlagen ihrer endgültigen Entlarvung.

Um das große Vorhaben sorgfältig und sachkundig durchzuführen, mußte man sich freilich einer gewissen Mithilfe von jüdischer Seite versichern, und weder der Reichsführer noch seine Beauftragten zweifelten daran, daß in Prag für diesen Zweck genügend Juden sich würden finden lassen. Manche mochten das freiwillig und wissentlich tun, nämlich wissend um die Absicht des Unternehmens; manche freiwillig und unwissentlich, nämlich in einem Irrtum über die Absicht des Unternehmens befangen; manche um eines persönlichen Vorteils willen; und manche würde man wohl erst gefügig zu machen haben, je nachdem mit Versprechungen oder mit Drohungen.

Das ergab insgesamt vier Gruppen, und weil die Beauftragten – teils von der Wehrmacht zu besonderer Verwendung abkommandiert, teils anders uniformierten Parteigliederungen zugehörig und teils sogar in Zivil – durchwegs ordnungsliebende Menschen waren, versahen sie jede Gruppe mit unterschiedlichen Ziffern, Aktenzeichen und Kennworten, bis sie über das von ihnen bestellte Judenpersonal (so lautete die säuberliche Amtsbezeichnung) einen umfassenden Überblick besaßen und über jeden Gruppenangehörigen eine umfassende Einzelbeschreibung.

In der persönlichen Einstellung zu den vier Gruppen und in der Beurteilung ihrer Brauchbarkeit ergaben sich allerdings unter den Beauftragten kleinere Differenzen, wie sie ja kaum zu vermeiden sind. Der mit der wissenschaftlichen Leitung Beauftragte, ein Universitätsprofessor aus dem Bayerischen namens Franz X. Vorderegger, neigte zu einer Bevorzugung der zweiten Gruppe (die er, um seinem preußischen Kollegen Paroli zu bieten, als »Gruppe zwo« bezeichnete). Er versprach sich die bereitwilligste und somit ergiebigste Hilfsleistung von jenen Juden, die des Glaubens wären, das »Referat zur Aufklärung der jüdischen Geschichte« – kurz »Aufklärungsreferat« genannt – beschäftige sich in der Tat mit lediglich historischen Forschungen, denen man jüdischerseits zwar mit Vorbehalt begegnen, aber nicht jede Unterstützung versagen würde, schon weil sich da und dort vielleicht etwas Gutes tun oder etwas Böses verhindern ließe. Für diese Gruppe also hegte Vorderegger eine – rein sachliche – Vorliebe und wollte sie tunlichst in ihrem wohltätigen Irrtum belassen, der sich für ihren Arbeitseifer und somit für die Zwecke des Aufklärungsreferats, ja letztlich für den Reichsführer, fürs Reich und für den Führer vorteilhaft auswirken dürfte. Und man sollte sie »im Rahmen des Möglichen«, wie er sagte, auch gut behandeln. Im Grunde seiner Seele war nämlich Vorderegger ein friedfertiger Geselle, der Streitigkeiten und Beschwerden lieber aus dem Weg ging und nur gelegentlich darauf Bedacht nehmen mußte, dem Ruf der Schlappschwänzigkeit, in den er solcherart zu geraten drohte, entgegenzutreten. Er tat es ungern, und es war ihm auch gar nicht wohl gewesen, als er damals in Opatów, wo er eine Zeitlang der Lagerkommandantur zugeteilt war, einige Juden durch eigenhändigen Genickschuß erledigt hatte, um zu zeigen, daß er kein Schlappschwanz sei. Seine Berufung nach Prag, die er einer kurzen Tätigkeit auf dem orientalistischen Lehrstuhl der Münchner Universität zu danken hatte, war ihm durchaus willkommen, und er gedachte sich ihrer wert und würdig zu erweisen.

Sein preußischer Kollege, desgleichen akademisch graduiert und für die organisatorische Leitung des Unternehmens verantwortlich, Dr. Erich Wilhelm Kaczorski aus Frankfurt an der Oder, durfte nicht bloß in technischer Hinsicht als sein Gegenspieler gelten. Von forscher Wesensart, Inhaber eines Parteibuchs mit weit niedrigerer Nummer, früher Gerichtsassessor, jetzt Sturmbannführer, respektierte er den Vorderegger nur als Wissenschaftler, nicht als Nationalsozialisten. Er ließ ihn das auch merken, wo immer er konnte, und war infolgedessen pünktlich andrer Meinung über die »Gruppe zwo«. Die ihm genehme Gruppe war die erste. Gewissenhaft betriebene Vorstudien über die politische und soziale Schichtung der böhmischen Juden hatten ihn unterrichtet, daß im weit zurückreichenden, durch die sogenannte »Emanzipation« noch verschärften Nationalitätenstreit große Teile der Judenschaft Prags sich seit jeher auf die Seite des Deutschtums gestellt, ja daß sie sich, wie grotesk das auch klingen mag, schlechterdings als Deutsche gefühlt hatten. Für manche von ihnen galt das ohne Zweifel noch jetzt, und in ihnen erblickte Kaczorski die nützlichsten Helfer. Sie würden sich, so meinte er (und bewies damit einen nicht zu leugnenden Scharfblick in die verworrenen Abgründe der Judenseele) – sie würden sich aus ihrer Mitarbeit geradezu eine Ehre machen.

Sorgen gab es höchstens in bezug auf die vierte Gruppe, die zum Zeitpunkt der hier geschilderten Beratung praktisch nicht existierte. Dabei war sie eigentlich die wichtigste; bestand sie doch, wenn auch nur auf dem Papier, aus jenen wirklich Fachkundigen, die man im Notfall zur Mitarbeit würde zwingen müssen. Aber der Notfall war bisher noch nicht eingetreten. Sowohl der ehemalige Rechtsanwalt Bernhard Taussig als auch der (eigenen Angaben zufolge) »Schriftsteller und Privatdozent« Otto Fischl, zwei hervorragende Kenner der einschlägigen Materie, übernahmen die ihnen zugedachten Funktionen sozusagen auf Anhieb, offenkundig von der Mentalität der Gruppe II geleitet. Alle sonst noch als Experten in Betracht Kommenden – das Aufklärungsreferat besaß eine ansehnliche Namensliste – hatten sich rechtzeitig aus dem Staub gemacht. Daß die Juden Taussig und Fischl in Prag verblieben waren, erklärte sich aus ihrem Alter; beide standen hoch in den Sechzig und waren den Mühseligkeiten der Flucht, ja schon der bloßen Ortsveränderung nicht mehr gewachsen. Oder vielleicht verhielt es sich bloß so, daß sie dazu keine Lust mehr hatten. Im Grunde lief das aufs gleiche hinaus.

(...)

Insgesamt belief sich der Stand des Judenpersonals, als mit der systematischen Arbeit begonnen wurde, auf ein rundes Dutzend, nicht eingerechnet die Angehörigen anderer Körperschaften, die – wie etwa der Ältestenrat, das Katasteramt, die Museums- und Friedhofsverwaltung – schon früher funktioniert hatten und in bestimmten Zusammenhängen nun auch dem Aufklärungsreferat zur Verfügung standen. Mit untergeordneten Dienstleistungen waren zwei ältere Frauenspersonen namens Winternitz und Eisler beschäftigt, denen die Instandhaltung der Amtsräume oblag, sowie ein geistig nicht ganz auf der Höhe befindlicher Bursche namens Josef Knöpfelmacher, der eines Tags beim Einlagern einer Sendung schwe-

rer Folianten mitgeholfen hatte und sofort mit einer ähnlichen, Körperkräfte und Ausdauer erfordernden Arbeit betraut worden war; seither wurde er als Botengänger, Handlanger, Lastenträger und überhaupt für alles verwendet, wofür sich niemand andrer gerne verwenden ließ.

Es sollte Monate dauern, ehe die nach Prag verbrachten Materialien auch nur annähernd erfaßt und registriert waren.

Es konnte nicht ausbleiben, daß unter diesen Umständen, und angesichts der langen Zeitdauer schon der bloßen Vorarbeit, zwischen den Beauftragten und ihrem Judenpersonal ein Verhältnis der Gewöhnung eintrat, das mitunter zu beinahe freundlichem oder doch harmlosem Anstrich gedieh. Wäre ein Uneingeweihter etwa Zeuge geworden, wie der Universitätsprofessor Vorderegger sich stolzerfüllt die Bestätigung des Juden Fischl einholte, daß er dieses oder jenes hebräische Wort richtig entziffert, ja wohl gar richtig verstanden hätte, oder wie sein Assistent, der wissensdurstige, dank einer Rückgratverkrümmung vom Kriegsdienst freigestellte stud. theol. Remigius Hainisch, sich vom Juden Bondy über Sinn und Ursprung einer Speisevorschrift informieren ließ –: er, der Uneingeweihte, wäre schwerlich auf den Gedanken gekommen, daß hier die Angehörigen einer Herrenrasse des Umgangs mit Untermenschen pflegten, die ihnen auf Gedeih und Verderb ausgeliefert waren, und daß es völlig im Ermessen jener lag, wann sie diese dem Verderb überantworten wollten. Auch sprachen sie die beiden Aufwartefrauen mit »Frau Eisler« und »Frau Winternitz« an, nicht mit »Du« und »Sarah« – ein Brauchtum, das lediglich von Kaczorski geübt wurde. Der Scharführer Horst Rübelt, sein jederzeit reitstiefelbewehrter Adjutant, hielt das zwar gleichfalls für die gegebene Anredeform, nahm aber aus Gründen des Rangunterschieds Abstand von ihrem Gebrauch. Den Knöpfelmacher freilich duzten sie alle und trieben mehr oder weniger derbe Späße mit ihm, und er ließ es sich grinsend gefallen, fiel manchmal sogar mit vergnügtem Händeklatschen in ihr Gelächter ein und hütete sich nur sehr davor, von ihnen zum Reden verleitet zu werden: denn sein Wortschatz war ein geringer und ging binnen kurzem in ein kehliges Lallen über, das ihm ganz offenkundig Pein und Ärger bereitete. Dann konnte sein grobknochiges Gesicht plötzlich dunkelrot anlaufen, und manchmal geschah es sogar, daß er mit seinen großen Füßen zornig aufstampfte und davonlief. Im allgemeinen jedoch war er von einer durch nichts zu erschütternden Gleichmütigkeit und zu allen, selbst zu den niedrigsten und schwierigsten Dienstleistungen bereit, was ihm wiederum manch eine kleine

Vergünstigung und Kostaufbesserung einbrachte. Auch Frau Eisler und Frau Winternitz bekamen dann und wann ein paar Früchte oder eine Tafel Schokolade zugesteckt, die sie jedoch, anders als Knöpfelmacher, nicht sofort verzehrten, sondern immer mit nach Hause nahmen. Beide hatten Kinder.

(...)

Mit dem Buchstabieren oder Übersetzen einzelner hebräischer Wörter und mit der Erläuterung von Speisevorschriften war es nun aber noch lange nicht getan. Zu viel gab es in der alten Judenstadt zu sehen, zu viel gab es über ihre Geschichte zu hören. Prag – man sollte besser vom »Prager Ghetto« sprechen, das ja mit Prag keineswegs gleichzusetzen sei, meinte im Rahmen einer der üblichen Besprechungen der Adjutant Horst Rübelt und rettete sich auf Kaczorskis Frage, ob er denn die Tschechen gar so hoch einschätze, daß er sie gegen solche Gleichsetzung schirmen wolle, nicht ohne Geschick in einen historisch untermauerten Hinweis auf die deutsche Vergangenheit und den deutschen Charakter Prags, an dessen vom Führer beschlossener Wiederherstellung sie alle mitzuwirken das Glück hätten – die Prager Judenstadt also war schließlich schon im Mittelalter ein Zentrum jüdischen Lebens gewesen, geistigen oder religiösen Lebens oder wie immer man das nennen wollte (Kaczorski schlug »jüdische Betriebsamkeit« vor), auch hätten hier gewisse mystische Strömungen ihren Ausgang genommen (»kabbalistische«, ergänzte stud. theol. Hainisch), und jedenfalls müßte man sich's angelegen sein lassen, den damit verbundenen Legenden nachzuspüren und ihre Auswirkungen auf die Gegenwart zu erforschen; nicht zuletzt aus diesem Grund sei ja das Aufklärungsreferat gerade nach Prag verlegt worden.

(...)

Es war erfreulich festzustellen, daß in diesen »Rundgesprächen« unter den Mitgliedern des Aufklärungsreferats die denkbar klagloseste Übereinstimmung herrschte. Weniger einmütig ging es zu, wenn die Rede auf bestimmte Mythen und Legenden kam, die vom Judenpersonal mit wachsender Vorliebe aufgetischt wurden. In ihrem Mittelpunkt stand meistens die zu durchsichtigem Zweck erfundene »Golem«-Figur des Rabbi Löw, auf dessen »übernatürliche Kräfte« und »Wundertaten« – Kaczorski sprach mit kluger Sachlichkeit von »schäbigen Zaubertricks« – auch der debile Habsburger Rudolf II. prompt hereingefallen wäre. Vorderegger, Hainisch und ihresgleichen nahmen keinen Anstoß daran, die umhergebotenen Histörchen unterhaltend zu finden, nach Kaczorskis Meinung »über Gebühr« unterhaltend. Die Geschichte, wie der Golem seinem Schöpfer einmal die Stiefel auszog und dabei das Übergewicht bekam, so daß der Rabbi von dem lehmigen Koloß beinahe erdrückt worden wäre – diese Geschichte ließ Kaczorski noch für komisch gelten. Als aber Taussig, um das nicht nur körperlich plumpe Gehaben des Golem durch ein weiteres Beispiel zu illustrieren, die Geschichte vom Wasserholen erzählte (Rabbi Löw hätte einmal außer Haus geweilt, und der Golem, dem kein anderslautender Befehl eingeschärft worden war, brachte Eimer um Eimer angeschleppt, bis das ganze Haus unter Wasser stand) – als Taussig auch für diese Geschichte beifälliges Gelächter erntete; und als Fischl noch hinzufügte, unter den Prager Juden hätte man seither von einem ungeschickten Menschen gesagt, er stelle sich an »wie der Golem zum Wasserholen«: da fuhr Kaczorski scharf dazwischen. Ob er denn wirklich darauf aufmerksam machen müsse, fragte er, daß die Juden da ganz einfach die alte deutsche Ballade vom Zauberlehrling gestohlen hätten? Und ob das für deutsche Männer eigentlich ein Anlaß zur Heiterkeit sei? Überhaupt ginge von diesen Geschichten und von der Tatsache, daß sie sich in ungeminderter Lebendigkeit erhalten hätten, eine zersetzende Wirkung aus, der man sich keinesfalls arglos überantworten dürfe. Es handle sich vielmehr um eine der gefährlichsten, weil besonders gut getarnten Wurzeln jüdischen Beharrungsvermögens und jüdischer Widerstandskraft. Und es erstaune ihn, daß so erfahrene Parteigenossen das nicht merkten. Er seinerseits hätte die hier verborgene Gefahr längst durchschaut und bereits Gegenmaßnahmen erwogen, die nur noch der Zustimmung von höherer Stelle bedürften, um im geeigneten Zeitpunkt vollzogen zu werden.

Späterhin erwies sich, daß Kaczorski damit zum ersten und letzten Male jene Aktion angedeutet hatte, die er mangels höherer Zustimmung schließlich auf eigene Faust durchführen ließ und die, wie man weiß, unter so seltsamen, unerklärlichen und bis heute nicht geklärten Umständen mißglückt ist, daß sie das Gegenteil des angestrebten Zwecks bewirkte und daß den alten Legenden, die sich um den Golem und die Altneuschul ranken, eine neue hinzugefügt wurde.

Zunächst jedoch überwog innerhalb des Aufklärungsreferats die Tendenz, sich jede irgend erreichbare Materialvertrautheit anzueignen, also mehr zu erfahren, als aus den trockenen Statistiken und den sonstigen amtlichen Unterlagen hervorging.

Einzig Kaczorski bewahrte auch hier klaren Kopf und äußerte sich bei der ersten Besichtigung des alten Judenfriedhofs höchst abfällig über das regellose Durcheinander der dicht zusammengedrängten Grabsteine und über den völligen Mangel an Weihe und Würde, der sich daraus ergab. »Wenn das eine letzte Ruhestätte sein soll«, sagte er wörtlich, »dann weiß ich nicht, was eine jüdische Sauwirtschaft ist.« Und wer mit seinen Toten so umginge, von dem könne man ja wohl auch im Leben nichts Anständiges erwarten.

Seine Kollegen taten nickend und murmelnd ihre Zustimmung kund, das Judenpersonal verharrte in betretenem Schweigen. Erst auf dem Rückweg, als Vorderegger scheinbar beiläufig, aber für den neben ihm stehenden Taussig deutlich hörbar vor sich hinbrummte: »Da hat er aber recht gehabt mit dem Sauhaufen, der Kaczorski. Muß denn das sein?«, erfolgte von seiten Taussigs die Richtigstellung, die er Kaczorski gegenüber nicht hatte riskieren wollen: Dichte und Regellosigkeit der Grabsteine gingen weder auf mangelnden Ordnungssinn zurück noch auf mangelnde Ehrfurcht vor den Toten, sondern auf mangelnden Raum; da man den Juden niemals erlaubt hatte, das Friedhofsareal zu erweitern, mußten mit der Zeit immer mehr Särge übereinandergeschichtet und die Grabsteine entsprechend eng aneinandergerückt werden.

»Sie haben auch für alles eine Erklärung«, sagte Wellemin, der das von seitwärts mitangehört hatte.

»Nein, Herr Wellemin«, sagte Taussig. »Nicht für alles.«

Noch schlechter als der Friedhof schnitt bei Kaczorski die Altneuschul ab. Es verursachte ihm sichtbaren Widerwillen, die Stufen hinabzusteigen, und sichtbaren Mißmut, daß er sich dabei genau wie alle anderen bückte, obwohl keine Notwendigkeit dafür bestand – es sei denn das Halbdunkel, das den unterirdischen Raum umfing und in dem sich zumal der Neuankömmling unwillkürlich zur Vorsicht gehalten fühlte. Nachdem die künstliche Beleuchtung eingeschaltet war, dürftig genug und das Halbdunkel eher verstärkend als erhellend, beanstandete Kaczorski vor allem das schwärzliche Grau der Wände:

»Starrt ja vor Dreck, euer Gotteshaus. Könnte das vielleicht mal gesäubert werden?«

»Bin ich gefragt?« vergewisserte sich Taussig, dem Kaczorskis Worte zu gelten schienen.

»Natürlich sind Sie gefragt. Oder glauben Sie, ich führe Selbstgespräche? Also?«

»Es gibt eine allgemein akzeptierte Erklärung, warum die Wände dieses Gotteshauses tatsächlich nicht gesäubert werden dürfen. Weil sie das Blut der Märtyrer tragen, die hier den Tod gefunden haben. Im Lauf der Jahrhunderte, müssen Sie wissen, wurde die Judenstadt ja nicht nur von Feuersbrünsten heimgesucht, wie sie damals häufig ausbrachen, sondern auch von Pogromen und Massakern. Und viele Menschen, die sich in die Altneuschul flüchteten, wurden hier unten umgebracht. Und ihr Blut, so heißt es, spritzte an die Wände. Und es soll nicht weggewaschen werden.«

In das angespannte Schweigen, das daraufhin entstand, klang doppelt scharf Kaczorskis Stimme:

»Sagten Sie Märtyrer? Sagten Sie Menschen?«

»Judenschule«, bekräftigte mit schmallippigem Hohn der Adjutant Rübelt (der auf seine Rangbezeichnung schon deshalb Wert legte, um sich von Vordereggers bloßem Assistenten zu unterscheiden). »Ich habe bisher nie verstanden, warum diese Bruchbude ›Schul‹ heißt. Danke für die Aufklärung.«

Abermals versuchte Fischl einzulenken:

»Alle Synagogen, wenn ich mir eine Bemerkung erlauben darf, sind ja im Grunde nichts weiter als Bet- und Lehrhäuser, also Schulen.«

»Sie dürfen sich gar nichts erlauben«, sagte Kaczorski und sprach noch leiser als zuvor. »Sie haben sich schon zu viel erlaubt. Gehen wir.«

Weniger um den Friedensengel zu spielen, als um sich von Kaczorski nicht zum Befehlsempfänger degradieren zu lassen, blieb Vorderegger nach ein paar Schritten stehen.

»Tät' mich interessieren, wie oft die Schul da gebrannt hat. Muß ja hübsch ein paarmal gebrannt haben im –« (er unterbrach sich, um für seinen Tonfall die rechte Beziehungsfülle zu sammeln) »– im Lauf der Jahrhunderte. Oder was wär's denn sonst mit Ihren Feuersbrünsten, Taussig, ha? Hat's die vielleicht gar nicht gegeben? Ha, Taussig?«

»Doch, Herr Professor. Das können Sie in jedem beliebigen Geschichtsbuch nachlesen. Manchmal waren es gelegte Brände, manchmal nicht. Aber die Altneuschul hat nie gebrannt.«

Er hob die Schultern, und seine Stimme klang beinahe entschuldigend: »Vielleicht weil es die beiden Weisen aus Jerusalem so prophezeit hatten.«

»Quatsch«, sagte Kaczorski. »Hören Sie doch endlich auf mit dem Quatsch. Ist ja zu dumm.«

Gerade als die Gruppe wieder ins Gehen geraten wollte, setzte sich Knöpfelmacher, der bis dahin schweigsam hinterhergezottelt war, mit ein paar grotesk unbeholfenen Sprüngen an ihre Spitze, reckte beide Arme hoch und fuchtelte zum Synagogendach hinauf:

»Dort!« rief er (atemlos wie immer, wenn die Erregung ihn überkam, und nur zu kurzen, rasch hervorgestoßenen Worten fähig). »Oben! Dort, bitte!«

Vom First des gotischen Überbaus, der über dem eigentlichen Dach der Altneuschul massiv hochstrebt und sich weiter oben zu einem filigran ausgezackten Dreieck verjüngt, flatterten in diesem Augenblick zwei Tauben davon, als hätte Knöpfelmachers Geschrei sie aufgeschreckt.

»Was soll's?« fragte Kaczorski. »Was will der Idiot?«

Alle wußten es, aber niemand sagte es ihm. Alle wußten, daß während der großen Feuersbrunst des Jahres 1558, die in der Judenstadt gewaltige Verheerung anrichtete, auf dem Dach der Altneuschul zwei weiße Tauben saßen und so lange sitzen blieben, bis das Feuer gänzlich erloschen war. Erst dann erhoben sie sich in die Lüfte und verschwanden.

»Nun?« Kaczorski verschränkte die Arme. »Bekomme ich Antwort? Der Kerl muß doch wohl etwas gemeint haben. Vielleicht die beiden Tauben?«

Dem ihm zunächststehenden Fischl fiel es zu, die geforderte Antwort zu geben. Er tat es mit knappen Worten.

»Quatsch«, sagte Kaczorski abermals, versetzte dem immer noch in die Wolken glotzenden Knöpfelmacher einen so derben Stoß vor die Brust, daß er vom Gehsteig bis zur Straßenmitte taumelte, und entfernte sich unwillig raschen Schritts, eilig gefolgt von seinem Adjutanten. Die anderen gingen langsamer und schwiegen.

Der Vorfall hatte keine unmittelbaren Folgen, oder sie wurden nicht als solche kenntlich. Die Namenslisten der Juden, die nach Theresienstadt oder in eines der polnischen Vernichtungslager deportiert werden sollten, wurden an andrer Stelle und unter andrer Autorität zusammengestellt als der des Aufklärungsreferats, und da die einzelnen Stellen sehr scharf auf ihre Autorität bedacht waren und eifersüchtig darüber wachten, daß niemand ihnen dreinspräche, kamen Querverbindungen nur selten zustande und gemeinsame Aktionen nur auf Anordnung noch höherer Stellen und Autoritäten. Daß auf der nächsten Deportationsliste auch die Namen Otto Fischl und Bernhard Taussig erschienen, hatte sich also weder im Aufklärungsreferat entschieden, noch hätte das Aufklärungsreferat die getroffene Entscheidung nachträglich ändern können. Zwar unternahm Vorderegger einen Versuch in diese Richtung, denn er empfand es als schwere Beeinträchtigung der von ihm zu leistenden Arbeit, gleich auf zwei seiner qualifizierten Helfer (an die er sich auch persönlich schon gewöhnt hatte) verzichten zu müssen. Aber der Versuch blieb im Ansatz stecken. Er hätte sich nur mit dem Einverständnis und der Unterstützung Kaczorskis durchführen lassen, und wie wenig damit zu rechnen wäre, ging aus Kaczorskis Reaktion auf eine diesbezügliche Andeutung Vordereggers überdeutlich hervor. Kaczorski erbat sich die Deportationsliste, las sie aufmerksam durch und reichte sie seinem Gegenüber mit der Bemerkung zurück, ein Eingreifen in die Amtsbefugnisse anderer Stellen widerspräche sowohl der Parteidisziplin wie den Grundsätzen nationalsozialistischen Verhaltens. Davon abgesehen, könne es den Angehörigen des Judenpersonals nicht schaden, auf diese Weise daran gemahnt zu werden, daß ihre Tätigkeit für das Aufklärungsreferat keine Lebensversicherung bedeute, sondern einen Aufschub, den sie durch Fleiß und Bescheidenheit abzugelten hätten. Einigen von ihnen wäre das in der letzten Zeit offenbar entfallen, und die jetzt erfolgte Klarstellung würde ihnen eine heilsame Lehre sein.

(...)

Nicht lange danach wartete man vergebens auf das Erscheinen des Schreibers Reach, eines früheren Angestellten der Kultusgemeinde, der für das Büro Vorderegger bestimmte Katalogarbeiten zu besorgen hatte. In der Zwischenzeit waren keine neuen Deportationslisten herausgekommen, so daß die Erklärung, die nun allmählich als die nächstliegende gelten mußte, wegfiel. Da eben deshalb für Vorderegger kein Anlaß zu besonderer Vorsicht bestand, fragte er bei Kaczorski telephonisch an, ob Reach vielleicht heute dort beschäftigt sei. Kaczorski verneinte, erkundigte sich nach dem Grund der Anfrage, und empfahl – ohne dem geschätzten Parteigenossen vorgreifen zu wollen – eine strenge Disziplinarstrafe.

Sie erwies sich als überflüssig. Am Nachmittag erschien ein Bote der Israelitischen Beerdigungsbrüderschaft mit der Nachricht, daß Reach in seinem Bett tot aufgefunden worden sei.

»Gestorben?« fragte Vorderegger (und hätte nicht genau zu sagen vermocht, welche andre Todesart ihm dabei vorschwebte).

»Tot«, wiederholte der Bote. »Wir bitten um die Erlaubnis, ihn bestatten zu dürfen.«

Nicht nur die Erlaubnis, schon die bloße Durchführung eines Begräbnisses war um diese Zeit längst keine Selbstverständlichkeit mehr, teils weil die öffentliche Ausübung jüdischer Religionsdienste strengen Vorschriften unterlag, teils weil die immer mehr zusammengeschmolzene Judengemeinde kaum noch über eine ausreichende Anzahl männlicher Mitglieder verfügte, um den Anforderungen einer Bestattung – den praktischen wie den zeremoniellen – zu genügen. Vorderegger wußte es so einzurichten, daß er am Bestattungstag, genau eine Woche später, den Religionslehrer Bondy und dessen Gehilfen Flusser mit keiner dringenden Arbeit betraute (ohne sie jedoch ausdrücklich zu beurlauben) und daß Knöpfelmacher zum fraglichen Zeitpunkt mit Botengängen unterwegs war. Es wäre auch alles glatt abgelaufen, wenn nicht Frau Eisler und Frau Winternitz – »die beiden Klageweiber«, wie Vorderegger sie seit neuestem in scherzhafter Anspielung auf ihr pausenloses Schluchzen zu nennen liebte – sich eigenmächtig entfernt hätten, um den »tragisch Verstorbenen« (das Judenpersonal sprach wohlweislich nicht von Selbstmord) zur letzten Ruhe zu geleiten.

»Als hätten s' nicht hier bei uns heulen können«, zürnte Vorderegger, nachdem ihm das unerlaubte Fernsein der beiden zur Kenntnis gebracht worden war, natürlich von Kaczorski, der zufällig bei ihm eintrat und nicht versäumte, auch die Abwesenheit Bondys und Flussers wahrzunehmen. Er zog indessen keine weiteren Konsequenzen daraus und stellte auch keine in Aussicht, sondern begnügte sich mit den paar süffisanten Bemerkungen, deren spitzigste die an stud. theol. Hainisch gerichtete Frage war, ob er sich der Judengemeinde demnächst vielleicht als Minjenmann zur Verfügung stellen würde. Hainisch setzte ein säuerliches Lächeln auf und erklärte dem verständnislos dreinschauenden Vorderegger (wobei er respektvolle Anerkennung für Kaczorskis Fachkenntnisse einfließen ließ), daß nach jüdischem Gesetz zur Abhaltung von Gebeten zehn erwachsene Männer erforderlich seien, und daß darum dem zehnten, eben dem »Minjenmann«, eine wichtige Rolle zukäme.

»Meistens bekommt er auch Geld dafür«, ergänzte Kaczorski und wandte sich, schon an der Tür, wieder an Vorderegger: »Minjen heißt auf hebräisch die Zahl, Herr Professor der Orientalistik. Heil Hitler!«

Wollte er da nur mit einem zufällig aufgelesenen Wissensbrocken prunken oder seinem Widerpart zu verstehen geben, daß man auf das Judenpersonal nicht unbedingt angewiesen sei – gleichviel: es war ein verhältnismäßig glimpflicher Abschluß der Episode, und Vorderegger knurrte die

Drohung, daß Kaczorski sich nicht lange mit ihm spielen solle, mehr aus Gewohnheit hinter ihm her. Die Sache schien erledigt, und tatsächlich standen weder die Namen Bondy und Flusser noch die der beiden Klageweiber auf der nächsten Deportationsliste. Daß sie für die übernächste vorgesehen waren, konnte Vorderegger nicht wissen.

»Der spielt uns keinen wilden Mann mehr vor, der Kaczorski«, äußerte er und nahm das beifällige Nicken seines Assistenten schmunzelnd auf. »Man darf sich halt nix gefallen lassen, ha, Hainisch? Dann geht's schon.«

»Jawohl, Herr Professor«, sagte Hainisch.

»Na alsdann«, sagte Vorderegger und genehmigte sich statt des üblichen Sliwowitz deren zwei.

Und seine gute Laune ging so weit, daß er an Kaczorski, als er ihm beim Verlassen des Gebäudes begegnete, die freundliche, ja kameradschaftliche Einladung ergehen ließ, ihn auf einem abendlichen Spaziergang durch das Ghetto zu begleiten. Man könnte die warme Sommernacht zu einer Besichtigung des alten Judenfriedhofs ausnutzen, das wäre doch einmal was Romantisches, ha?

Kaczorski lehnte brüsk ab. Er wüßte nicht, wozu das gut sein sollte.

Vorderegger, wie immer, wenn Wohlgemeintes ihm mißriet, reagierte unvermittelt heftig: ob der Parteigenosse vielleicht an Gespenster glaube, noch dazu an jüdische?

Er verstehe die Frage nicht, entgegnete Kaczorski gelassen wie zuvor.

»No ja, ich mein' halt.« Auch Vorderegger suchte sich zu beherrschen, aber ihn kostete es Mühe. »Ein Friedhof bei Nacht, mein' ich, ist halt romantisch. Und zur Romantik, da gehören Gespenster mit dazu. Und es gibt halt Leute, die sich vor Gespenstern fürchten. Auch wenn's nur jüdische Gespenster sind.«

»Ach so«, machte Kaczorski gedehnt. »Ich verstehe. Sie fürchten sich und möchten Begleitung haben. Da nehmen Sie doch einfach einen Ihrer Juden mit, nicht wahr.«

Damit wandte er sich ab und ließ ihn stehen.

»Nicht wahr, nicht wahr«, äffte Vorderegger in hilflosem Ärger ihm nach. »Einen Ihrer Juden mit, einen Ihrer Juden mit.«

Die Provokation, die in dieser Wendung lag, wurde ihm gar nicht bewußt. Es wurmte ihn nur, daß Kaczorski ihm das Wort im Mund umgedreht hatte. Und die Lust an dem geplanten Spaziergang durch die Judenstadt war ihm gründlich vergangen; die Lust am Besuch des alten Friedhofs erst recht.

Bis zum Einbruch der Dunkelheit war's noch gut eine Stunde, und bis zum Abendessen noch etwas länger. Vorderegger überlegte, ob er – wie er's meistens tat – schon vorher im Hotel nach Gesellschaft und Geselligkeit Ausschau halten sollte (er wohnte in einem der für Parteizwecke requirierten Nobelhotels), oder ob nach all dem Ärger ein kleiner Spaziergang nicht doch vorzuziehen wäre, es müßte ja kein Spaziergang durch die Judenstadt sein, dazu konnte ihn niemand zwingen. Es konnte ihn freilich auch niemand davon abhalten, das wäre ja noch schöner, und das sollte dieser Scheißkerl von einem Kaczorski nur probieren, da würde er ihn aber sauber abfahren lassen. Schade, daß er über dem Zusammenstoß mit ihm verabsäumt hatte, sich der Begleitung Hainischs zu versichern. Den hätte er jetzt am liebsten bei sich gehabt.

Er war am Moldaukai angelangt und beschloß nach kurzem Zögern, zur Kleinseite hinüber zu schlendern. Dort gab es, anders als am diesseitigen Ufer, genügend Lokale, wo man im Freien sitzen und sich noch einen Sliwowitz genehmigen konnte. Oder zwei. Oder besser ein Bier, denn es handelte sich fast ausschließlich um Biergärten. Man muß mit den Wölfen heulen und mit den Tschechen Bier trinken. Andererseits soll man nicht mischen. Also doch einen Sliwowitz. Nein: zuerst einen Sliwowitz und dann ein Bier, so ist's richtig. Und der Einfachheit halber beides zugleich bestellen.

Der Sliwowitz war klar und scharf, das Bier war schwarz und schwer. Bayerisches Bier schmeckte besser, aber bei seinem letzten Urlaub hatte er sich leider davon überzeugen müssen, daß es nachließ. Für das Bierhaus »Zum Heiligen Thomas« fehlten ihm die Vergleichsmöglichkeiten. Das Bierhaus »Zum Heiligen Thomas«, wie so viele andere Prager Bierhäuser auch, braute sein eigenes Bier, und zumal das dunkle war weithin berühmt. »Gegr. 1492« stand in verwaschener Fraktur auf der Gartenmauer. Ja, früher einmal, da hat's in Prag nur deutsche Aufschriften gegeben. 1492. War das nicht das Jahr der Entdeckung Amerikas? Und diese Amerikaner wollen uns den Garaus machen. Wo wir doch schon damals deutsche Aufschriften hatten. Und schweres, schwarzes Bier. Kellner, noch ein großes. Nein, keinen Sliwowitz mehr. Nur Bier.

Vorderegger war nicht betrunken. Er fühlte sich wohl. Es tat ihm leid, daß Hainisch nicht da war, sein Wohlgefühl zu teilen, und Kaczorski nicht, es ihm zu neiden, aber auch allein fühlte er sich wohl. Und merkwürdigerweise überraschte es ihn nicht, in der klobigen, hemdsärmeligen Gestalt, die soeben mit zwei klirrvollen Bierkisten auf den Schultern vorüberkeuchte, den Juden Knöpfelmacher zu erkennen. Nicht im mindesten überraschte ihn das. Er fand es sogar ganz natürlich, daß Knöpfelmacher sich nach Dienstschluß noch ein kleines Trinkgeld verdienen wollte. Und fand es sehr menschlich vom Besitzer des Bierhauses, einen Juden als Schankburschen zu beschäftigen, was doch gewiß ein Risiko war, für beide Teile. Allerdings würde eine Kontrollstreife kaum auf den Verdacht kommen, daß hier ein Jude als Schankbursche beschäftigt sei. Und gar so jüdisch sah er ja nicht aus.

Jetzt hatte er die beiden Kisten irgendwo im dämmerigen Hintergrund abgeladen und trat den Rückweg an, wieder an Vordereggers Tisch vorbei.

»Knöpfelmacher! Da gehst her!«

Es schien zuerst, als wollte der Angerufene, der mitten im Schritt erstarrt und stehengeblieben war, sich im nächsten Augenblick mit einem Satz davonmachen. Sein massiger Körper straffte sich, sein Brustkasten wölbte sich, seine riesigen fleischroten Hände hoben sich mit gespreizten Fingern zur Ellenbogenhöhe, es sah beinahe gefährlich aus; und beinahe komisch, wie er gleich darauf in sich zusammenschrumpfte und kläglich geduckt an den Tisch herantrat.

»Bist fein erschrocken, Knöpfelmacher, ha?«

Gleich einem Bernhardiner, der seines Herrn Wunsch und Stimmung zu erforschen strebt, heftete Knöpfelmacher den Blick auf Vordereggers Gesicht.

»Was treibst denn du hier? Machst vielleicht hier deine Knöpfe, ha? Mit den Löchern gleich dazu?«

Das dröhnende Gelächter, das dieser Frage folgte, ließ Knöpfelmacher nicht länger zweifeln, daß er sein gewohntes Grinsen zeigen durfte.

»Komm, setz dich.« Vorderegger klopfte mit der flachen Hand zweimal auf den Tisch. »Für den Schrecken hast ein Bier verdient.«

Knöpfelmacher rührte sich nicht. Erst als Vorderegger nochmals »Komm« sagte, schüttelte er den Kopf:

»Ich darf nicht.«

»Wenn ich dich einlad', darfst du. Da kann auch der heilige Thomas nichts dagegen tun.«

»Darf nicht sitzen.« Das kam schon reichlich mühsam und gepreßt, auch schwoll die große Ader auf Knöpfelmachers nacktem Hals, und sein Gesicht lief rot an. »Darf nicht. Jud.«

»Ah, so ist das. Aha.« Vorderegger sann ein paar Sekunden vor sich hin. »Paß auf, Knöpfelmacher. Für die nächste Viertelstunde bist du kein Jud. Hast du mich verstanden?«

Knöpfelmacher nickte.

»Dann setz dich.«

Knöpfelmacher blieb stehen und grinste:

»Jud.«

»Ich hab gesagt: du bist *kein* Jud. Befehl des Führers.«

Knöpfelmacher fand an dem Spiel Gefallen. Jetzt grinste er nicht bloß, er gluckste breit auf und wiederholte:

»Jud.«

»Himmelsakra!« Aber dann besann sich Vorderegger eines andern, seufzte resigniert und hob nur noch den Finger drohend gegen den Widerspenstigen, der sofort erstarrte. »Also gut. Trinkst halt dein Bier im Stehen. Oder darfst vielleicht auch kein Bier trinken?«

Das Spiel begann von neuem. Knöpfelmacher, der wieder zu seinem Grinsen zurückgefunden hatte, nickte zuerst, dann schüttelte er den Kopf, dann nickte er abermals, und als Vorderegger daraufhin zu lachen begann, stimmte er fröhlich ein. Vorderegger nahm einem vorüberkommenden Kellner kurz entschlossen zwei Biergläser ab und reichte das eine an Knöpfelmacher weiter, der es ungelenk ergriff und von sich weghielt.

»Prost«, sagte Vorderegger, hob sein Glas, blies die Schaumkrone auf Knöpfelmachers blaue Schürze und lachte. Auch Knöpfelmacher lachte. Er hatte das Glas zur gleichen Zeit geleert wie Vorderegger und hielt es wieder steif von sich weg.

»So, das war's.« Vorderegger nickte. »Jetzt bist du wieder ein Jud, Knöpfelmacher.« Er erhob sich nicht ohne Anstrengung, jedoch ohne Schwanken. »Und jetzt begleitest du mich nach Hause.«

Knöpfelmacher stand reglos.

»Oder muß ich erst ein Bittgebet zum heiligen Thomas verrichten, ha?«

»Jud«, sagte Knöpfelmacher und schüttelte den Kopf.

»Ja – aber *meiner!*« Vorderegger klopfte ihm mit einer beinahe zärtlichen Besitzergeste auf die Schulter. »Du gehörst zu meinem Judenpersonal, weißt. Du bist mir zugeteilt. Es ist deine Pflicht, mich nach Hause zu begleiten, wenn ich es verlange.« Er straffte sich, als sollte er jetzt einen Befehl empfangen, nicht erteilen. »Knöpfelmacher! Erfülle deine Pflicht!«

Knöpfelmacher nickte, deutete heftig gegen den Hintergrund des nun schon in dichterem Abenddämmer liegenden Gartens und verschwand.

Nach einigen Minuten, die Vorderegger zum Bezahlen der Zeche nützen konnte, tauchte er wieder auf, ohne Schürze, aber noch immer in Hemdsärmeln. Den Rock trug er überm Arm, vielleicht weil er ihn schonen wollte, vielleicht weil der Abend merklich schwüler geworden war. Auch Vorderegger lockerte den Kragen und öffnete die beiden oberen Knöpfe seiner Uniform. Es ließ sich nicht bestreiten, daß er jetzt doch ein wenig schwankte. Und er schlug nicht den Weg nach links ein, zur nächstgelegenen Moldaubrücke, sondern strebte dem Kleinseitner Ring zu. Knöpfelmacher hielt sich einen halben Schritt seitwärts hinter ihm.

Vor einem der Adelspaläste, deren weißgraue Barockfassaden sich mit dem Dämmerlicht zu milchigem Pastell verschwisterten, hielt Vorderegger inne:

»Schön«, stellte er anerkennend fest. »Verflucht schön, das muß man schon sagen.«

»Schön«, wiederholte folgsam hinter ihm die Stimme Knöpfelmachers und erinnerte ihn, daß er sich in Begleitung befand; in jüdischer Begleitung, ganz wie Kaczorski ihm hämisch empfohlen hatte.

»Scheißkaczorski.« Damit trabte Vorderegger wieder los. Er versuchte sich die Szene mit Kaczorski ins Gedächtnis zurückzurufen, was ihm schon nach wenigen Minuten gelungen war, denn er blieb abermals stehen:

»Fürchtest du dich vor Gespenstern, Knöpfelmacher?«

Mit dieser Frage wußte Knöpfelmacher nichts anzufangen. Sein Gesicht blieb leer.

»Vor jüdischen Gespenstern, ha?« verdeutlichte Vorderegger und setzte, als auch das nicht half, mit verschwörerisch gesenkter Stimme hinzu: »Würdest du mich, wenn's dunkel wird, auf den Judenfriedhof begleiten? Zum Rabbi Löw?«

Jetzt schien Knöpfelmacher zu verstehen. Und weil die Frage erst über drei Stufen in sein Verständnis eingesunken war, mußte sich auch die Entgegnung über drei Stufen heraufarbeiten. Die erste war, daß er Vorderegger aus geweiteten Augen anstarrte und den Mund aufriß, aber es kamen nur ein paar schwere, keuchende Atemzüge hervor, keine Worte, und durch seinen gewaltigen Körper lief ein Zittern, das jählings abbrach. Dann reckte er sich auf, mit gewölbtem Brustkorb, die Finger der zur Ellenbogenhöhe gehobenen Hände gespreizt – es war fast die gleiche Gebärde wie zuvor im Biergarten, nur wirkte sie diesmal viel drohender, so als wollte er nicht wegstürzen, sondern auf Vorderegger los, der auch wirklich einen Schritt zurückwich und seine Hand nach hinten auszucken ließ, an die Revolvertasche. Aber da hatte Knöpfelmacher sich schon nach seinem zu Boden geglittenen Rock gebückt, und als er ihn wieder überm Arm hielt, lag auf seinem Gesicht das altgewohnte Lächeln der Dienstbereitschaft.

»Ja, ja«, sagte er eifrig. »Auf den Friedhof. Ja, bitte.«

»Damit du mich dort umbringst, ha?« Vorderegger ließ seine kurze Beklemmung in ein prustendes Gelächter verpuffen. »Jetzt hab aber ich einen Schrecken gekriegt, du Knöpfelmacher, du. Und auf den Schrecken brauch ich noch ein Bier.«

»Ja, ja«, machte Knöpfelmacher abermals und hatte aus Vordereggers freundlicherem Tonfall geschlossen, daß wieder das Spiel an der Reihe war. »Auf den Friedhof.«

»Nix Friedhof. Bier.«

»Bier?«

»Ja. Wo gibt's denn da g'schwind eins zu trinken?«

Knöpfelmachers Nicken bekundete die erwünschte Ortskenntnis. Er hob den Zeigefinger – zu gebührlicher Meldung, daß er nunmehr die Führung übernähme – und schwenkte links ab, der Moldau zu.

Auf dem altertümlichen, kurz vor dem Kleinseitner Kopf der Karlsbrücke gelegenen Wirtshaus war überm Eingang – ebenso wie beim »Heiligen Thomas« – noch die deutsche Aufschrift aus früheren Zeiten lesbar: »Zu den drei Sträußen«. Vorderegger konstatierte das mit Genugtuung, aber das niedrige Kellergewölbe mit den dicken Mauern und den derben Nischen nötigte ihn dann doch wieder zu dumpfen Assoziationen in Richtung Kaczorski, er kam nicht los davon und wußte nicht warum. Lag es daran, daß man auch in Wirtshäuser mit deutscher Aufschrift hinuntersteigen mußte wie in die Altneuschul? Lag's an den spitz aufeinander zulaufenden Kreuzrippen der gotischen Wölbung, denen hier, anders als in der Altneuschul, keine fünfte Rippe beigegeben war?

»Knöpfelmacher«, sagte Vorderegger, nachdem er noch zweimal Bier und einmal Sliwowitz bestellt hatte, »Prag ist eine deutsche Stadt, das weißt du ja.«

Knöpfelmacher wußte es nicht, aber da er gewohnt war, aus dem Tonfall einer Frage auf die erwartete Antwort zu schließen, nickte er heftige Bejahung.

»Infolgedessen befinden wir uns hier in einem deutschen Wirtshaus, das siehst du schon an der kreuzförmigen Decke. Schau hin, du Aff.«

Knöpfelmacher schaute hin und nickte, was sich jedoch auf Vorderegger als eine nicht vorausgesehene Ablenkung auswirkte und ihn dergestalt aus dem Konzept brachte, daß er den nächsten Punkt – seine Beschwerde gegen die unterirdische Veranlagung deutscher Wirtshäuser – übersprang.

»Und weißt du, Knöpfelmacher, warum bei euch in der Altneuschul das Kreuz eine fünfte Rippe hat?«

Knöpfelmacher schüttelte wunschgemäß den Kopf; er würde das wohl auch dann getan haben, wenn er die Frage verstanden und die Antwort gewußt hätte.

»Du weißt es nicht. Bist halt ein saudummer Aff, ein saudummer. Paß auf, ich erklär's dir. Das Kreuz hat eine fünfte Rippe, damit es kein Kreuz ist. Weil die Juden in der Judenschul kein Kreuz haben wollen. Ich weiß es vom Taussig. Der Taussig ist ein hochgebildeter Mann und lügt nicht. Eine Gemeinheit, daß sie mir den weggenommen haben. Scheißkaczorski. Ich persönlich hab nichts gegen die Juden. Es gibt auch anständige. Der Taussig zum Beispiel, und du. Mir kann's recht sein. Mir ist es wurscht, ob sie ein Kreuz haben wollen oder nicht. Gelobt sei Jesus Christus. Heil Hitler. Prost.«

Er hob sein Glas, stellte es jedoch, erschöpft von seiner ausführlichen Rede, unberührt auf den Tisch zurück. Knöpfelmacher hatte angespannt zugehört, und was immer ihm von Vordereggers Worten verständlich geworden war, hatte sich lebhaft in seinem Gesicht gespiegelt: bei der Nennung des Namens Taussig verzog es sich weinerlich, bei der Nennung des Namens Kaczorski zeigte es Abscheu, bei den Lobesworten, die für ihn selbst abfielen, ein dankbares Grinsen. Nur bei der Erklärung der fünften Kreuzrippe war es leer geblieben.

(...)

Als sie vor das Wirtshaus hinaustraten, lag die Nacht über der Stadt, und war trotz der Verdunkelung keine tiefe Nacht, denn der Himmel war sternenklar und der Mond beinahe voll. Es geht aber von einer mond- und sternenklaren Nacht über der dunklen Stadt Prag ein sonderbarer Zauber aus, zumal wenn auf der Karlsbrücke die schwarzen Schatten der Statuen und Kreuze aufragen, die Könige und die Heiligen, hier einer für sich und hier noch einer, dort ihrer drei oder vier einander zugekehrt in feierlich erstarrter Pose, und zuhöchst auf dem steinernen Geländer der Schutzpatron aller Brücken und aller Böhmen, heiliger Nepomuk mit mahnend erhobenem Finger, und nah schon zum Altstädter Ufer der Gekreuzigte mit der dreifachen Heiligung in hebräischen Lettern, errichtet als Buße von einem Juden, welcher den Heiland geschmähet, Opfermal aus lang vergangenen Zeiten der Finsternis und Willkür –

»Kannst du das lesen, Knöpfelmacher?« Vorderegger ist stehengeblieben und deutet nach der Aufschrift rechts und links vom Kruzifix; er kennt nur die deutsche Übersetzung – »Heilig, heilig, heilig ist der Herr der Heerscharen« –, das weiß er vom Taussig, und das wird schon ausreichen für eine abermalige Belehrung, die fünfte Kreuzrippe ist ja bei weitem nicht alles, was man sich an Fachwissen angeeignet hat, man ist ja kein saudummer Aff wie dieser Knöpfelmacher, der mit gesenktem Kopf dasteht und erst gar nicht versucht, die metallgeschnittene Schrift zu entziffern.

»Kodausch – kodausch – kodausch – adonaj zewoaus«, sagt Knöpfelmacher ohne den Kopf zu heben, das schwerfällige Schulhebräisch kommt ihm nur mühsam von den Lippen, er hat noch nie so viele Worte pausenlos hervorgebracht und hat noch nie so laut und deutlich gesprochen.

»Ah, da staun' ich.« Aus mißtrauisch zusammengekniffenen Augen betrachtet ihn Vorderegger. »Bist ja ein rechter Gelehrter, ha?«

Jetzt hätte Knöpfelmacher aufschauen und nicken müssen. Und regt sich noch immer nicht.

Doch, jetzt regt er sich. Mit dem rechten Handrücken fährt er über seine Stirn, langsam und klobig von links nach rechts, vielleicht war's ein plötzlicher Schweißausbruch, den er wegwischen will, vielleicht war's ein böser Traum, man kann das in der Dunkelheit so genau nicht sehen. Dann erst hebt er den Kopf und grinst.

Und das ist jetzt ein andres Grinsen als sonst. Es ist beinahe ein Lächeln und liegt beinahe leuchtend über seinem stumpfen, breitflächigen Gesicht, das er noch sekundenlang aufwärtsgekehrt hält, dem Mond- und Sternenhimmel zu, als hätte er wirklich von dorther die Eingebung zu jener Antwort empfangen, die ihn so stolz macht, die Eingebung und die Beseligung und die Erschöpfung.

Vorderegger hat nichts gemerkt.

»Gehen wir«, sagt er ein wenig unsicher. »Es ist spät. Ich will nach Haus. Weißt du, wo ich wohne?«

Knöpfelmacher nickt und schreitet aus. Er weiß nicht, wo Vorderegger wohnt, er weiß nicht einmal, daß es ein Hotel Ambassador gibt. Für ihn wohnt Vorderegger in den Amtsräumen des Aufklärungsreferats im jüdischen Rathaus, und das liegt ganz in der Nähe, und dorthin schreitet er aus, gefolgt von Vorderegger, der sich zwar des Gefühls nicht erwehren kann, daß es mit der Richtung nicht ganz stimmt, aber es ist ein unsicheres Gefühl, wie nun alles schon ein wenig unsicher ist, seine Stimme und seine Schritte und die dunklen Umrisse der Häuser. Nur Knöpfelmachers Schritte sind sicher. Und schließlich kann man ja auch durch die Judenstadt zum Hotel Ambassador gehen, warum nicht, ich hab keine Eile, der Knöpfelmacher soll nicht so laufen.

»Du sollst nicht so laufen, Knöpfelmacher, hörst du?«

Nein, Knöpfelmacher hat nicht gehört, er stapft weiter voran, er torkelt sogar, aber das liegt vielleicht nur an seiner ungeschlachten Gangart, oder vielleicht am fahlen, zittrigen Mondlicht, das alle Bewegungen und alle Konturen sonderbar verzerrt, und jetzt ist er um die Ecke getorkelt, und da muß ich doch etwas schneller –

Zu dumm. Jetzt kommt mir noch einer in die Quere, fast wäre ich in ihn hineingerannt. Und geht auch noch ganz langsam, und trägt auch noch einen Mantel, merkwürdig, einen schäbigen, schlotternden Mantel mit hochgeschlagenem Kragen, in einer warmen Sommernacht, aber den kenn ich doch –

»Taussig? Mein Gott, der Taussig! Wie kommen denn Sie daher? Ich hab geglaubt, Sie sind –«

»Belieben –?« Aus hochgeschlagenem Mantelkragen dreht sich ein fremdes Gesicht ins Mondlicht. Er hat's aber tschechisch gefragt, der Hagere, und das heißt »Račte« und klingt zum Glück ein bißchen komisch, so daß man wenigstens lachen kann.

»Ratschte ratschte«, wiederholt Vorderegger, indem er den Hageren zur Seite schiebt. »Nix nix.« Und macht sich auf die Verfolgung des nun schon in beträchtliche Distanz geratenen Knöpfelmacher, und es ist gar nicht mehr so leicht, ihn einzuholen.

»Stehenbleiben, Knöpfelmacher! Ich kommt nicht nach!«

Jetzt hat er gehört und hat seinen Schritt verlangsamt. Stehengeblieben ist er nicht. Aber Vorderegger gelangt auch so an seine Seite.

»Warum hast du's denn auf einmal so eilig, ha?«

Knöpfelmacher grinst. Es ist – Vorderegger merkt's noch immer nicht, und merkte er's, so wüßte er's nicht zu deuten – das gleiche Grinsen wie vorhin, ein erleuchtetes Grinsen, vielleicht weil ihm aufgegangen ist, daß man Befehle nicht immer ausführen muß, oder nicht sofort, oder nicht genau, aber er meint's nicht schlecht, und er grinst, und jetzt ist er sogar stehengeblieben, und Vorderegger ist völlig versöhnt.

»Komm nur, komm. Aber daß du mir nicht wieder davonrennst. Wenn ich schon eine jüdische Begleitung hab, dann will ich sie auch haben. Die Freude machen wir dem Scheißkaczorski nicht, daß wir uns verlieren, weißt du.«

Knöpfelmacher nickt und schreitet aufs neue aus und ist bald aufs neue um ein paar mächtige Schritte vor Vorderegger, der sich diesmal schon ordentlich anstrengen muß, um ihn einzuholen. Aufs Rufen hat er verzichtet und redet weiter, als wäre nichts geschehen.

»Wir machen ihm auch nicht die Freude, daß wir jetzt vielleicht nicht auf den Judenfriedhof gehen. Wir gehen.«

Knöpfelmacher nickt.

»Wir fürchten uns nicht vor Gespenstern, ha?«

Knöpfelmacher schüttelt den Kopf. Das Spiel hat wieder begonnen. Es ist ein schönes Spiel.

»Also gehen wir.«

Knöpfelmacher nickt. Und trägt die ganze Zeit das Lächeln, zu dem sein Grinsen sich längst verklärt hat, im großen, groben Gesicht. Auch Vorderegger merkt es jetzt.

»Freut's dich, daß du mich begleiten darfst?«

Knöpfelmacher nickt und schüttelt den Kopf. Es ist ein schönes Spiel.

»Also was? Freut's dich?«

Knöpfelmacher nickt.

»Daß du mich begleiten darfst?«

Knöpfelmacher schüttelt den Kopf.

»Du willst mich nicht auf den Friedhof begleiten?«

»Nein«, sagt Knöpfelmacher. »Altneuschul.«

»Ich will aber auf den Friedhof.«

»Altneuschul.«

»Ich sag dir was. Zuerst auf den Friedhof, dann in die Altneuschul. Gut?«

»Nein«, sagt Knöpfelmacher. »Zuerst Altneuschul.«

Wäre alles gewesen wie sonst, dann hätte Vorderegger jetzt ein »Himmelsakra« hören lassen und dazu die Frage, wer denn hier zu befehlen habe. Und wäre alles gewesen wie sonst, dann hätte Knöpfelmacher erkannt, daß das Spiel zu Ende sei, und hätte seine klobigen Schultern eingezogen und folgsam genickt. Es war aber nicht alles wie sonst.

Sondern die Erleuchtung, die über Knöpfelmacher gekommen war, hält immer noch an und hat nun schon so sehr Besitz von ihm ergriffen, daß er auf Vordereggers zaghaft hervorgestoßenes »Zuerst Friedhof!« gar keinen Widerspruch mehr äußert, nicht nochmals »Nein« sagt und nicht nochmals »Altneuschul«, und schon wieder ausschreitet, mit weiten, stapfenden Schritten, und schon wieder um Meter voran ist, und Vorderegger läßt sich's daran genügen, daß die Altneuschul ja schließlich in derselben Richtung liegt wie der Friedhof, und ist es zufrieden, daß er den Abstand halten kann und Knöpfelmacher nicht aus den Augen verliert, der soll nur laufen, den hol ich schon noch ein. Himmelsakra.

Himmelsakra, wo ist er denn hin. Jetzt hab ich ihn doch verloren. Jetzt ist er in die Meislgasse eingebogen und weg ist er. Nein, dort geht er ja. Etwas größer ist er geworden, der Abstand, aber dort geht er, der Knöpfelmacher, gleich hab ich ihn wieder. Die Meislgasse ist lang genug, da krieg ich ihn schon. Da kommt zuerst einmal die Meisl-Synagoge, und dann kommt rechts das Rathaus und dahinter die Altneuschul, und links geht's zum Friedhof, und da hab ich ihn schon längst eingeholt.

Natürlich könnte er auch einmal stehenbleiben, zum Beispiel jetzt vor der Meisl-Synagoge, stehenbleiben, und sich bekreuzigen, wenn er eine Ehre im Leib hätt' und einen Gott im Himmel, aber die Juden haben kein Kreuz, die haben nur eine fünfte Rippe, heil Hitler.

Was. Wieso.

»Heil Hitler!«

Also das – nein, darauf fall' ich nicht herein. Vorhin mit dem Taussig, da bin ich hereingefallen, weil's finster war und weil die Leute im Finstern so komisch ausschauen, aber diesmal nicht. Da kann der machen, was er will.

»Heil Hitler«, sagt Kaczorski nochmals und aufmunternd. »Versuchen Sie doch die Hand zu heben, Parteigenosse. Es wird schon gehen.«

Ich muß den Knöpfelmacher einholen. Wo ist der Knöpfelmacher.

»Schönen Spaziergang gemacht?«

»Jawohl, einen schönen Spaziergang.«

»Durch's Judenviertel?«

Möcht' wissen, was ihn das angeht. Jetzt sag ich's ihm grad nicht.

»Nein, nicht durch's Judenviertel.«

»Eben. Sonst hätte ich Sie ja sehen müssen.«

Wieso eben? Wieso müssen?

»Wieso?«

»Ach nichts. Und waren Sie in Begleitung?«

Der will mich ausholen. Aber von mir erfährt er nichts, der Scheißkaczorski. Wenn ich nur wüßte, wohin der Knöpfelmacher verschwunden ist.

»Ich war allein.«

»Allein am Judenfriedhof? Mitten in der Nacht? Allerhand. Also keine Angst vor Gespenstern?«

»Am Judenfriedhof war ich noch nicht. Da geh ich jetzt hin.«

»Ach? Darf ich mich anschließen?«

Vorderegger kneift die Augen zusammen, legt den Kopf zurück und dreht ihn ein paarmal hin und her, daß die Nackenwirbel knacksen. Was wär' denn das, fragt er sich und ist mit einemmal vollkommen nüchtern. Vor ein paar Stunden hab ich ihn höflich zu einem Spaziergang eingeladen und hab eine Abfuhr einstecken müssen wie ein Schulbub – und jetzt verstellt er mir beinahe den Weg, um mir seine Begleitung aufzudrängen? Warum ist ihm das plötzlich so wichtig?

»Warum ist Ihnen das so wichtig?«

»Was?«

»Mich zu begleiten?« Und jetzt hat er sich auch schon in Bewegung gesetzt und hat mich tatsächlich am Arm gefaßt und drängt nach links – unauffällig, wie er meint, aber mir fällt's auf. »Sie brauchen mich nicht zu stützen. Ich kann sehr gut allein gehen.«

»Eine hilfreiche Freundeshand ist immer willkommen.«

»Was mir willkommen ist und was nicht, dürfen Sie ruhig mir überlassen. Und ich möchte auch lieber selbst entscheiden, wohin ich gehen will.«

So. Abgeschüttelt. Aber noch nicht abgewehrt.

»Ich dachte, Sie wollten zum Judenfriedhof?«

Wollte ich das? Vielleicht hab ich's mir überlegt und geh zur Altneuschul. Nein, ich hab's mir nicht überlegt, und ich geh nicht zur Altneuschul. Damit er mir dort vielleicht den armen Knöpfelmacher schnappt, der nichts dafür kann.

»Ja, das stimmt. Aber ich habe Sie nicht um Ihre Begleitung gebeten.«

»Doch, das haben Sie. Erinnern Sie sich.«

»Ich erinnere mich nur, daß Sie meine Einladung abgelehnt haben. Sehr unwirsch sogar.«

»Warum so nachträgerisch, Parteigenosse Vorderegger? Jetzt bin ich wirsch.«

Soll wohl ein Scherz sein, ha? Und mittlerweile haben wir schon die halbe Strecke hinter uns, das klebt ja alles hier so eng aneinander, die Meisl-Synagoge und das Rathaus und die Altneuschul rechts, das Museum und der Friedhof links, den Knöpfelmacher seh ich nicht und von der Altneuschul nur den Giebel im Mond und einen schwachen Lichtschein aus den Fensterluken, aber das war vielleicht eine Täuschung, die liegen ja so niedrig überm Straßenpflaster, daß eine Taschenlampe sich drin spiegeln kann, wenn einer vorübergeht, der Knöpfelmacher wird's schon nicht sein, und es ist auch schon vorbei.

»Ich erinnere mich noch an etwas andres, Parteigenosse Kaczorski.«

»Und zwar?«

»Daß Sie mir geraten haben, mich von einem Juden begleiten zu lassen.«

»Und?«

»Da darf ich Sie jetzt also für meinen jüdischen Begleiter halten?«

»Nein, das dürfen Sie nicht«, sagt Kaczorski, und der seifige Hohn, auf dem seine Stimme bisher einhergeglitten kam, weicht jäh einer eisigen Kälte, mit der gleichen Stimme hat er damals beim Verlassen der Altneuschul auf Fischls einlenkende Bemerkung geantwortet, »Sie dürfen sich gar nichts erlauben, Sie haben sich schon zu viel erlaubt«, auch daran muß Vorderegger sich jetzt erinnern, und daß kurz darauf der Name Fischl auf der Deportationsliste stand und der Name Taussig dazu, und daß man von beiden nie wieder gehört und nie wieder hören wird, auch daran. Es ist eine gefährliche Stimme.

»Nun?« fragt Kaczorskis eiskalte Stimme. »Wollen wir nicht hineingehen?«

Vorderegger antwortet nicht.

»Also doch Angst vor Gespenstern, wie?«

»Nein«, sagt Vorderegger. »Vor Ihnen.«

Und macht einen Schritt auf Kaczorski zu, und vielleicht hat der grüne Mond sein Gesicht verzerrt und seine Gebärde – oder vielleicht die Gebärde, mit der Kaczorski seitwärts trat und hinter sich griff –: die beiden Schüsse fielen zur gleichen Zeit, und die beiden Körper schlugen zur gleichen Zeit aufs Pflaster hin.

In diesem Augenblick waren von der Altneuschul her die drei SA-Männer mit dem Scharführer Rübelt an der Spitze bereits unterwegs, um die Vollzugsmeldung zu erstatten. Absprachegemäß hätten sie Kaczorski ungefähr auf der Höhe der Meisl-Synagoge treffen müssen. Da sie dort niemanden sahen, liefen sie um so eiliger in die Richtung der Schußdetonation. Aber die Vollzugsmeldung konnten sie nicht mehr erstatten.

Daß der Vollzug, den sie da melden wollten, nicht zum geplanten Ende gediehen war, wußten sie um diese Zeit noch nicht, und als sie es merkten, galt ihre größere Sorge schon der Vertuschung des nächtlichen Geschehens an der Friedhofsmauer. Bald darauf begannen die Dinge sich zu überstürzen, und die gewaltsamen Umstände, die da noch ein Opfer verlangten, fanden ein gewaltsames Ende.

Es wird berichtet:

Als die Deutschen unter der Herrschaft eines, der sich »der Führer« nannte und mit »Heil« begrüßt wurde, die Stadt Prag besetzt hielten, hätte nach einem vorgefaßten Plan die Altneuschul in Brand gesteckt werden sollen, damit die siebenhundertjährige Legende ihrer Unzerstörbarkeit den Juden nicht länger zum Trost gereiche und nicht zur Widerstandskraft. Da diesem Plan die ausdrückliche Billigung höherer Stellen vorenthalten blieb, wurde er heimlich ins Werk gesetzt. In einer warmen Sommernacht erhielt eine SA-Streife den Befehl, ihren Weg an der Synagoge vorbei zu nehmen und durch die ebenerdigen Dachluken, die vorher von innen geöffnet worden waren, Brandfackeln in den mit allerlei Stoff- und Holzgerümpel gefüllten Bodenraum zu werfen. Der Befehl wurde ausgeführt, doch es entstand kein Feuer. Infolge anderer und unvorhergesehener Ereignisse, die sich in derselben Nacht zutrugen, konnte man erst am nächsten Morgen Nachschau halten und fand die Brandfackeln ausgetreten. Die deutlich sichtbaren Fußspuren aber waren so ungewöhnlich groß, daß sich alsbald das Gerücht verbreitete: der Golem, der unter alten Gebetmänteln und zerschlissenen Büchern im Dachgestühl der Altneuschul liegt, sei aufgestanden und habe seine Füße auf die brennenden Fackeln gesetzt. Auch zu den Deutschen drang das Gerücht und bewirkte, daß sie einen der letzten Überlebenden des sogenannten »Judenpersonals«, auf den ihr Verdacht sich lenkte, einen ungeschlachten, schwachsinnigen Burschen namens Knöpfelmacher, verhafteten und zum Verhör in die Altneuschul brachten, und sie verhörten ihn lange und gründlich, und konnten ihm dennoch nichts entlocken als ein Grinsen, und das Grinsen glich, je länger sie in ihrem Verhör fortfuhren, desto mehr einem Lächeln, und sah aus, als wäre eine große Erleuchtung über ihn gekommen, und wurde zu einem großen Gelächter, und selbst unter den Tritten ihrer Schaftstiefel, und selbst als sie auf ihm herumzutrampeln begannen, lachte er weiter, und einige erzählen, daß dieses Lachen, nachdem sie mit Trampeln schon aufgehört und von dem leblos Erstarrten abgelassen hatten, immer noch widerhallte von den Wänden der Altneuschul, welche nicht gesäubert werden dürfen, weil sie das Blut der Märtyrer tragen aus vielen Jahrhunderten.

Ludvík Aškenazy

Das zwanzigste Jahrhundert

So einen Koffer haben Sie noch nie gesehen. Er war aus Schweinsleder, ganz mit Aufklebern von einundzwanzig Hotels, zwei Überseeschiffen und einem Tanzcafé beklebt. Er war gelb, verlebt, fast lasterhaft, ein Weltmann. Nur eine schadhafte Stelle gab es da: eine weggeschossene Ecke, aus der ein gestreiftes Pyjama hervorguckte, wenn nicht noch etwas Schlimmeres. Sonst war es tatsächlich ein repräsentativer Koffer, auch wenn er auf einem uralten, klapprigen Lastauto fuhr. Er nahm es gelassen hin wie ein Aristokrat.

Und der Mensch, der zu dem Koffer gehörte, weiß Gott, woher er ihn hatte. Er saß über ihm wie ein spanischer Grande und streckte seine langen, mageren Beine. Sein Hut war zerknüllt und sein Gesicht ebenso. Auf dem Kopf hatte er – unfreiwillig, wie es schien – eine Stoppelfrisur. Die verlieh dem Zerknüllten eine gewisse Verschlossenheit.

Es war ein Mensch offensichtlich lustigen und etwas törichten Wesens. Er schaute mit solch einer Begeisterung auf die Welt, daß er eigentlich amtlicherseits gewarnt werden müßte. Der uralte Lastwagen fuhr jedoch verhältnismäßig schnell, so daß ihn keiner warnen konnte und nicht einmal wollte.

Ich werde Prag sehen, ich werde Prag sehen, dachte der Mensch. Ich werde Prag sehen. Mensch, das gibt's doch nicht, daß ich Prag sehen werde!

Dann leistete er sich einen vollkommenen Unfug und rief dem weidendem Vieh zu:

»Hallo Mädels! Ihr Kühe, ich lebe! Grüß dich, du Ochse!«

Die Rinder machten eine würdige Miene dazu. Nur der älteste Ochse schaute sich um hinter dem dahinrasenden Auto und vertiefte sich in Gedanken.

Alles grüßte der Mensch. Am meisten die Tiere. Eine protektoratmagere Katze auf der Asphaltstraße, einen verlaufenen, verstörten deutschen Schäferhund, der weiterhin seine Zähne fletschte, weil er sich noch nicht versöhnt hatte, sogar zwei kleine Zicklein grüßte er, seinen zerknüllten Hut schwingend. Rote Bettbezüge flatterten auf der Schnur neben Zeugunterhosen, rostige Pfützen leuchteten und spiegelten den grünlichen Himmel wider. Der Mai war jung. Prag war herrlich.

Und der Polizist in der Khaki-Uniform sieht aus wie Harold Lloyd, mit dem muß ich doch ein paar Worte schwätzen, wenn er uns schon angehalten hat.

– Was hast du da für eine Uniform, sagte der magere, zerknüllte Optimist.

– Jetzt reden wir nicht über Uniformen, sagte der Polizist aus der Filmgroteske. – Leute wie du brauchen gar nicht mehr neugierig zu sein.

– Sitzt der heilige Wenzel immer noch auf dem Pferd von Myslbek? sagte der reizende Optimist. – Und hat das Pferd immer noch einen Knoten am Schwanz?

– Um Gotteswillen, der will da Witze reißen, sagte der Polizist. – An einer Kreuzung und während einer Revolution. Während einer Revolution ist jede Minute kostbar. Fahren Sie fort und halten Sie mich nicht auf, sie haben grün.

– Aj-vaj, grün, sagte der Magere, seiner unseligen Gewohnheit folgend, Gott oh Gott, grün.

Wo soll ich dich absetzen, schrie der Fahrer nach hinten.

– Wo du willst, das ist wurscht, sagte der Zerknüllte. – Wo es dir paßt. Ich bin froh, daß mir das Leben Spaß macht. Ich hab' nie geglaubt, daß es mir nochmal Spaß machen wird. Das ist mir gar nicht eingefallen. Das hab' ich nicht geglaubt. Es hat mir daran auch nichts gelegen. Deshalb macht es mir jetzt Spaß. Guten Tag, Oma, wo tragen Sie den Pelz hin, jetzt im Mai?

– Ich geh ihn einer Jüdin zurückgeben, aber einer braven, sagte die Oma, – wir haben sie nicht mehr erwartet.

– Also glücklichen Weg, Oma! Das brüllte er schon hinter ihr her. Dann fuhr er fort:

– Ja, Freiheit, gut – und weiter? Man gibt uns zu essen – und weiter? Wir kriegen die vorgeschriebene Menge Kalorien. Und was weiter? Wir werden satt. Nein, satt werden wir nicht so schnell werden. Aber dann werden wir satt – und weiter? Fangen wir nach alledem etwa wieder von vorn an, als ob nichts gewesen wäre? Und werden Krawatten tragen? Du, wird man Krawatten tragen oder nicht?

– Klar wird man! sagte der Chauffeur. – Und Fliegen wird man tragen

und Lackschuhe. Lackschuhe hat man auch während des Krieges getragen, und Fliegen auch.

– Du, sagte der Magere, – worin hast du im Krieg geschlafen? Im Pyjama?

– Was denn sonst? wunderte sich der Chauffeur. – Im Nachthemd etwa? Wir leben ja im zwanzigsten Jahrhundert, Mensch. Wir haben das zwanzigste Jahrhundert. Na ja, sagte der Mann auf dem Lastwagen – da hast du recht. Wir haben ja schon das zwanzigste Jahrhundert.

Sie fuhren an einer Straßenlampe vorbei, an der ein halbverbrannter Deutscher hing.

– Schau dir die Sau an, wie hochmütig sie dreinschaut. Am liebsten möchte man anhalten und ihr ins Gesicht spucken.

– Du, sagte der Zerknüllte – und Socken hat man normal getragen? Socken?

Ich muß ihn loswerden, dachte der Fahrer. Scheinbar hat er sie nicht alle. Er rief den Kühen zu und jetzt fragt er nach Socken. Er wird aber harmlos sein.

– Herr Chef, wo belieben Sie denn auszusteigen, fragte er sanft.

– Wo du willst, sagte der Zerknüllte. – Ganz egal. Meinetwegen hier. Hauptsache, es ist dort unser zwanzigstes Jahrhundert.

Hinter der Kreuzung hielten sie an. Der Magere kletterte runter, der Chauffeur reichte ihm seinen aristokratischen Koffer aus Schweinsleder. Aus dem Koffer rollten ein paar halbverfaulte Kartoffeln raus.

Der sagenhafte Optimist zuckte mit der Achsel und ging weiter. Jedermann grüßte er und lüftete dabei höflich den Hut. Seine blauen Augen strahlten zufrieden und seine Nase schöpfte gierig die Prager Luft.

Er machte lange Schritte, immer längere und längere. Auf dem Koffer stand eine Kreideinschrift: Hotel Mauthausen. Er fing mit dem Koffer an zu rennen. Er rannte, solange der Atem reichte, er reichte nicht für lange. Und so blieb er bald stehen, und als er stand, wurde ihm bewußt, daß er für den Koffer eigentlich keine Zuflucht hatte. Er wußte nicht, wohin er gehen sollte.

Er ließ also den Koffer mitten auf der Straße stehen und rannte der zweiten Hälfte des zwanzigsten Jahrhunderts mit leeren Händen entgegen.

Josef Škvorecký

Rebekkas Geschichte

Rebekka saß auf der Couch, in einer Trainingshose, mit dem Rücken an ein Polster gelehnt und erzählte mir; es war Sonntag, ein süßer Tag, und obwohl ich mir Sonntag machen konnte, wann ich wollte, Rebekka konnte es nicht. Es war Sonntag, und es regnete noch dazu, unter Rebekkas Fenster schaukelte im Regenwind eine Straßenlampe, man hörte das Trommeln großer Regentropfen gegen das Blechschild, Rebekka erzählte, und ich lag auf der Couch, den Kopf auf einem Polster mit Glasperlen, meine Beine mit denen Rebekkas verflochten. Auf dem runden Tisch neben der Couch dampfte Kaffee in zwei angeschlagenen, ehemals vornehmen Tassen. Jede war anders, beide ein Überbleibsel von Familienservicen irgendwelcher, wahrscheinlich toter jüdischer Familien. Durch das Fenster schimmerten die Fenster der gegenüberliegenden Mietshäuser, und wir hatten im Zimmer kein Licht an: uns leuchtete die Straßenlaterne durch den Schleier nicht enden wollender Regenschauer, und von der Kreuzung her klingelten die Straßenbahnen. Ein süßer Zuckerbäckersonntag, und Rebekka erzählte und ihre Augen waren wie verglast. Wie zwei silbrige Glasfische. Sie erzählte:

»Also ging ich. Es war am Samstag früh. Das haben sie extra gemacht, am Schabbes. Ich war fünfzehn und wußte, daß ich nicht zurückkomme. Ich wußte, daß man dort Juden tötet, und mein Alter wußte es auch. Aber er ging mich nicht einmal begleiten. Der Alte saß damals ewig im Quartier, gleich früh verschwand er zur Arbeit, und abends schlich er über die Stiegen wie ein Geist. Damals hatte er besonders Angst, weil der Bruder am Tag zuvor abgehauen war, er sagte mir: in den Transport soll sich der Onkel Ohrenstein reinstopfen und andere Blödmänner. Wenn schon abkratzen, dann wenigstens eine deutsche Sau mitnehmen. Weißt' Danny, das hatte er aus Krimis, daß er jemanden mitnimmt. Dann haben sie ihn sowieso geschnappt, und mitgenommen hat er einen Dreck. Nicht einmal die paar Kilo Gepäck, die ich mitschleppte. Aber er hat's wenigstens versucht. Wenigstens hat er nicht die Klappe gehalten. Wenigstens ist er nicht wie ein Schaf gegangen.«

Ich trank langsam warmen, braunen, intimen, duftenden, tief friedlichen Kaffee inmitten des kalten Krieges anno domini 1952, und ein angenehmer Regen bespritzte die Straßenlampe.

»Einen Dreck hat er mitgenommen«, erzählte Rebekka. »Nicht einmal abtransportiert haben sie ihn. Noch an demselben Tag haben sie ihn totgeprügelt bei irgendeiner SS-Fete. Und den Alten haben sie am nächsten Tag geholt, Arschloch, ist dem auch nicht entkommen, die arische Frau hat ihm einen Scheißdreck genutzt.«

»Du sprichst nett von deinem Vater«, sagte ich.

»Er war ein Angstscheißer«, sagte Rebekka. »Und ich hasse Angstscheißer mehr als – ich weiß nicht –, mehr als alles andere auf der Welt. Denn schließlich sind sie an allem schuld und schließlich nutzt ihnen alles einen Dreck, auch der Angstschiß nicht, so wie ihm die arische Frau ...«

Aber das wußte er an dem Samstag früh noch nicht. Nicht einmal zur Tür begleitete er sie, sie mußte allein gehen. Lediglich seine Frau begleitete sie, jedoch auch nur an die Straßenecke. Weiter fürchtete sie sich.

»Ich hatte einen Stern auf dem Mantel und war fünfzehn«, erzählte Rebekka. »Nicht einmal fünfzehn, vierzehn und drei Monate. Der Sammelplatz war von uns nur etwa fünf Minuten entfernt. Eigentlich noch weniger. Aber ich wußte, daß man mich dort tötet. Vielleicht nicht gerade dort, aber wenn ich hinkomme, als ob ich schon tot wäre. Ich bin gegangen und wollte das genießen, die letzten fünf Minuten, damit sie wenigstens lange dauern, aber es hat nicht geklappt. Es ist als ob man dich zur Operation fährt, noch schlimmer. Aber es ist ähnlich. Nur, wenn man dich zur Operation fährt, stellst du dir vor, wie man dich wieder zurückfährt und hast schon alles hinter dir. So ist es nicht. Ich wußte, wenn ich es hinter mir habe, bin ich eine tote Jüdin. Nur daß man mir keine Goldzähne ausbricht, denn damals hatte ich noch keine. Aber das hab' ich damals eigentlich noch nicht gewußt, daß man Toten Goldzähne ausbricht, damals noch nicht.«

Sie ging, damit es länger hielt, an einem Eisenwarengeschäft vorbei, wo man Reibeisen und Teigkneter ausstellte, Sachen, die die Menschen wohl noch brauchen werden, die Menschen wohl, sie nicht mehr. Nebenan war ein Zuckerbäcker und hatte im Schaufenster magere Kriegstorten. Nebenan ein Installateur; über dem Eingang verkündete ein Schild, daß er alle Sanitärsarbeiten durchführt. Sie war erst fünfzehn und schon schien es ihr lächerlich, daß Ant. Šinták alle Sanitärsarbeiten durchführt. Wozu führt er

sie denn durch, wenn er doch sowieso einmal stirbt, der Ant. Šinták, und wird dann keine Sanitärsarbeiten mehr durchführen können.

»Ich ging«, erzählte sie, »und plötzlich mir gegenüber die Andula Malinová, ein Mädel, das mit mir in die Schule ging. Sie raste wie verrückt, in der Hand die Kinorevue. Wahrscheinlich zu einer Verabredung. Und ich ins KZ. Sie ins Kino, ich ins Lager, weißt' Danny, plötzlich – wieso ich? Wieso ich? Wieso nicht Andula Malinová? Ich wollte mich umdrehen und auch gehen. Nicht einmal zu einer Verabredung. Nach Hause. In unsere stinkige, düstere Wohnung, wo der Alte vor Angst schwitzte. Aber nicht dorthin. Aber es ist mir nur durch den Kopf geschossen. Ich wußte, daß ich einfach ins Lager gehen muß, auch wenn Andula Malinová zu einer Verabredung gehen kann, ich muß ins Lager und sie nicht, denn so ist es auf der Welt, immer geht einer zur Verabredung und der andere ins Lager, und so schleppte ich mich weiter, und vor mir sah ich den Onkel Ohrenstein in besten Klamotten, im Covercoat-Mantel –« Und sie sah sie alle, wie sie sich von allen Seiten zu dem Tor schleppten, wie Verbannte ohne Trost, zum Ausstellungsgelände, wo zwei riesenhafte SS-Männer standen, Schlachtsymbolen ähnlich etwas mit mächtigen Kiefern kauten und sie musterten, Demütige, Gebückte, mit in arischen Familien versteckten Gütern, wie sie in Sonntagskleidern mit Säcken, Koffern und Paketen gehen, wie sie durch das Tor schlüpfen und einige sich aus Höflichkeit, aus Gewohnheit, aus Angst, aus Hoffnung vor den SS-Tieren im Tor verbeugen...

Ich sah Rebekka an und dachte daran, wie auch ich die Kinorevue las. Ich dachte daran, wie sich Leute in K. um die Eintrittskarten für Pandur Trenck prügelten. So wie Hans Albers männlich, zynisch und unwiderstehlich Damen in Krinolinen anlächelte. Ich dachte daran, wie wir in der Fabrik Schlange um Schlange standen und wie mir Heidemarie Hatheyer mit blondem Haar und gut entwickeltem deutschem Gebiß gefiel. Und wie mich die drei Spinette im Film »Friedemann Bach« entzückten, was für eine Musik! Wie sie einen regelmäßigen, vollkommenen, vollen Puls tönten, eine vollkommen bewältigte musikalische Idee, einen strengen und doch bei aller Disziplin gütigen deutschen Geist.

Das war im Herbst, und Rebekka ging ins Lager, und es war ein kalter Herbsthimmel. Kälter noch für die, die keine naßkalte, kahle Landerde dieser Tage kennen. Für die, die nur Jugendstilcafés, den großen Plüschsalon des Onkels Ohrenstein, das Freibad in der Augustsonne und zarte, wuschelige Köpfe der Siamtiger kennen. Kalt wie Tod. Und spitze Nägel der SS-Stimmen.

SS-Männer sind auch ins Kino gegangen. Sie lachten auch über Pandur Trenck. Und meinen Onkel, der in der Kassa Eintrittskarten verkaufte, hat einmal einer verprügelt, weil er ihm sagte: »Gehen sie an die Front!«, weil er nicht wußte, daß man es deutsch »Schlangestehen« und nicht »an die Front gehen« nennt, so daß er die Militärehre eines deutschen SS-Mannes kränkte.

»Rebekka!« sagte ich.

So ist die Welt, wollte ich sagen. Sie steht auf Gleichgültigkeit. Wir lassen uns nur von der Literatur rühren. Blödes, gedrucktes, sentimentales Gefasel treibt uns die Tränen in die Augen. Aber die Wirklichkeit, das, was um uns geschieht, jetzt und hier, das rührt uns nie.

»Was?« sagte Rebekka.

Ich wollte sagen: Wie viele Millionen Menschen täglich? Wie viele erschauen die Horizonte des Todes. Wie vielen werden immer noch Zähne aus den Kiefern ausgeschlagen. Wie viele verlieren das Leben; Männer, Frauen, Kinder, Embryos in den Gebärmüttern? Und die Welt sitzt im Kino und lacht. Ja, weil sie auf Gleichgültigkeit gebaut ist. Einmal wird sie daran vielleicht krepieren. Sei's drum.

»Wie hast du es aushalten können?« sagte ich. »Daß du nicht verrückt geworden bist?«

»Es ist der Selbsterhaltungstrieb«, sagte Rebekka. »Ich ging durch das Tor, stand in der Schlange vor einem SS-Mann, der meinen Koffer durchwühlte und mir einen Spiegel und ein Buch von Seifert weggenommen hat. Und dann hab' ich mich stoßen und zerren lassen wie alle anderen. Bis nach Theresienstadt. Ständig hab' ich gewartet, bis die mich töten, aber ich hatte Schwein. Am liebsten hab' ich geschlafen. Das tue ich bis heute.«

»Was?«

»Daß es mir am besten geht, wenn ich am Abend im Bett liege und einschlafe. Ich glaube, das ist das beste, was ein Mensch auf der Welt hat.«

»Aber –«

»Wenn er langsam, langsam einschläft und denkt, jetzt kann mir alles gestohlen bleiben. Ich werde schlafen, und vielleicht wache ich morgen gar nicht mehr auf. Vielleicht sterbe ich in der Nacht.«

»Rebekka!« sagte ich.

»Was?«

»Ich –« Aber wir waren doch nicht alle gleichgültig. Kein Mensch ist doch vollkommen gleichgültig. Der Mensch vergißt nur. Er ist nur manchmal albern. Er ist nur lächerlich. Er ist nur hilflos. Fast hilflos. Oder doch –

Rebekka, wollte ich sagen, aber dann schluckte ich die Tränen meiner Seele runter und setzte die Miene des Saxophonisten der Embassy-Bar auf. Rebekka, sagte ich, komm her, sei nicht mehr traurig, schau, ich erzähl' dir was, und ich erzählte ihr eine Geschichte.

Dann lagen wir in wohliger Stille nebeneinander. Das Blechschild der Straßenlampe wankte im Regenwind wie ein Schiff, ein geankertes Schiff dieser Momente der Abgeschiedenheit, der so rasch endenden Sonntagnachmittage, die dem Menschen noch übrig bleiben. Unten leuchteten die Schaufenster und ein schwacher Abglanz klomm die Front des gegenüberliegenden Hauses empor bis zum Anthrazit des verhangenen Himmels, der Regen rann. Der Regen rann. Der Regen rann.

Rebekka erzählte mir von ihrer Rückkehr.

»Ich lief vor der Quarantäne weg. Typhus hatte ich schon 1944 durchgemacht und wollte dort keinen Tag länger bleiben. Mich beglotzen lassen von Rot-Kreuz-Kommissionen und Kollaborateuren, die sich dort schnell zusammenscharten wie Fliegen, um sich von Sünden reinzuwaschen.«

Sie wollte nicht länger bleiben, sie wollte schnell zurück, in die Stadt. Sie wollte sich in der Stadt der Arier verlieren, unter den Ariern verschwinden. Sie sehnte sich nach Kino. Sie wollte neue Kleider. Vor allem wollte sie wieder im weichen Bett, unter weißen Federbetten schlafen, in jemandes Armen, der mit einer dem Menschen gegebenen Wahrscheinlichkeit weiß, daß man ihn morgen nicht hängen wird.

»Aber ich konnte keinen finden. In der Wohnung Onkel Ohrensteins hatte sich schon ein Schlosser breitgemacht, der sie während der Revolution errungen hatte. Er trug eine Armbinde mit der Aufschrift ›Rote Garde‹ und erzählte mir, daß sich in der Wohnung Nazis verbarrikadiert hatten und er sie mit einem MG verscheucht hatte. Zu sehen war es allerdings nicht. Die Wohnung war wie in alten Zeiten, Teppiche, Gardinen, alles von Onkel Ohrenstein, auch das grüne Service mit Tierköpfen im Glasschrank. Der Räubergardist gab mir zwei Hunderter. Ich sagte ihm, daß die Möbel mir gehören werden, wenn Onkel Ohrenstein nicht zurückkommt, denn er hatte keine Kinder und war der einzige Bruder meiner Mutter, und meinen Bruder hatten die Deutschen totgeprügelt. Der Revolutionsheld sagte, daß man alles sorgfältig untersuchen muß, damit in der neuen freien Republik nicht gleich von Anfang an Unordnung entsteht, und sagte, daß er auch Anspruch auf eine Entschädigung hat, weil er auf den Barrikaden kämpfte, und dieses da als ein deutsches Eigentum galt, weil hier während der Revolution Deutsche wohnten, und wie käme er dazu, seinen Kragen zu riskieren, und andere bekommen was und er nicht. Mir war zum Heulen. Wenn ich damals wenigstens zwanzig gewesen wäre und so frech wie ich es heute sein kann, aber ich war damals siebzehn, war dem Heulen nahe und habe mir gedacht: Friß das doch auf, du Goj, friß dich satt an den Vorhängen und Persern, und aus dem grünen Service mach dir Gulasch. Und ersäuf dich im Badezimmer, und spül dich in den Kanal. Und dann machte ich mich auf die Socken und ging.«

Sie erzählte, wie sie in die alte Wohnung ging und wie sich dort alles wiederholte. Mit dem Unterschied, daß es diesmal ein Schneider war, der ihr sagte, daß er ihre Eltern rächen kam, daß er wußte, daß ihr die Deutschen den Bruder, den Vater und die Stiefmutter ermordeten, und so schoß er dem Deutschen, dem preußischen Amtsschimmel, der in die Wohnung eingezogen war, als man ihre Eltern abgeholt hatte, in den Bauch. »Auf diesem Teppich ist er krepiert, das Schöpsaas. Schauen sie mal den Fleck. Das ist vom Blut. Und es dauerte eine halbe Stunde, Fräulein, auf dieser Uhr habe ich's ihm gemessen, auf seiner eigenen Uhr, eine tolle Schweizer Maschine. Eh' hat er sie irgendwo geklaut. Angeblich war er vorher in Frankreich.« Aber als sie wollte, daß er ihr die Wohnung zurückgebe und später, daß er ihr wenigstens ein Zimmer überließe, fing er an zu klagen, daß seine Wohnung ausgebombt wurde, daß er vier Kinder hat, daß er eine Werkstatt braucht und daß die Wohnung klein ist. »Da hatte er recht«, sagte Rebekka. »Die Wohnung war nix wert. Ich weiß nicht, warum mein Alter nie eine größere gesucht hat. Aber bei uns wurde gespart. Wir waren keine reichen Juden. Wir hatten ein paar Schmuckstücke, und ich ahnte blaß, daß sie mein Alter bei jemandem versteckt hat. Ich wußte nicht genau bei wem, hatte aber den Eindruck, daß es irgendwelche Nazis waren im vierten Stock, und ich hatte nur die zwei Hunderter, die mir der Plündergardist gegeben hatte. So habe ich das Schneiderlein nicht mal im stillen beschimpft, ich sagte auf Wiedersehen, er begleitete mich bis vors Haus, hat sich wahnsinnig entschuldigt und platzte vor Auskünften, daß angeblich im alten jüdischen Rathaus ein jüdisches Komitee den Rückkehrern Wohnungen zuteilt, super Wohnungen in Neubauten, die die SS verlassen hat. Es war mir peinlich, direkt vor ihm zu diesen Růžičkas hochzustürzen, so ging ich zur Haltestelle, und dieser Ochse glotzte hinter mir her, bis die Straßenbahn kam. Es war mir so peinlich, daß ich eingestiegen und eine Station gefahren bin und dann wieder zurückkam. Mensch, du weißt wahrscheinlich gar nicht, wie es ist, an so einem Frühlingstag, als noch keiner arbeitete und alle dachten weiß Gott was, durch eine Prager Straße zu gehen, du weißt wahrscheinlich gar nicht, wie es ist, du kannst es gar nicht wissen, du warst nie eingesperrt. Am Anfang war's für mich wie eine Sonnenstraße, lauter Freude, du hast keine Ahnung, was das war, dieses dreckige, typhustriefende Theresienstadt und dann plötzlich diese wahnsinnig grüne, frühlingshafte Erde, und Prag voll Sonne und voller Fahnen, und ich ohne den Stern, nur daß man die unverblaßte Stelle darunter sah, und die Leute haben sowieso geglotzt, und ich platzte da voller Elan hinein, voller Lebensgier, im Kopf allen möglichen Unsinn vom neuen Leben, wie man sich damit in Theresienstadt aufgeilte. Und jetzt gafften die Leute sowieso, eine Jüdin kommt zurück. Du hast keine Ahnung, Danny, was das ist. Ich selbst weiß es nicht. Ich kam mir vor wie eine räudige Hündin. Ich weiß nicht, vielleicht wären die zu mir nett und aufmerksam gewesen, wenn ich sie etwas gefragt hätte oder etwas gewollt hätte, aber ich wollte nichts von ihnen, nach dem Plündergardisten und dem Schneiderlein nichts mehr. Es ist über mich hergefallen. Früher kam es mir nicht in den Sinn, als ich ein kleines Mädel war. Erst als man uns zwang, den Stern zu tragen, als man mich aus der Schule hinauswarf, als ich in den Park, ins Kino und in den ersten Wagen der Straßenbahn nicht durfte. Ich – und weißt', stattdessen –, fing ich an, mir selbst eklig zu werden, Mensch, Danny, mir selbst. In der Zeitung sah ich Karikaturen von Juden mit riesigen Spitzhaken, es malte sie irgendein Rélink, wenn du dich erinnerst. Und ich las, daß Juden nach Knoblauch stinken. Schreckliche Artikel. Die, die sie geschrieben haben, waren sich vielleicht gar nicht dessen bewußt, was sie da schrieben. Es war doch schrecklich. Stinken nach Knoblauch. Sie mußten doch wissen, was die Juden erwartet. Nur ich hab's damals noch nicht gewußt, dazu war ich damals noch zu blöd, ich quälte mich nur damit, wie ich ausschaue. Ich sehnte mich danach, so zu sein wie Andula Malinová. Eine Stülpnase zu haben und so slawisch rund zu sein, nicht so mager, und ich schaute mich im Spiegel an und haßte den Haken und das Maul und die ganze jüdische Fresse, und ich kam mir vor wie dreckig. So komm' ich mir immer noch vor. Heute noch.«

»Fasel' nicht, Rebekka«, sagte ich, »was soll an dir dreckig sein?« Ich küßte sie aufs Ohr. Auf ein rosa, fast arisches, geschniegeltes, duftendes Ohr.

»Nichts«, sagte Rebekka. »Aber ich sehe dreckig aus. Und da kann ich mich zweimal täglich abschrubben und jeden Mittag duschen, ich sehe immer noch dreckig aus. Du wäschst dir kaum die Hände, Danny. Sei still, so was merk ich sofort«, unterbrach sie mich, als ich protestieren wollte, weil sie recht hatte. »Füße wäschst du dir einmal wöchentlich und ins öffentliche Bad gehst du einmal in drei Wochen, weil du zu Hause kein Badezimmer hast und empfindlich bist, und das öffentliche Bad ist für dich Zeitvergeudung, weil du dich danach gleich ins Bett legen mußt, damit du dich nicht verkühlst.«

Und sie erzählte, wie sie also keinen nach etwas fragte, ein siebzehnjähriges Jüdel, schweigend mit der Straßenbahn zu der Wohnung Onkel Ohrensteins fuhr, denn darauf hatte sie Anspruch, dort mußte sie keinen um etwas bitten, aber dort war der Revolutionskämpfer und in ihrer alten Wohnung der ausgebombte Schneiderrächer, und so, als sie aus der Straßenbahn stieg, waren die Fahnen an den Häusern nicht mehr so festlich, nichts mehr war so neu, nichts mehr hieß sie im neuen Leben willkommen, nicht das Gewimmel der Leute mit Armbinden und ohne, mit Trikoloren, mit roten Fähnlein, nicht provisorische tschechische Schilder, nicht Arbeitertruppen kahlgeschorener Deutschen und Kollaborateure, die die Trümmer der Barrikaden abräumten. Aus der Farbenfreudigkeit dieser fremden Welt sprang sie wieder die schreckliche Einsamkeit des Lebens an, fast so wie damals, als sie allein den Koffer zum Sammelplatz schleppte, die Ohnmacht ihres Fluchs: auch wenn sie jetzt schon ins Kino durfte, blieb sie immer noch eine Jüdin, und weiß Gott was das war, ob anders, besser oder schlimmer, es sonderte sie wieder aus, für immer in die Einsamkeit des jubelnden Alltags, in die furchtbarere Einsamkeit der Verwaisung, der unvorstellbaren, plötzlichen Vereinsamung inmitten einer Stadt, wo es keinen Onkel Ohrenstein mehr gab, keinen Vater, keinen Bruder, wo es scheinbar gar keine Juden mehr gab, nur sie, ein siebzehnjähriges dreckiges Mädchen, mit in Theresienstadt verdorbenen Zähnen, mit zwei Hunderten in der Tasche eines Kleides aus Sackleinen, ohne Lebensmittelscheine, plötzlich auch ohne Freude. »Alles ist Illusion«, sagte Rebekka. »Alles sind nur Anfälle von Begeisterung, und dann kommt sofort die kalte Dusche.«

Sie schlich über die Treppen an der Tür des Schneiders vorbei und hatte Angst, daß er sie öffnete. »Ich kam mir vor wie ein Eindringling. Daß mich alle angucken wie einen lästigen jüdischen Fratz, der es sich erlaubt hat, zurückzukehren, während alle anständigen Juden sich ordnungsgemäß haben vergasen lassen.« Sie schlich an der bekannten Tür vorbei, es war still dahinter, durch das Mietshaus, über die ausgetretene Treppe mit einem gußeisernen Ziergeländer ins vierte Stockwerk, wo auf der Tür das Schild Karel Růžička, Prokurist der Union-Bank stand. Aber sie konnte sich lange nicht entschließen, den vergilbten Knopf inmitten der Messingscheibe neben der Tür zu drücken. Sie stand im Kleid aus Sackleinen und starrte die Tür an, es war ihr gar nicht bewußt, daß ein Hustenanfall sie schüttelte und daß sie damit die Aufmerksamkeit in der Wohnung hätte wecken können. Sie stand und war sich plötzlich gar nicht mehr sicher, ob es diese Růžičkas waren. Damals kümmerte sie das nicht und jetzt fiel ihr plötzlich ein, ob es nicht besser wäre, zu klingeln und einfach und schlicht zu sagen, bitte, helfen sie mir, ich habe kein Dach über dem Kopf, habe keine Kleider, habe keine Eltern und keine Familie, aber ich bin hungrig, beklommen, traurig im Herzen und im Magen und habe in den Beinen weiß Gott wieviel Kilometer, ich bitte sie.

»Nur, warum gerade bei den Růžičkas? Ich habe mit ihnen wahrscheinlich nie gesprochen. Ich bin nicht sentimental, Danny, aber in diesem Moment wollte ich schrecklich gern, daß mich jemand bemitleidet, streichelt und umarmt und in ein sauberes Bett legt. Das verließ mich auch nicht. Blödsinn. Aber hatte ich nicht Anrecht darauf? Es ist ein Blödsinn, aber kann sich der Mensch nicht auch an Blödsinn erquicken? Meine Mutter ist gestorben, als ich drei Jahre alt war. Dann hatte ich eine Stief', eine arische. Mein Alter hat mich nie gehätschelt. Er war ein furchtbarer Egoist. Und der Bruder hat mich höchstens beschimpft. Und die SS-Männer, das kannst du dir wohl vorstellen. Keiner hat mich im Leben gehätschelt. In Theresienstadt nahm sich ein Fritz Bondy meiner an. Dort war es aber nichts. Nicht einmal die Liebe. Man tat es, damit man noch etwas vom Leben hatte. Und es war ein Blödsinn. Etwa so, wenn man einem zum Tode Verurteilten sagt, er soll sich aussuchen, was er zum letzten Nachtmahl wolle. Ich möchte gern einen sehen, der so eine Mehlspeis' genießen könnte. Es ist ein Blödsinn. Das Leben ist ein Boxkampf, und man muß lernen, Schläge einzustecken und sie auszuteilen. Trotzdem packt es mich immer wieder, und ich will, daß jemand zärtlich zu mir ist, zu einer Jüdin, die nichts dafür kann, daß sie eine

Jüdin ist, daß mich jemand streichelt und mit mir schläft. Danny«, sagte sie plötzlich, »einmal am Samstag fahren wir zusammen weg, ja?«

»Wohin?« fragte ich.

»Das ist egal. Meinetwegen nach Lysá, wohin du willst. In eine fremde, winzige Stadt, wir mieten ein Zimmer im Hotel und werden uns am Abend lieben, und dann schlafen wir zusammen. Nur schlafen. Ehrlich. Bis zum Morgen. Und vielleicht schaffen wir es, zu sterben.«

»Das glaub' ich nicht«, sagte ich. »Das schaffen wir, wenn wir es nicht wollen werden. Auf jeden Fall nicht in einer solchen Idylle.«

»Aber wir fahren zusammen hin, okay? Hier ist es nicht das Wahre. Ständig muß man Angst haben, daß die Tante morgens giftige Bemerkungen macht, weil diese elende Couch so furchtbar knarrt. Mir nimmt das alle Lebensfreude, dir nicht, Danny?«

»Es ist ziemlich peinlich«, sagte ich. »Wenn die Tante nebenan horcht –«

»Klar horcht sie. Sie hat Angst, daß ich heirate und sie aus der Wohnung verscheuche.«

»Was ist das eigentlich für eine Tante?«

»Ach, die Schwester meiner Stiefmutter. Es ist eigentlich keine Verwandte. Eine Gojte natürlich. Sie denkt, daß sie von der gerissenen Jüdin gelinkt wird.«

»Warum hat sie also die gerissene Jüdin in die Wohnung aufgenommen?«

»Weil sie Angst hatte, daß man ihr die Wohnung wegnimmt«, sagte Rebekka. »Sie hat ständig vor etwas Angst. Und ständig vor irgendeinem Blödsinn...«

Und so stand sie an einem Mainachmittag vor der Tür mit blankem Messing und war schon im Begriff wegzugehen, weil sie sich nicht mehr sicher war, ob es diese Růžičkas waren, aber dann bemerkte sie, daß im Guckloch der Deckel abgeschoben wurde und ein spähendes Auge erschien. Das Auge gaffte sie an, zwinkerte, gaffte weiter, ihr wurde bewußt, daß Hustenanfälle sie schüttelten, und das Auge gaffte unbeweglich aus dem Gekröse der gojischen Wohnung, so daß sie Wut packte und sie zur Tür schritt.

»Die Tür hat ein Pyramidenweib geöffnet, in dem Moment wußte ich, daß sie den Schmuck hat«, sagte Rebekka. »›Guten Tag‹, grüßte ich. ›Guten Tag‹, sagte sie und gaffte mich an, ausdruckslos, nur kalt, wie einen jüdischen Eindringling.«

»Frau Růžička?« sagte Rebekka.

»Ja«, sprach die Madame.

»Ich bin Rebekka Ohrenstein«, sagte Rebekka.

Das Antlitz bewegte sich nicht.

»Bitte«, sagte Rebekka unsicher. »Ich – ich bin eben aus Theresienstadt zurückgekommen und – mein Vater hat bei ihnen einige Sachen versteckt –«

»Bei uns?« Madame zog die Augenbrauen hoch.

»Wenigstens«, sagte Rebekka, »wenigstens hat er es gesagt. Ich denke wenigstens, daß er es gesagt hat. Wissen Sie, ich war damals noch – ich erinnere mich nicht genau. Aber ich habe den Eindruck, daß er das gesagt hat. Ich denke wenigstens –« sie spürte, wie sie errötete.

»Das wird ein Irrtum sein, Fräulein«, sagte Madame. »Aber bitte, treten Sie ein.« Sie wich aus der Tür.

Rebekka trat ein.

»Seien Sie mir nicht böse«, sagte sie noch in der Tür. »Ich bin heute angekommen und weiß nicht, wohin ich gehen soll.«

»Kommen Sie nur«, sagte Madame. Sie führte sie in den Salon.

»Nehmen Sie bitte Platz«, sagte sie. »Einen Moment, ich sage Růžena, sie soll Kaffee aufstellen. Ein Kaffee kommt Ihnen sicher gelegen, oder?«

»Sicher.« Rebekka lächelte und fühlte sich im Salon unbehaglich. Madame verschwand. Rebekka schaute sich um. Der Salon wirkte kalt, glänzend, dunkelbraun, vollkommen aufgeräumt. Im Glasschrank geschliffenes Glas, auf dem Tisch, der einem Eisplatz glich, ein gehäkeltes Deckchen. In der Ecke ein schimmernder Kachelofen. Landschaftsbilder an den Wänden. Und kalt auch hinter dem Blumenfenster.

Die Gnädige trat ein und setzte sich Rebekka gegenüber.

»Also sind Sie zurückgekommen.«

»Ja«, sagte Rebekka.

»Mein herzliches Beileid«, sagte Madame.

Im ersten Moment wußte Rebekka nicht, wie sie das meinte. »Ich kannte Ihren Vater lange Jahre. Auch noch Ihre Mutter habe ich gekannt. Die Arme hat es nicht mehr erlebt. Und wie man sieht, gut, daß sie es nicht erlebt hat.«

»Ja«, sagte Rebekka. »Den Bruder – der Bruder ist auch nicht zurückgekommen. Und meine Stiefmutter auch nicht.«

»Und Ihr Onkel, Doktor Ohrenstein?« fragte Madame, und Rebekka merkte noch nicht, daß hinter der Frage nicht bloß höfliche Konversation steckte. Sie sagte: »Den hat man nicht einmal in Theresienstadt gelassen. Man hat ihn gleich weiter transportiert, nach Auschwitz. Er war schon zu alt.«

»Wohin bitte?« fragte Madame.

»Nach Auschwitz«, sagte Rebekka. »Das ist – das war so ein Vernichtungslager.«

»Nur weil er so alt war?«

»Vielleicht. Manche wurden gleich vergast.«

»Großer Gott«, stöhnte Madame, und Rebekka hatte das Gefühl und plötzlich auch die Sicherheit, daß sie vor Erleichterung stöhnte. Und jetzt wußte sie ganz sicher, daß diese Gnädigste den Schmuck hatte. Als ob sie es bestätigen wollte, fragte Madame: »Also sind Sie jetzt allein? Sie haben doch keine Familie?«

Rebekka schaute ihr in die Augen. Madame wich ihr aus. Aber Rebekka war glücklich. Das erste Mal, nachdem man ihr den Stern ans Herz angenäht hatte, kam es ihr vor, daß sie etwas mehr als der andere war. Sie hätte sie mit Ungewißheit vergiften können. Sie tat es nicht. Sie schaute ihr ironisch in die Augen und sagte:

»Nein, keine. Ich bin ganz allein.«

»Ach, das ist schrecklich«, sagte Madame. »Aber – das geht alles vorbei, mein Kind. Denken Sie daran, daß Sie zurückgekehrt sind. Sie sind jung, haben das Leben vor sich. Und jetzt wird alles wieder in Ordnung sein. Dieses – ich weiß, wie schrecklich es für Sie ist, das werden Sie verschmerzen.«

Eine Scheiße werde ich verschmerzen, dachte Rebekka. Was weißt denn du, du diebische Gojte. Du Plattenspieler für süßes Quasseln.

Das Hausmädchen brachte Kaffee und Kuchen. Rebekka hatte Hunger. »Greifen Sie zu, mein Kind«, munterte sie Madame auf. »Es ist noch Kriegsgebäck, aber Ihnen wird es sicher schmecken.«

»Sicher«, lächelte Rebekka. Sie trank von ihrem Kaffee und stürzte sich auf das Gebäck. Es war ein Teller voll. Wahrscheinlich haben sie es für den Sonntag, fiel ihr ein. Und die alte Hexe rechnet wahrscheinlich mit einer konventionellen Besucherartigkeit. Daß ich hie und da reinpicke und fertig aus. Rebekka hatte es sich vorgenommen, ihr alles wegzufressen. Und sie machte sich an die Sachen ran.

»Die Sachen, wissen Sie«, begann die Madame, »die wollte Ihr Vater ursprünglich bei uns verstecken. Aber mein Gatte hat darüber nachgedacht und kam mit Ihrem Vater überein, daß es zu gefährlich wäre. Wir wohnten in demselben Haus und wenn die Deutschen eine Durchsuchung gemacht hätten, hätten sie vor allem bei uns gesucht. Mein Gatte und Ihr Vater waren große Freunde, das wußte jeder. Und so beschlossen sie, daß sie die Sachen bei Herrn Disponent Patrocha auf der Letná verstecken.«

Rebekka schaute sie verwundert an. Hatte sie ihr etwa Unrecht getan? Sie streckte mechanisch den Arm aus nach dem nächsten Kuchen, ließ ihn dann aber auf den Tisch sinken.

»Zum Disponenten Patrocha? Wo wohnt der?«

Madame nickte traurig mit dem Kopf.

»Das ist eine tragische Geschichte«, sagte sie.

Ach so, dachte Rebekka. Sie griff wieder nach dem Kuchen und stopfte ihn ganz in den Mund. Und fragte: »Könnte ich noch Kaffee kriegen?«

»Aber gerne«, sagte Madame und schenkte ihr aus der Kanne ein.

»Wir hoben ihn den ganzen Krieg auf. Es ist ein echter Meinl. Für diese festliche Gelegenheit.«

»Er ist wunderbar«, sagte Rebekka. »Und was ist mit dem Herrn Disponenten Patrocha geschehen? Die Deutschen haben ihn umgebracht, nicht wahr?«

»Nicht nur ihn«, sagte Madame und setzte eine tragische Miene auf.

»Wissen Sie, er war ein großer Patriot. Vorsitzender des Turnvereins Sokol in Prag Sieben. Während der Heydrichiade hat man ihn mit der ganzen Familie hingerichtet. Es war in der Zeitung«, fügte sie noch hinzu.

»Die ganze Geschichte hat sie auswendig gelernt«, sagte mir Rebekka. »Den ganzen Krieg hat sie sie gesponnen. Wegen einer beschissenen Perlenkette, oder was der Alte bei denen eigentlich versteckt hat. Aber das Gebäck habe ich ihr alles aufgefressen.« Ich lachte auf: »Rébi«, sagte ich. »Das war aber kein großes Geschäft. Eine Perlenkette für eine Schüssel Kriegsgebäck –«

Rebekka schnitt ein Gesicht. »Die half ihr sowieso nix. Aus Angst, mich zu treffen, hat sie aufgehört, sie zu tragen. Aber das Gebäck war so schrecklich, daß ich Bauchweh kriegte. Es genügt, wenn ich mich heute daran erinnere, und ich kriege es wieder.«

Durch das Rauschen des Regens und das Läuten der Straßenbahnen erklangen die Schläge der Kirchturmuhr um die Ecke. Sieben. Wir hatten Eintrittskarten ins Kino.

»Das nächste Mal, wenn's dich interessiert«, sagte Rebekka.

»Klar«, sagte ich, »vielleicht.«

»Was vielleicht?«

»Ach nichts«, sagte ich. Nichts, dachte ich. Wie du bist, Rebekka, dachte ich, und durch das Rauschen des Regens hörte ich das Plätschern der Ruder der verlorenen Zeit, am Ausklang des Sommers, des heurigen Altweibersommers.

»Möchtest du nicht eine Bootsfahrt machen?« sagte ich.

»Hm«, nickte sie. In der Dämmerung, die der Nebel über die Welt spannte, hatte sie ein schmales, jüdisches Gesicht mit einer zerzausten Haarsträhne über der Stirn, und der Nebel schimmerte in ihren Augen wie in großen Kaffeehausfenstern. Sie ging vor mir auf dem Steg zum Hafen und kam mir irgendwie gebeugt vor. Der See lag kalt, kühle Wellenflächen spiegelten nur das schimmernde Grau des Himmels. Ich holte die Ruder ins Boot, und wir legten ab. Unter dem Nebel war es still, und im Moment waren wir allein auf einem Kreis kalter Wasserfläche und rundherum Nebel. Die Ruder klatschten. Wir fuhren langsam durch den Nebel. Rebekka saß mir gegenüber, die Knie aneinander gepreßt, die Hände in die Ärmel des Pullovers gesteckt und schaute auf die Wasseroberfläche. Der Wind jagte den Nebel über den See. Aus dieser Nähe war es keine dichte weiße Watte mehr wie von der Terrasse des Hotels aus. Es sah aus wie ein dünner weißer Rauch, der sich in Klumpen über die Oberfläche wälzt. Aber einige Meter entfernt war es eine undurchdringliche weiße Wand, die sich in undurchsichtiger Weite verlor.

Durch den Nebel hörte man das Plätschern einer Fischflosse. Ich sah auf. Auf der Oberfläche entstanden Ringe und liefen uns entgegen. In ihrer Mitte lag etwas weiß Schimmerndes.

»Siehst du?« sagte Rebekka.

»Ja«, sagte ich. »Warum liegt es so dicht unter der Oberfläche?«

»Weiß nicht«, sagte Rebekka. »Fahr näher.«

Ich drehte das Boot und fuhr den laufenden Ringen entgegen. Bald schnitt ich mit dem Bug ihre regelmäßigen Reihen. Das weiß schimmernde Ding lag unbeweglich. Ich hörte auf zu rudern und ließ das Boot treiben. Kleine Wellen schlugen schwach gegen den Bug. Rebekka drehte sich um und schaute sich das Ding an. Der Bug fuhr langsam daran vorbei.

»Was ist das«, sagte Rebekka mit Abscheu. »Schau mal!«

Ich bremste das Boot mit den Rudern und neigte mich über den Rand. Es lag hart unter der Oberfläche. Irgendein glänzender Fisch mit dem Bauch nach oben. Dann schaute ich genauer, und es kam mir vor, als ob er zwei Schwänze hätte, auf jeder Seite einen. Ein Monstrum. Ekel durchzuckte mich, fast Entsetzen. Ich neigte mich über das Ding und versuchte, es in die Hand zu nehmen. Ich spürte, wie es zuckte, dann drehte es sich auf den Bauch, und langsam ruderte es ohnmächtig mit dem Schwanz in die Tiefe. Irgendein krankes Monstrum. Dann tauchte es wieder auf und drehte sich wieder mit dem Bauch nach oben.

Und dann erkannte ich, was das war. Es waren zwei Welsmännchen, fast gleich groß. Einer schluckte im Kampf den anderen und erstickte an ihm. Der kleinere ragte dem größeren mit einer halben Körperlänge aus dem Maul heraus, und beide waren am Verrecken. Plötzlich bemerkte ich, daß sich der aus dem Maul hinausragende Schwanz zwar matt, jedoch aus eigener Kraft bewegte.

»Was ist das?« sagte erneut Rebekka mit entsetzter Stimme.

»Zwei Welse«, sagte ich. »Der eine frißt den anderen, aber der ist für ihn zu groß. Beide krepieren.«

»Fahr weg«, sagte Rebekka. »Fahr, ich kann das nicht sehen!«

Ich stieß den Wels mit dem Ruder. Die Flosse kräuselte sich, und das ganze Monstrum tauchte wieder unter.

»Tu es nicht! Fahr weg!« schrie Rebekka.

Ich lehnte mich gegen die Ruder, schaute aber, ob sie wieder auftauchten. Sie erschienen ein paar Meter entfernt. Die Bäuche schimmerten weiß in den kalten Wasserreflexen.

»Fahr doch!« schrie Rebekka. »Fahr weg, Danny. Schau da nicht hin!«

Aber ich schaute nochmal hin. Ich erblickte ein aufgerissenes Maul, gefüllt mit einem schleimigen Körper, der hinausragte und sich bewegte. Dann verschwand es im Glanz der Wasserfläche. Ich lehnte mich gegen die Ruder. Im Nebel erklang wieder das Plätschern einer Flosse. Die Welse kämpften noch. Ich ruderte rasch und regelmäßig über den See. Nach einer Weile war es wieder still.

Nur der Regen rauschte, rauschte, und Rebekka schwieg. Und es war Zeit zu gehen. Sie stand auf, zog sich an, und wir gingen ins Kino. Man spielte irgendeinen Cocktail von einer Dreierbeziehung mit Aufbauersoße, der mich langweilte, aber Rebekkas gläserne Augen schwammen die ganzen zwei Stunden in einer anderen Welt als in dieser.

Václav Havel

Das Gefühl des Schuldigseins

Dankrede zur Verleihung der
Ehrendoktorwürde der Hebräischen Universität
Jerusalem, 26. April 1990

Sehr geehrter Herr Rektor,
sehr geehrte Anwesende,
vor allem danke ich Ihnen für die große Ehre, welche die heutige Verleihung der Ehrendoktorwürde Ihrer Universität darstellt. Es ist zwar bei weitem nicht der erste Ehrendoktor, den ich bekomme, doch nichtsdestoweniger nehme ich ihn mit demselben Gefühl entgegen, mit dem ich auch die vorhergehenden entgegengenommen habe, nämlich mit dem Gefühl einer tiefen Scham. Ich quäle mich mit der Gewißheit, daß ich ihn bei meiner Halbbildung nicht verdiene, ich nehme ihn als ein eigenartiges Geschenk, das mich in immer wieder neue Verlegenheit bringt, und ich kann mir leicht vorstellen, daß jeden Moment dieser bewußte Herr kommen kann, der mir das gerade übergebene Diplom aus der Hand reißt, mich am Kragen packt und aus dieser Aula wirft mit der Begründung, dies alles sei ein Fehler gewesen und ein Ausdruck meiner Frechheit.

Sie erkennen gewiß, wohin ich mit diesem eigenartigen Dank ziele. Ich will diese Gelegenheit nutzen, um hier mit einigen Sätzen meine lange und wahrlich intime Beziehung zu dem großen Sohn des jüdischen Volkes, dem Prager Schriftsteller Franz Kafka, zu bekennen.

Ich bin kein Kafkologe, kafkologische Literatur lese ich gewöhnlich nicht mit allzugroßem Interesse, und ich wage es noch nicht einmal zu behaupten, ich hätte wirklich alles gelesen, was Kafka geschrieben hat. Diese ein wenig apathische Beziehung zur Kafka-Forschung resultiert aus einem sehr eigenartigen Grund: Ich habe nämlich das Gefühl, ich sei der einzige, der Kafka versteht, und mir könne in dieser Hinsicht ohnehin niemand etwas zugänglich machen. Meine zögernde Beziehung zum Studium seines Werks geht dabei von dem diffusen Eindruck aus, daß ich nicht alles und wiederholt lesen muß, was Kafka geschrieben hat, weil ich ohnehin weiß, was ich in seinem Werk finden werde. Ich bin sogar in der Tiefe meiner Seele überzeugt, hätte es Kafka nicht gegeben und könnte ich besser schreiben, als es der Fall ist, dann würde ich sein ganzes Werk schreiben.

Ich weiß, wie eigenartig das klingt, was ich hier sage, doch bin ich überzeugt, daß Sie mich verstehen. Ich sage damit nichts anderes und nicht mehr, als daß ich in Kafka seit jeher ein großes Stück meiner eigenen Erfahrung mit der Welt finde, mit mir selbst und mit der Art und Weise meines Seins in dieser Welt.

Ich will versuchen, kurz und stichwortartig einige leichter zu benennende Formen dieser Erfahrung aufzuzählen. Es sind dies: ein tiefes, grundlegendes und deshalb durchaus unbestimmtes Gefühl eigenen Schuldigseins. So als ob meine Existenz als solche schon auf ihre Weise Sünde sei. Weiterhin ist es das starke Gefühl der gesamten Unzusammengehörigkeit meiner selbst und all dessen, was sich unwillkürlich um mich herum herausbildet. Das belastende Erlebnis einer unerträglichen Schwüle. Das Bedürfnis, sich dauernd irgend jemandem gegenüber zu erklären und sich zu verteidigen. Die Sehnsucht nach einer nicht erreichbaren Ordnung der Dinge, um so stärker, je unübersichtlicher das Gelände ist, auf dem ich mich bewege. Hin und wieder eine Explosion des Bedürfnisses, mir meine problematische Existenz dadurch zu bestätigen, daß ich jemanden anbrülle und entschlossen meine Rechte fordere. Ein solches Brüllen ist selbstverständlich völlig überflüssig, denn es geht immer und schicksalhaft an seinem wirklichen Adressaten vorbei und verschwindet hoffnungslos in dem schwarzen Loch, das mich umgibt. Alles, worauf ich treffe, streckt vor allem seine absurden Dimensionen nach mir aus. Es ist, als ob ich ständig hinter einem Pulk starker und selbstbewußter Männer herliefe, die ich nie einholen, geschweige denn ihnen gleichkommen könnte. Ich bin mir im Grundsatz widerwärtig, und mir scheint, daß ich eigentlich nur allgemeines Gelächter verdiene.

Ich höre schon, was mir zweifelsohne mancher von ihnen in diesem Moment einwenden will: daß ich mich in diese kafkaesken Umrisse nur stilisiere, weil ich in Wirklichkeit jemand ganz anderer bin: nämlich ein absolut ruhig und ausdauernd um etwas kämpfender Mensch, dessen Kampf ihn an die Spitze des eigenen Landes getragen hat.

Ja, ich erkenne selbstverständlich an, daß ich äußerlich als der wahre Gegenpol aller Josef K., Landesvermesser K. und Franz K. erscheinen kann. Trotzdem stehe ich zu dem, was ich über mich gesagt habe. Ich füge

bloß hinzu, daß es meiner Meinung nach gerade mein inneres Gefühl der Ausgeschlossenheit oder der Nichtzugehörigkeit, einer Art Enterbtheit oder existentiellen Unzugehörigkeit ist, das den verborgenen Motor all meines zähen Bemühens antreibt, und daß es gerade mein verzweifeltes Sehnen nach Ordnung ist, das mich immer wieder in die unwahrscheinlichsten Abenteuer treibt. Ich wage sogar zu sagen, daß ich alles Gute, das ich je getan habe, vielleicht nur getan habe, um irgendwie mein fast metaphysisches Gefühl des Schuldigseins zu verdecken. Mir scheint, daß ich ständig etwas schaffe, etwas organisiere oder für etwas kämpfe, eigentlich nur, um mein ewig bezweifeltes Recht auf Existenz zu verteidigen.

Vielleicht stellen Sie sich die Frage, wie kann ein Mensch Präsident eines Landes sein, der sich auf diese Weise selbst reflektiert. Es ist sehr paradox, doch ich muß bekennen, sollte ich ein besserer Präsident sein als an meiner Stelle mancher andere es wäre, dann ist das gerade deshalb, weil irgendwo im tiefsten Grunde meiner Arbeit der dauernde Zweifel an mir selbst und meinem Recht, meine Funktion auszuüben, verborgen ist. Ich bin ein Mensch, der sich überhaupt nicht wundern würde, wenn man ihn inmitten der Arbeit als Präsident vor ein obskures Tribunal rufen oder abführen würde oder wenn man ihn gleich in den Steinbruch schaffte. Es würde mich nicht überraschen, genau so wenig wie mich überraschen würde, wenn jetzt gleich das Wort »Aufstehen« ertönte und ich plötzlich in meiner Zelle aufwachte und alles, was ich im letzten halben Jahr erlebt habe, dann belustigt meinen Mitgefangenen erzählen würde. Je niedriger ich stehe, desto angemessener kommt mir mein Platz vor, je höher ich stehe, desto stärker macht sich der Verdacht breit, daß es sich um einen Irrtum handelt. Ich spüre bei jedem Schritt, ein wie großer Vorteil es für die Ausübung des Präsidentenamtes ist, das Bewußtsein zu haben, nicht dorthin zu gehören und jederzeit mit Recht von dort vertrieben werden zu können.

Das, was ich hier gesagt habe, war kein Vortrag oder Essay, sondern nur eine kurze Bemerkung zum Thema »Franz Kafka und meine Präsidentschaft«. Ich glaube, es ist richtig, daß gerade ein Tscheche gerade an der Hebräischen Universität diese Bemerkung gemacht hat. Ich habe vielleicht die Karten offener gezeigt, als ich sollte, und vielleicht werden meine Berater mich deswegen schelten. Jedoch auch das wird mich nicht aus der Fassung bringen, denn genau das erwarte und verdiene ich. Daß ich auf die Schelte vorbereitet bin, möge hier nur als ein weiterer Beleg dafür dienen, wie vorteilhaft es für die Ausübung meiner Funktion ist, wenn ich ständig auf das Schlimmste vorbereitet bin.

Noch einmal danke ich Ihnen für Ihre Ehrung, und nach dem, was ich gesagt habe, schäme ich mich zu wiederholen, daß ich diese Ehre mit Scham entgegennehme.

Verfasser und Quellen

Ludvík Aškenazy
1921 in Teschen geboren.
Das zwanzigste Jahrhundert, S. 273
Aus dem Tschechischen von Ingeborg Fiala-Fürst.
Aus: L. A., Vajicko. Ceskoslovensky spisovatel, Praha 1963. Abdruck mit freundlicher Genehmigung von Ludvík und Jindřich Mann.

Hermann Bahr
1863 in Linz geboren, gestorben 1934 in München.
Ewige Stadt, S. 33
Aus: Das jüdische Prag. Eine Sammelschrift. Hg. mit einer Einführung von Robert Welsch. Verlag der Selbstwehr, Prag 1917. Zitiert nach der Neuausgabe, die 1978 im Jüdischen Verlag bei Athenäum erschien.

Oskar Baum
1883 in Pilsen geboren, gestorben 1941 in Prag.
Das junge Geschlecht, S. 141
Aus: Das jüdische Prag. Eine Sammelschrift. Hg. mit einer Einführung von Robert Welsch. Verlag der Selbstwehr, Prag 1917. Zitiert nach der Neuausgabe, die 1978 im Jüdischen Verlag bei Athenäum erschien.

Max Brod
1884 in Prag geboren, gestorben 1968 in Tel Aviv.
Tycho Brahes Weg zu Gott (Auszug), S. 65
Aus: M. B., Tycho Brahes Weg zu Gott. Kurt Wolff Verlag, München 1915.
Das Wunderkind, S. 213
Aus: M. B., Über die Schönheit häßlicher Bilder.
m.b.H., Wien 1976, S. 137-141.

Emil Faktor
1876 in Prag geboren, gestorben 1942 im KZ Lodz.
Mittag, S. 112; Die Zeile, S. 113
Aus: Deutsche Dichter aus Prag. Hg. von Oskar Wiener. Ed. Strache Verlag, Wien/Leipzig 1919.

Rudolf Fuchs
1890 in Podiebrad geboren, gestorben 1942 in London.
Das Haus zur »Sonne«, S. 243
Aus: R.F., Die Prager Aposteluhr. Gesammelte Gedichte. Hg. von Ilse Seehase. Mitteldeutscher Verlag, Halle/Leipzig 1985.

Hermann Grab
1903 in Prag geboren, gestorben 1949 in New York.
Die Mondnacht, S. 157
Aus: H.G., Der Stadtpark und andere Erzählungen. © S. Fischer Verlag GmbH, Frankfurt am Main 1985.

Willy Haas
1891 in Prag geboren, gestorben 1973 in Hamburg.
Geheimnisse des alten Prag, S. 126
Aus: W.H., Die literarische Welt. Lebenserinnerungen. S. Fischer Verlag GmbH, Frankfurt am Main 1983. Abdruck mit freundlicher Genehmigung von Frau Dr. Herta Haas.

Václav Havel
1936 in Prag geboren.
Das Gefühl des Schuldigseins, S. 295
Aus: V.H., Angst vor der Freiheit. Reden des Staatspräsidenten. Aus dem Tschechischen von Joachim Bruss und Gudrun Heißig. Copyright © 1991 by Rowohlt Taschenbuch Verlag GmbH, Reinbek b. Hamburg. Originaltitel: Cestny Doktorat Hebrejskè University Jeruzalém (26. 4. 1990). Copyright © 1990 by Václav Havel.

Leo Heller
1876 in Wien geboren, gestorben 1941 in Prag.
Prag, S. 109
Aus: Deutsche Dichter aus Prag. Hg. von Oskar Wiener. Ed. Strache Verlag, Wien/Leipzig 1919.

Camill Hoffmann
1876 in Kolin geboren, gestorben 1944 im KZ Auschwitz.
Kasernenfenster, S. 111
Aus: Deutsche Dichter aus Prag. Hg. von Oskar Wiener. Ed. Strache Verlag, Wien/Leipzig 1919.

Franz Kafka
1883 in Prag geboren, gestorben 1924 in Kierling bei Wien.
In unserer Synagoge, S. 90
Aus: F. K., Fragmente aus Heften und losen Blättern. Gesammelte Werke, hg. von Max Brod (Hochzeitsvorbereitungen auf dem Lande). Copyright 1935 by Schocken Verlag, Berlin. Abdruck mit freundlicher Genehmigung der S. Fischer Verlag GmbH, Frankfurt am Main.

Egon Erwin Kisch
1885 in Prag geboren, gestorben 1948 ebenda.
Vom Kleinseitner Deutsch und vom Prager Schmock, S. 205
Aus: E. E. K., Gesammelte Werke in Einzelausgaben, Band 2/1: Aus Prager Gassen und Nächten. Prager Kinder. Die Abenteuer in Prag. © Aufbau-Verlag Berlin und Weimar 1968.

Paul Leppin
1878 in Prag geboren, gestorben 1944 ebenda.
Das Gespenst der Judenstadt, S. 85
Aus: P. L., Alt-Prager Spaziergänge. Hg. von Dirk Hoffmann. P. S. Verlag, Ravensburg 1990. Abdruck mit freundlicher Genehmigung von Herrn Professor Dr. Dirk Hoffmann.
Daniel Jesus, S. 118
Aus: P. L., Daniel Jesus. Mit einem Frontispiz und buchkünstlerischer Ausstattung von Richard Teschner. Magazin-Verlag, Berlin 1905.

Gustav Meyrink
1868 in Wien geboren, gestorben 1932 in Starnberg.
Der Golem (Auszug), S. 71
Aus: G. M., Der Golem. © Langen Müller Verlag in F. A. Herbig Verlagsbuchhandlung GmbH, München.
Prag. Eine optimistisch gehaltene Städteschilderung in vier Bildern, S. 97
Aus: G. M.., Des deutschen Spießers Wunderhorn. © Langen Müller Verlag in F. A. Herbig Verlagsbuchhandlung GmbH, München.

Leo Perutz
1884 in Prag geboren, gestorben 1957 in Bad Ischl.
Die Pest in der Judenstadt, S. 50; Der Engel Asael, S. 60
Aus: L. P., Nachts unter der steinernen Brücke. Ein Roman aus dem alten Prag. © Paul Zsolnay Verlag Gesellschaft m.b.H., Wien 1976.

Eduard Petiška
1924 geboren.
Wie die Juden nach Böhmen kamen, S. 34; Die älteste Prager Synagoge, S. 39
Aus: E. P., Der Golem. Jüdische Sagen und Märchen aus dem alten Prag. Aus dem Tschechischen von Alexandra Baumrucker. Roman Kovar Verlag, München 1987.

Rainer Maria Rilke
1875 in Prag geboren, gestorben 1926 in Val Mont bei Montreux.
Im alten Hause, S. 115; Der Hradschin, S. 115; Der Novembertag, S. 116; Bei St. Veit, S. 116; Vom Lugaus, S. 117
Aus: R. M. R.: Sämtliche Werke, Band 1: Larenopfer. Insel-Verlag, Wiesbaden 1957.

Hugo Salus
1866 in Böhmisch Leipa geboren, gestorben 1929 in Prag.
Wintertag auf dem Hradschin, S. 107
Aus: Deutsche Dichter aus Prag. Hg. von Oskar Wiener. Ed. Strache Verlag, Wien/Leipzig 1919.

Josef Škvorecký
1924 in Nachod geboren, lebt in Toronto.
Rebekkas Geschichte, S. 278
Aus dem Tschechischen von Ingeborg Fiala-Fürst.
Aus: Sedmiramenny svicen. Nase vojsko, Praha 1964. Abdruck mit freundlicher Genehmigung des Autors.

Hugo Sonnenschein
1890 in Gaya geboren, gestorben 1953 im Gefängnis Mirov.
Verkündigung, S. 219; Der Verfluchte, S. 220
Aus: H. S., Die Fesseln meiner Brüder, Gesammelte Gedichte. Hg. von Karl Markus Gauß und Josef Haslinger. Carl Hanser Verlag, München/Wien 1984.

Friedrich Torberg
1908 in Wien geboren, gestorben 1979 ebenda.
Mit Genuß und Belehrung gelesen, S. 193; Golems Wiederkehr, S. 245
Aus: F. T., Die Tante Jolesch. © Langen Müller Verlag in F. A. Herbig Verlagsbuchhandlung GmbH, München.

Johannes Urzidil
1896 in Prag geboren 1970 in Rom.
Der Kriegsausbruch in Prag, S. 151
Aus: Der Monat 16 (1964).
Ein letzter Dienst, S. 221
Aus: Die verlorene Geliebte. Ullstein Verlag, Frankfurt/Berlin/Wien 1982.

Franz Carl Weiskopf
1900 in Prag geboren, gestorben 1955 in Berlin.
Der Traum des Friseurs Cimbura, S. 171
Aus: F. C. W., Die Zigarre des Attentäters. Erzählungen. © Aufbau-Verlag Berlin und Weimar 1972.

Franz Werfel
1890 in Prag geboren, gestorben 1945 in Beverly Hills.
Die Schöne und das peinliche Wort, S. 121; Konzert einer Klavierlehrerin, S. 121; Der Getreue, S. 122; Ich bin ein erwachsener Mensch, S. 123; Schulgang, S. 123; Wie nach dem Regen, S. 124
Aus: F. W., Das lyrische Werk. © S. Fischer Verlag GmbH, Frankfurt am Main 1967.

Oskar Wiener
1873 in Prag geboren, gestorben 1944 im KZ Theresienstadt.
Deutsche Dichter aus Prag, S. 95
Aus: Deutsche Dichter aus Prag (Zum Geleit). Hg. von Oskar Wiener. Ed. Strache Verlag, Wien/Leipzig 1919.

Unbekannte Verfasser
Die Pinchasgasse, S. 43
Aus: Sippurim. Prager Sammlung jüdischer Legenden. R. Löwit Verlag, Wien/Leipzig 1926.

Zu den Bildern

Inhalt